바라밀 일기

대원성 보살의
피안으로 가는
70년 신행이야기

바라밀일기

여시아문

부처님 말씀대로 살아온 모범 불자

바라밀은 고해중생들이 살고 있는 사바세계에서 열반의 세계, 극락의 세계, 진리의 세계로 건너간다는 뜻이지요. 대원성 보살님이 현대불교신문에 1년 동안이나 '바라밀 일기(波羅密 日記)'란 원고를 준비하여 많은 사람들로부터 극진한 사랑을 받아왔고 이제 출판까지 하게 된 것은 함께 기뻐할 일입니다.

우리 스님들이 열심히 수행정진 하시다가 만행의 길을 떠나 전국 방방곡곡을 다니면서 중생들의 살고 있는 모습을 보면서 함께 아파하고 눈물을 닦아주며 같이 울기도 하고, 때로는 법희선열로 기쁨과 즐거움을 함께 나누기도 하지요.

우리 대원성 보살님은 비록 속세에 살면서도 어린 시절부터 불심 속에서 자라났고 칠순이 넘도록 불심을 떠나서 살아본 적이 없었습니다. 보살님은 그야말로 부처님 말씀이 아니면 말하지도 아니하고,

불행(佛行)이 아니면 행동하지 아니 했으며, 불심이 아니면 가슴과 머릿속에 넣지 않고 한평생을 살아오신 모범 불자라고 생각합니다.

그동안 현대불교신문사에서도 독자들의 반응을 보면서 1년 동안이나 원고를 부탁드렸던 것으로 알고 있습니다. 이번에 출간 되는 '바라밀 일기'를 통하여 부처님 법이 얼마나 고맙고 소중하며, 우리도 어떻게 살아가야 모든 불보살님께 칭찬 받는 불자의 길을 가게 되는가를 배우는 좋은 계기가 되었으면 합니다.

본인은 지금도 대원성 보살님이 부산 온천장 좁은 골목길 마지막 집에 살고 있을 때 시도 때도 없이 누구나 내 집처럼 찾아와서 먹고 자며 마음 편히 쉬어가도록 하며 큰스님들을 모셔 놓고 법문을 들으면서 깔깔대는 웃음소리가 지금도 귓전에 들려오고 있습니다. 역대 종정을 지내신 분들, 교수, 박사, 총장을 지내신 분들, 지금은 해외에서 수행하고 계신 분, 전국의 선방 수좌스님, 학인스님, 땡초 스님, 말버릇 고약한 처사들, 시기질투 많고 변덕이 심한 골치거리 신도들… 하지만 아무 불평불만 없이 모두에게 친절하고 따뜻하게 대해주신 보살님을 같은 불자로서 수행자의 마음으로 사랑합니다.

그 보다도 하해와 같은 자비와 너그러움으로 아내의 뜻을 이해해 주신 남편! 노성원 거사님이 없었다면 이 모든 것이 불가능했다고 생각하면서 더욱 존경하는 마음으로 두 손 모아 합장하고 머리 숙입니다.

우리나라의 모든 처사님들께서도 노성원 거사님을 본받아서 아내의 뜻을 존중해주고 이해해주시면서 끝까지 사랑하고 슬하에 태어난 아이들에게까지 불심을 키워주면서 아무 탈 없이 세상을 살아가는 선량한 국민, 불자다운 불자, 화목한 가정이 되기를 바라면서 '바라밀 일기' 출판을 축하하고 추천하는 바입니다.

혜인(은해사 조실) 합장

한 방울 물이 바다가 된 회향의 길

한 방울 물이 영원히 마르지 않는 길은 바다에 떨어지는 길입니다. 우리 불자들에게 그 바다는 '바라밀의 바다'입니다. 그러기에 바라밀의 바다를 향하여 쉬임 없이 걸어가는 신심 어린 그 모습은 참으로 아름답습니다. 그것도 혼자서만이 아니라 여럿이 손잡고 서로 경책하며 걷는 모습은 더욱 아름답습니다.

대원성 보살님이 신심 있는 불자로서 한평생 걸어왔던 그 바라밀의 길을 정리하여 '바라밀 일기'라는 책 이름을 달고 우리 앞에 다시 왔습니다.

대원성 보살님은 바라밀의 삶을 실천하리란 원력을 세우고 태어난 불자라고 생각합니다. 어려서부터 바라밀 삶과 인연이 되어 오늘날까지 바라밀의 바다를 향하여 걸어 온 길에는 많은 스승들과의 소중한 인연 그리고 함께한 도반들과 가족들의 향기가 배어 있습니다.

"눈 온 들길을 걷는 나그네여. 갈팡 질팡 걷지 말아라. 오늘 그대의 발자취는 뒷날 후인의 이정표이니라."

서산대사의 이러한 경책을 가슴에 안고 걸어온 향기가 그것입니다.

많은 불자들이 스승의 가르침을 배울 때 삶과 수행을 하나로 만들지 못하는 경우가 있습니다. 삶과 수행이 하나가 되어 살아가기가 그만큼 어렵다는 말이겠지요. 그러한 속에서 스승들의 가르침과 현실의 삶을 자연스럽게 하나의 삶으로 승화시켜서 살아온 길이 대원성 보살님의 '바라밀 일기'라고 생각됩니다. 그러기에 바라밀을 향한 그 신심과 원력은 불자들의 귀감이라고 할만 합니다.

현대불교신문에 연재된 글을 읽다 보면 부처님 법을 배우며 여러 스승들을 모시고 바라밀 법을 탁마하는 육성이 들려오는 듯 합니다. 그 진솔한 내용에서는 여러 스승들에 대한 깊은 그리움이 보이기도 하고 도반들끼리 깔깔대는 소녀다운 웃음소리도 들리는듯 합니다.

이러한 글을 통하여 바라밀의 향기를 다시 생각하고 그 향기가 늘 새롭게 피어나는 발심이 되었으면 좋겠습니다. 더 나아가 물러남이 없는 정진으로 바라밀의 바다 그 자체가 되었으면 하는 바램입니다. 그 길은 곧 한 방울 물이 바다가 된 회향의 길이니까요.

나무마하반야바라밀

혜국(석종사 선원장) 합장

부처님 품 안에서 70년

내 글이 책이 된다니 꿈만 같아 믿기질 않는다.

나의 소소한 신행 이야기들을 지난 2013년 7순의 나이에 현대불교신문에 1년 동안 '바라밀 일기' 라는 제목으로 연재를 하면서, 나는 내 삶의 궤적을 돌아보게 되었다.

불자로 살아오면서 부처님의 은혜와 참회를 펼쳐놓고 많은 사람들과 함께 공유할 수 있었던 것이 내게는 큰 행운이었다.

말이 씨가 된다더니 내게도 그런 '씨' 가 된 말이 있었다.

처녀 때 출가의 뜻을 품고 집을 몰래 나왔다가 아버지의 간절한 설득으로 돌아올 때였다. 진주 응석사 스님께 나도 모르게 "스님! 나는 마을에 살아도 스님들처럼 불교를 배우고 포교하며 불교 속에 살겠습니다." 라고 맹세를 했다.

지금 생각해 보니 스님들을 모시고 집에서 마을법회를 열었고, 많은 이웃과 인연 있는 사람들을 모아 부처님 이야기, 절 이야기, 스님들의 이야기를 나누며 부처님 품에서 살아왔으니 그 약속은 지켜졌다고 믿는다.

현대불교신문 최정희 이사와는 1년에 한번 정도 전화 인사를 하던 사이인데 통화 중에 나의 말이 법문 같이 들린다며, 이런 말들이 책이 되면 좋겠다고 했다. "내가 무슨 책을 내노. 먼 훗날 70이 넘어 시비(是非)가 끊기게 되면 그때나 한번 생각 해 볼까" 라고 했는데, 7순을 넘긴 지금 감히 책을 출간하게 되니, 말은 그냥 하는 것이 아닌 것 같다.

내 삶을 정리하고 되돌아보는 이 책이 우리 가족들과 이웃들이 불교를 가까이하고 이해하는데 조금이라도 도움이 되었으면 하는 바람이다.

살면서 남과의 약속도 중요하지만 자기 스스로의 약속도 지켜야 한다는 신념으로 매일 새벽 부처님께 예배하고 기도하며 나를 다짐하는 발원으로 하루를 시작하다 보니 은혜와 가피가 내 곁에 있음을 알게 되었다. 그리고 감사하는 삶을 살게 되었다.

책의 추천사를 써 주신 혜인 큰스님과 혜국 큰스님, 그리고 인연 있는 여러 스님들의 응원에 감사드립니다. 부산불교신도회 전 회장이시고 부산불교방송 사장이셨던 류진수 회장님을 비롯하여 부산 불자님들로부터 받은 많은 사랑을 어찌 잊겠습니까. 지면을 통해 감사의 인사를 드립니다.

오랜 세월 곁에서 지켜봐 주신 홍법사주지 심산 스님과 나의도반 김숙현 작가님 그리고 정찬주 소설가님 등 격려와 축하를 아끼지 않은 분들께 감사드리며 그 말씀들을 숙제로 삼아 정진 하겠습니다.

이 책이 태어나게 한 최정희 이사님과 그동안 수고하신 모든 분들께 감사의 합장을 드립니다.

2015년 봄

부산 인진실(忍進室)에서

대원성 합장

목차

내가 본 대원성 보살님

제1장

큰스님들과의
인연 이야기

큰스님은 우리 결혼날도 정해 주셨다.
신혼여행으로 해인사에 갔을 때 스님께서
용탑선원에 계시면서 음식을 장만하여
부처님 전 불공도 올려주셨다.

나의 스승 고암 前 종정 큰스님

　스님께서 종정으로 취임하시고 얼마 안 있어 우리 부산불교청년회는 수련대회로 해인사엘 갔었다. 하룻밤을 산사에 머물며 너무나 신이 났다. 생각해보니 성철 큰스님, 일타 큰스님 그리고 법정 큰스님, 지월 주지스님과 지금의 송광사 방장스님이신 보성 큰스님 그리고 지관 큰스님 등 한국의 기라성 같은 큰스님들이 그때 해인사에 모두 주석하고 계셨다. 우리는 20대의 젊은 나이로 참으로 행복한 산사 수행의 시간을 가질 수가 있었다.

　삼일동안의 수련을 마치고 고암 종정스님께 오계를 받기로 하였다.

　스님께 계를 받겠다고 말씀드리니, "나 말고 여기 해인사에 큰스님들이 많으니 다른 큰스님께 가 보아라"고 말씀하셨다.

우리는 스님의 승락이 있을 때까지 절을 하겠다고 하며 절을 시작하니, 스님은 한 번의 절 외엔 받지 않는 성품이라 손 사례를 치고 놀라 일어서시면서 "그래 그래 해 줄테니 제발 절은 그만하여라"하셨다. 떼를 써서 스님께 5계를 받게 된 것이다. 법정 스님, 일타 스님, 지관 스님, 보성 스님은 증명으로 함께 계셔 주셨다. 비록 짧은 일정이지만 제대로 갖춰진 수계를 받을 수가 있어 우리는 모두 행복했다. 처음 받은 법명으로 나는 大圓性(대원성)이며, 같이 받은 우리 처사는 性元(성원)으로 보살과 처사로서 불자가 되었다.

큰스님은 우리 결혼날도 정해 주셨다. 신혼여행으로 해인사에 갔을 때 스님께서 용탑선원에 계시면서 음식을 장만하여 부처님 전 불공도 올려주셨다. 이렇듯 우리에게 주신 사랑과 자비는 말로서 다할 수가 없다.

아들이 태어났을 때도 영준이라 이름을 지어 주셨고, 부산에 오시면 꼭 전화를 해 주셨다.

"노성원 처사 잘있고, 대원성도 기도 잘하고, 노근영이도 공부 잘하고, 노영준이도 잘있고, 노아란이도 노보현이도 잘 크고 있지?"

우리 아이들의 이름을 잊지 않고 축원하듯 부르면서 안부를 물으셨다.

막내가 태어났을 때였다. 설악산 신흥사에 스님이 머물고 계실 때였는데, 철없는 나는 기장 미역과 적은 공양비를 부쳐드렸었다.

스님은 "대중공양을 잘 했노라"며 편지로 답장을 주셨다.

고암스님과 함께한 저자 내외.

나무 여자대비 관세음 보살
　　　　　兒名은 榮俊으로 함
盧 4남 元　영준
　　　李 大圓女님　에게

이 무더운 三伏 날째에
두분 몸이 건강 하시고 마음이 안정
하서여 하시는 일일이 원만히 번영 되
옵고 여석 근영이와 아들애기 모두
몸 충실케 잘 자리기반 비옵니다
이웃은 두루 잘 왔읍니다 즘번 에
보내신 미역은 잘 받았읍니다 매우 히
감사 합니다 큰절 선방스님 강당 학인
을 모두 백여명 대중에 원만히 공양을
올렸읍니다 뒷 보덤도 후옥자 아들은 두분
하섰으니 참으로 반갑고 기별은 금할수
없읍니다 이름은 잘 저었읍니다 잘 분니
주십시오 그럼 애 기를 아러고 더위룬 서울
하게 잘 저버십쇼 음6월 말일 안으로 부산
에 갈하고 합니다　이만 주입니다
71. 8. 1 고암 회답　해인사 용탑
(음력 6월24일)

고암 큰스님의 편지.

그곳에 흔한 미역을 부친 것을 늦게야 부끄러워했었다.

또 한 번은 부산에 오셨다가 가시면서 전화를 주셨다. 부산역에서 스님을 뵙기로 약속하고 아이 셋 옷을 챙겨 입히고 버스를 타고 부산역으로 갔더니, 스님은 그 차가운 역 대합실에서 우리 식구를 기다리다 그만 기차를 놓치고 말았다.

우리를 만날 약속 때문에 그 차를 타지 않으셨으니 너무 죄송해서 어쩔 줄 몰라 하는 내게 스님은 "괜찮아, 그래도 아이들 만나 잘되었지." 하시며 미소를 지으셨다.

아이들 추울까봐 걱정하시며 "한 시간 더 기다려 다른 차편으로 가면 돼." 하시는 말씀에 눈물이 나도록 감사하지만, 너무 큰 불효였음이 지금도 잊을 수 없는 그리움이다.

스님의 큰 은혜 속에 '연꽃모임'도 자라고 있었다. 연꽃모임이란 여성 단체를 창립했을 때 스님께서 얼마나 좋아 하셨는지 모른다. 스님이 부산에 오실 때면 보타원 절에서 머무시기에 우리 연꽃모임 법회를 그곳에서 하게 되었는데, 그 절은 양력으로 법회를 하고 있어 우리 연꽃모임을 위해 공양은 해 줄 수가 없다고 주지스님께서 말씀하셨다. 우리는 그래도 좋으니 법회를 하겠다고 했다.

첫 법회 때 고암 종정스님이 오셔서 공양주 보살에게 스님의 주머니에서 시장비를 내 놓으시면서 "연꽃모임에 공양을 해 주라"며 명령하시니 두 공양주가 나를 보면서 이상하게 내려 보기도 했었다. 많은 회원님들이 스님께 매달려 사진도 찍고 법문도 들으며 나날이 행복한 신심으로 회원들이 늘어갔다.

이후에도 스님은 연꽃모임 회원들을 늘 챙기시고 법명도 지어주시곤 했다. 어찌 스님의 그 모습을 잊을 수 있을까. 너무 그립다. 지금이라면 스님의 은혜에 조금이라도 보답할 수 있을 텐데… 어디로 가셨을까?

스님은 도인스님이셨다. 어느 날 우리 동네 인자성이란 형님뻘인 보살과 스님이 부산 보타원에 오셨다는 전화를 받고 가겠다고 했더니, "오늘은 눈도 오고 길도 미끄러우니 내일 오라"고 하셨지만, 우리가 우기고 가려하니 몇 번이나 "내 말을 들어." 하셨다. 우리는 스님을 뵙고 싶어 그래도 갔다.

그 당시 스님은 치아 때문에 고생하실 때여서 깨죽을 끓여 갖고 갔다. 스님은 그 죽을 손수 부처님 전에 올리시고 불공 축원까지 해 주셨다.

"오늘은 오지 말랬는데…" 하셨다.

택시를 타고 집으로 오는 길이다. 서면에 지하철 공사로 복잡한 길에서 갑자기 꽝 하는 소리와 함께 우리는 놀란 손이 머리 위에 있었다. 마주 보고 서로를 걱정 했었다. 3중 추돌 사고였는데, 우리가 탄 차는 중간에 있어 앞뒤로 다 부서졌다. 우리는 다행히 목이 불편해도 큰 부상은 아니었다. 병원에 갔다가 늦게 집에 왔을 때 스님께서 전화로 걱정하시며 몇 번이나 괜찮으냐고 물으셨다. 스님은 그날 무슨 일이 있을 것을 미리 아셨기에 불공을 해 주셨던 것이다.

어떤 재일(齊日)을 잊고 있을 때면 "저런! 대원성이 그러면 쓰나." 하시며 나를 깨우치게 해 주신 목소리가 지금도 내 가슴에 살아계시는데…

1967년 범어사에서
보살계를 받은 후
일타 큰스님과 함께.

일타 큰스님의 편지.

일타 큰스님이 써주신 忍

아주 오래전 일타 큰스님이 써주신 '참을 인(忍)'자 글을 꺼내본다.

인(忍)의 글은 외자이지만 설명으로 "瞋是心中火(진시심중화)니, 성을 냄은 마음속에 불꽃이 能燒功德林(능소공덕림)이라, 공덕의 숲을 불태우나니 참을 수 없는 것을 참는 것이 인욕이다"라고 적으셨다.

두인으로는 세계일화(世界一華)를 쓰셨다. 마음을 기쁘고 즐겁게 쓰면 세계는 한 송이 연꽃처럼 아름답다.

그리고 마지막 함자 곁에는 삼여자(三餘子)로 사용하셨다. 三餘子란 세 가지의 여유를 말씀하신 것으로,

첫째는 마음의 여유를 가지고

둘째는 하는 일에 여유를 가지고

셋째는 시간의 여유를 가지라는 뜻이었다.

참으로 따뜻하고 자상하신 마음으로 써주신 이 글귀를 보면서 스님의 생전 모습을 생각하게 된다.

스님은 늘 웃는 모습이셨고 누구에게나 희망을 주는 따뜻한 말로 행복을 알게 해 주시며 한 번도 화내는 모습을 보이지 않으셨다. 아무리 수행이라 하지만 살아가면서 어찌 화낼 일이 없었을까. 그럴 때마다 더욱 편안한 모습으로 마음을 내려놓으셨기에 능히 참는다는 마음 없이도 참아 오셨던 것 같다.

힘들 때는 하늘을 보라고 하셨다. 아무것도 없는 허공에는 그 어떤 바람도 장애가 없듯이 우리의 마음도 허공처럼 비우면 미워하고 괴로워할 일도 없다고 하셨다. 구름은 하늘을 가리지만 결코 흘러갈 뿐 그곳에 존재하는 것이 아니니 시비치 마라 하셨다.

꿈속에서 억만장자가 꿈을 깨어보면 허망한 현실일 뿐이지만 꿈속에선 행복했을 것이다. 우리 또한 한 세상 꿈같은 삶을 살면서 내가 무엇을 하는 사람인지 그리고 어떤 사람일까 느껴보며 나를 위해 어떤 인욕을 했고 주변 사람들의 화합을 위해 또 얼마나 많이 참을 수 있었는지, 오늘 이 글을 통해 나를 다시 돌아보게 되는 시간을 만난 것이다.

기독교 권사 딸과의 인연

　나와 절친한 법해월 법우가 있다. 누구의 소개로 알게 되었지만 나는 절에 갈 때마다 함께 가길 권했다. 그는 엄마가 기독교 권사라고 내게 말했다. 그래도 한 번 두 번 나를 따라 절에 가게 되니 어느 날 나는 이 친구에게 굳건한 신심을 심어주기 위해 큰스님께 공양을 한번 올리면 좋겠다고 하여 일타 큰스님과 약속을 해두었다.

　스님은 1년에 한 번씩 하는 전국의 순례법문을 마치고 영도 송남원에서 쉬고 계실 때였다. 이때 스님은 너무 찬 바람과 무리로 심한 감기 몸살을 앓고 계셨지만 모시러 갔었다. 열이 나고 땀을 흘려 자리는 물을 부어 놓은 것처럼 흥건히 젖어 있었다. 스님은 혼수에 빠질 만큼 심한 상태였지만, 새벽부터 공양을 준비한 친구를 생각하니 너무 황당하여 스님을 흔들며 일어나시라고 졸랐다.

스님은 모기 소리로 겨우 "못 간다"고만 하시며 일어나질 못 하셨다. 그래도 자꾸만 졸라대니, 견디다 못한 스님께서 "죽어도 네 체면 때문에 가야겠냐?"고 하셔서 그렇다고 말했다.

그땐 자가용도 없었는데 그 댁엔 차가 있어서 기사와 둘이서 스님을 목수건으로 둘둘 걸고 억지로 옷을 입혀 모시고 가게 되었다. 내심 죄송하지만 그때의 나는 어쩔 수가 없었다. 지금이라면 충분히 이해할 수 있지만 그때만 해도 그 친구가 알기로는 스님은 아프지도 죽지도 않는 도인으로 알고 있는데, 하물며 불교를 모르는 집에 공양을 약속하고 하루 종일 음식 장만하느라 고생했는데, 심지어 남편은 서울 출장 갔다가 비행기로 당일 내려오고 있으니 어찌 할 수가 없었다.

도중에 스님께서 정신을 차려 "대원성아, 내 말을 잘 들어라. 세가지 조건이 있다. 30분 이상 붙들지 않기, 말 시키지 않기, 음식 권하지 않기다."

나는 "예"라고 답했지만 그러면 그 집에 가야 할 이유가 하나도 없지 않은가.

그 집에 도착이 되었다. 우리 모두 연탄 보일러를 땔 때 그 댁은 기름 보일러여서 집에 들어서자 마자 훈훈하여 스님의 몸이 얼음 녹듯 몸이 풀리기 시작 하더니 금방 얼굴색이 밝아졌고, 정성스레 끓인 쑥국을 두 그릇이나 비우시니 기운도 감돌아 스님은 아프지 않은 모습으로 변해졌다. 그리고는 긴 법문을 시작하셔서 내가 그만하시라고 말릴 정도였다.

  그의 남편은 불교를 몰라 스님께 절을 할 때도 아내의 눈치를 보며 따라하다 스님이 그만하라고 하니 두 번의 절을 하고 앉아버리는 순수한 사람이었다. 그때부터 그의 가족 모두가 신심 돈독한 불자가 되었다. 그리고 내가 십년동안 연꽃모임 회장을 한 후 두 번째로 회장도 맡아 했었고, 지금도 사경수행을 하는 참된 불자가족으로 살아가고 있다. 만약 스님을 모시지 못했다면 그 실망으로 불자가 되었을까 싶다. (그때 스님께 무례했음이 늘 죄송하게 생각하고 있지만…)

운허 큰스님 이야기

나는 멀리 계시는 운허 큰스님을 무척 좋아했었다. 이유는 큰스님의 모습 속에 인자함과 우리 한글 대장경 번역으로 많은 불자들에게 신심과 깨우침을 주시는 일에 신명을 바치시는 모습에 존경하지 않을 수가 없었다.

연꽃모임 2년 되던 해에 우리 몇몇 사람들이 모여 겨울 털 코트를 하나씩 짜서 큰스님들께 선물을 하자고 했었다. 그렇게 하여 6명이 각각 하나씩 맡아 목도리와 함께 짜게 되었다. 겨울이 되기 전 완성하여 부쳐 드렸다. 당시 운허 큰스님, 경봉 큰스님, 탄허 큰스님, 일타 큰스님, 지관 큰스님, 법정 큰스님 이렇게 6분께 부쳐 드렸다.

스님들은 고맙다는 편지를 보내주셨다.

운허 큰 스님의 편지는

"뜻밖에 보내준 털옷과 목수건 받았습니다. 겨울에 춥지 않게 잘 지내겠습니다. 고맙습니다. 〈불교의 깨묵〉 책 50권을 보내니 會員(회원)들 나누어 보십시오. 글씨는 앞으로 一個月 內(일개월 내)에 써 보내도록 하겠습니다. (아마도 내가 글을 부탁했나 싶다) 불법을 잘 익히는 수련을 하시기 빕니다. 1978. 01. 10 운허 합장."이라고 적혀 있었다.

그 후 법해월 친구랑 스님을 친견할 마음으로 봉선사를 찾아 가서 스님을 뵙고 사진도 함께 찍었고 나는 예쁜 나무그릇을 선물로 드렸다. 스님과의 짧은 만남이었지만 참 행복했었다. 부산으로 돌아와서 사진을 빼어 스님께 부쳐 드렸다.

스님으로부터 또 답장이 왔다.

"사진 받고 회답이 늦었습니다. 나는 일월 초부터 身病(신병)이 생겨서 지금도 쾌차하지 못합니다. 글씨를 써 보내려 했으나 右肩(우견)이 마비되니 붓을 잡지 못합니다 사진 二枚(2매)를 보냅니다. 녹음 테잎은 내 대에는 없습니다. 오른쪽 어깨의 마비가 풀리면 글씨를 써 보내겠습니다. 1978. 04. 09. 운허 합장."이라고 쓰셨다.

세 번째의 답장 편지가 왔다.

봉선사에서 운허 큰스님과 함께.

"편지와 사진 잘 받았습니다. 저번에 가져다주신 목한은 품이 대단히 좋은 것입니다. 늘 곁에 두고 봅니다. 책 네 권 따로 보냅니다. (자비도량 참법) 부처님 광명 중에서 평안하시길 빕니다. 1978. 11. 27. 운허 합장."

이렇게 한 번도 빠짐없이 답장을 꼭 해 주셨고, 그 뒤에도 책을 많이 부쳐 주셨던 스님이 많이 그립다.

밤 기차만 타시는 지관 큰스님

스님은 우리 부산불교청년회 수련회에서 법문을 하셨고, 고암 종정 큰스님께서 오계를 설하실 때도 증명으로 계셨었다. 이러한 인연으로 해인사에서도, 또 서울에 가서서 동국대학교 학장, 총장을 역임했을 때에도 연꽃모임 기념법회에서 법문을 해주시고 여러 가지로 돌봐주신 스승이셨다. 해마다 범어사 보살계 수계식에 교수아사리로 오실 때에도 언제나 새마을호 밤차로 새벽에 도착하시면, 우리 집에서 공양하신 후 범어사로 모시고 갔다. 때로는 우리 집에서 마을법회를 열었고, 부산에 오시면 우리 회원들이 가시는 절마다 따라다니기도 하였다.

그런데 왜 밤 기차로 오시는지 너무 궁금하여 물어보았더니, 스님께서는 "낮 시간이 아까워 잠을 자는 밤을 이용하여 침대차를 타고

1980년 범어사 보살계 수계법회를 마친 후
지관스님과 함께.

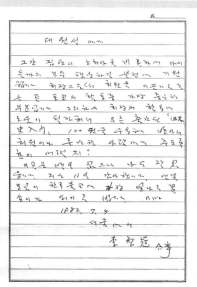

지관스님의 편지

온다"고 하셨다. 그 말씀은 너무나 나를 일깨워주는 말씀이었기에, 어제 들었던 말씀처럼 지금도 생생하게 기억이 된다.

시간을 아끼고 시간을 알차게 채워 수행 정진하시는 스님을 닮고 싶은 마음에 '나도 한번 스님처럼 밤 침대차를 꼭 한번 타보리라' 맘을 먹고 친하게 지내던 옥경화 보살과 한번 서울까지 밤 기차를 타보았다. 나는 기차선로가 너무 가까이 귓전에 닿는 듯 불안함이 곧 탈선 할 것만 같아 밤새 한 숨도 잘 수가 없었다. 새벽에 내렸을 때는 심한 멀미까지 했다. 친구와 나는 다시 이용하고 싶지 않다고 했었다.

젊은 시절 해인사 주지를 하실 때였다. 우리 내외가 해인사로 신혼여행을 갔을 때 스님은 들에서 혼자 논을 메고 흙 묻은 손으로 일하고 오셨다. 언제나 쉬지 않고 노력하시던 스님을 일타 큰스님은 "큰일을 할 수 있는 훌륭한 정진의 스님"이라며 도반스님을 자랑하셨다.

법정 스님의 가르침

해인사 수련회를 갔을 때 법정 스님을 처음 뵈었다. 그날 우리가 법문을 청했을 때 스님은 첫 법문 서두에 해인사 큰스님들이 지금 출타중이라 안 계셔서 부득이 조무래기 스님인 내가 법문을 하게 되었다고 하셨다. 우리들에겐 크고 작고가 아닌 스님으로만 마냥 따르고 기쁘기만 하였는데, 그때가 1967년 11월의 중반이 넘은 추운 날씨였다. 시원시원한 그 말씀들이 참 인상적이었다.

그 후 가끔씩 스님께 편지를 쓰게 되었고 그때마다 스님은 꼭꼭 답장을 주셨다. 훗날 연꽃모임이란 단체를 창립하여 큰스님들을 두루 친견하고 법문을 듣기위해 송광사에 버스 두 대로 갔었다. 그 후 스님은 우리의 안부를 늘 "버스 두 대분은 잘 있어?"라고 물으셨다. 불일암 오르는 오솔길에 앉아 야단법석도 열었고 자유로이 스님을 친견하며 마냥 행복했었다.

스님께서 연하엽서로 써주신 글 중에 내가 좋아하는 글이 있다.

대 그림자 뜰을 쓸어도 먼지 하나 일지 않고
달이 물 밑을 뚫어도 물에는 흔적조차 없네.

"대원성도 이와 같이 살 수 있어야 합니다."

나는 이 글을 만나면서부터 내 삶의 지표로 삼게 되었다. 언제 어디서나 이 글귀가 나를 길들이는 스승이 되었다.

어느 해 스님과 약속도 없이 광복동 거리에서 우연히 만났다. 이웃의 옥경화, 금련화와 같이 때가 저녁 무렵이어서 냉면을 시켰다. 계란이 고명으로 얹혀 나오니 그걸 떠서 주시면서 "이건 전생에 많이 먹어서 지금은 먹지 않는다"며 내 그릇 위에 얹어 주셨다.

그날 저녁 대청동 중앙 성당으로 가서서 초청 강의로 법구경과 성경을 반반씩 섞어서 법문을 하셨다. 여기서는 전혀 우리가 가까이 할 수 없는 장소로 신부님이나 수녀님들이 스님을 모시게 되고 숙소도 명상의 집이 있는 오륜대로 가셨다. 이렇게 스님은 타 종교인과의 교분이 많으시니 언제나 스님 곁에는 종교를 초월한, 그야말로 대자유로 통하셨다.

나는 사진 찍기를 좋아해서 불일암에서 또 스님을 뵐 때면 그때그때의 모습을 사진으로 담아 부쳐드리곤 했다.

답장이 왔다. "사진과 사연 기쁘게 잘 받았다"며 "사진 솜씨가 보통이 아니니 간판 내 걸어도 손색이 없겠다"고 하셨다. "채소밭에 자라고 있는 상치와 아욱이 가득한데 혼자서는 다 먹을 수가 없으니 가까우면 좀 뜯어갔으면 좋겠다"는 일상적인 삶을 이야기 해주시곤 했다.

"이제 여름 냄새가 후끈 거리니 오늘은 발을 꺼내 놓았습니다. 요즘 저녁으로는 국수를 삶아서 먹고 있는데 콩 담가 놓은 것 있어서 오늘은 밥을 해 먹어야 겠습니다. 지난 봄에 와서 떠들던 소리가 아직도 우리 불일암에 맴돌고 있습니다. 날마다 좋은 날 이루십시오."

이렇게 손수 공양을 지으시고 밭도 가꾸셨다. 농담같은 충고도 빼놓지 않으셨다.

부산 오시는 길에 우리 집에 들리셨다. 이웃의 도반들과 점심공양을 함께 하며 귀하신 걸음이라 우리 집 뒤뜰에서 기념사진도 찍어서 부쳐드렸다. 스님은 사진을 받으시고 답장을 해 주셨다.

"사진 잘 받았습니다. 진수성찬 마련하느라고 애 많이 썼지요? 돌아와 수해로 황폐된 절 아랫마을을 보니 참으로 안타깝고 비참했습니다. 불일은 별일 없었지만. 올 가을 들어 나는 참으로 바쁜 나날입니다."

그해 장마로 인한 스님의 심정으로 쓰신 글

"참으로 지루한 장마철, 푸른 하늘과 햇볕 본 지 아득한 옛적입니다. 어제 비바람으로 파초가 갈기갈기 찢기고 달맞이꽃이 많이 꺾이

법정 스님과 함께 한 필자 내외.

법정 스님이 보낸 엽서.

었습니다. 높은 곳에 살면 툭 트인 앞을 내다보는 댓가로 비 바람도 다 받아 주어야 하니, 일장일단이란 바로 이런 걸 가리킵니다. 이게 다 세상 살아가는 도리이지요. 처사님이랑 집안 두루 청안 하신지요? 장마철이라 집안일에 열심일 줄 믿습니다. 아이들께는 엄마의 일거일동이 그대로 산교육입니다. 집안 너무 비우지 말고 맛있는 것 해 주십시오."

7월 13일로 적혀 있다.

어느 해 이웃의 옥경화, 금련화와 송광사 수련에 갔었다. 수련 하루 전날 불일암 마당에 자리를 깔고 스님이 손수 우려주시는 차를 마시며 이번 수련에는 묵언을 하기로 마음먹었다고 했다.

스님은 믿기지가 않는 듯 "뭐라고? 장전동 방송국장이 묵언을 한다고? 그렇게 할 수 있을까?" 하신다. 평소에 이런 저런 말을 많이 하는 편이라 하신 말씀이다.

아예 이름표에다 '묵언'의 글을 써서 동참했다.

스님과 마주칠 때 마다 "할 만 해?" 하고 물으신다. 스님은 더운 여름이라 견딜만하냐고 묻는 말인데 나는 얼른 묵언 팻말을 보여 드리면 스님은 피식 웃으셨다. 친구도 묵언에 동참하여 우리는 묵언을 했다. 그 대신 꼭 할 말은 글로 쓰게 되었고 사실 쉽지는 않았다.

특히 공양시간에 마주 앉은 임신부 입덧을 볼 때나 또 앞에 앉은 보살의 식탐을 보고 눈에 자꾸만 들어와 친구가 글을 쓴다.

"앞에 있는 저 보살 참 밉상이제?" 하면,

나는 답을 쓴다. "그래 보기가 그렇다 그지?"

이렇게 말 대신 늘 글을 쓰면서 입으로 말하지 않는 것으로 묵언이라며 5일을 마쳤다. 지나고 보니 글은 말을 한 것이나 다름없는데…

어찌했던 스님의 생각으론 우리가 대단한 일을 한 것처럼, 그 다음 해부터는 5일중 3일째만 묵언 하던 수련을 5일 모두 묵언으로 잡았다고 들었다.

스님은 칭찬도 언제나 바로 하시지 않으셨다. 그런데 정식으로 한번 칭찬을 들은 기억이 있다. 사경하여 천수경과 금강경 한글 번역본을 책으로 만들어 법보시한 책을 보시고 난 후 처음 만났을 때이다. 그때도 옥경화랑 같이 불일암에 갔었다.

우리는 좁다란 오솔길을 따라 오르면서 산의 향기, 나무와 풀의 향기에 빠져 웃고 큰 소리로 이야기하며 불일암 입구에 닿을 무렵, 때 마침 대나무 숲길에 서 계셨던 스님은 우리 목소리를 들으시고 아직 얼굴도 만나지 않았는데 "그래 대원성 잘 했어, 그 한글 금강경을 잘 펴내었어, 중들도 한문을 읽고 이해하기 어려운데 신도들이 何以故 云何降伏其心(하이고 운하항복기심)을 아무리 읽은들 어떻게 다 해석해서 알겠어?"하시면서 만나자마자 칭찬을 하셨다. 사람은 칭찬에 약한것일까? 스님께 들은 그 칭찬이 내 가슴에 자리하고 있음을 느낄 때마다 내가 금강경 구절을 아직도 내 것으로 만들지 못

송광사 제5차 여름수련회.

했구나 하는 생각이 들기도 한다.

겉으로는 굉장히 차갑게 보일지 모르는 스님의 속마음은 참으로 따뜻하고 소박하고 진실한 그대로를 전하기 때문에 멀리서, 가까이에서 스님 뵙기를 원하지 않았을까?

해마다 연하장 속에도 충고가 들어 있었다.

"어제 오늘은 참으로 춥습니다. 새해 복 많이 받았는지요? 올해는 목소리를 좀 낮추는 연습도 하십시오. 처사님과 아이들 두루 건강하고 즐거운 나날 이루십시오. 겨울이 가면 부산에 한번 들리겠습니다. 갑자년 아침에"라고 쓰여져 있다.

스님은 보살들보다 남자 거사님들을 더 좋아하셨다. 이웃의 도반들과 부부 동반하여 불일암에 갔던 여름이었다.

뜰 한 쪽에 자리를 깔고 둘러앉아 스님이 주시는 차를 마시며 격의 없는 대화로 즐거운 시간이었는데, 갑자기 바로 곁 언덕에서 달맞이꽃이 피기 시작했다. 봉우리로 물고 있던 꽃들이 동시에 한 잎씩 파르르 떨면서 탁탁 터지는 소리를 내면서 다섯 꽃잎들이 일시에 다 피어, 마치 나비 떼들이 무리로 움직이는 것 같았다. 너무 당황하리만치 놀라고 황홀하여 그때 그 달맞이꽃과 스님의 차 맛은 잊을 수가 없다.

이런 자연 속에 계시니 스님은 늘 시인의 마음이셨다.

"산에는 꽃이 피네 산에는 꽃이 지네"로 노래하셨다.

연꽃모임 기념법회 초청 법문을 청했었다.

그때 보내 오신 마지막 편지에 "두 번째 편지 잘 받았습니다. 대원성의 열의는 익히 알고 있지만 나는 초파일 TV에 출현한 후 현품 대조차 밀려드는 순진한 인파 때문에 불일암을 비워놓고 산 넘어 양봉하는 집에서 은신중입니다. 이런 사정 헤아려 생각을 돌려야겠습니다."

'그럼요 이해해야지'로 생각했는데, 그 후로는 영영 뵐 수가 없었다. 인생무상을 몸으로 보여 주시고 무소유의 삶을 끝까지 실천하시어, 가셔도 가시지 않은 가르침으로 남겼으리라.

법정 스님 가시던 날

2010. 03. 11.

TV 자막으로 흘러가는 글에서 법정 스님이 세연을 다 하셨다는 소식을 접하게 되었다.

세상에! 스님이 가시다니… 한동안 하던 일조차 할 수가 없었다. 건강이 좋지 않으셨음을 알고는 있었지만 이렇게 황망히 가시다니 할 말을 잊고 그냥 눈물만 흘리고 있다.

세상에 빛으로, 향기로 살아오신 스님의 모습을 이젠 볼 수 없다고 생각하니 지난 날 스님의 처소에서 해질 무렵 뜨락에 돗자리를 깔고 둘러앉아 차를 마시며 많은 법담을 나누고 있을 때 여기저기서 노란 달맞이꽃들이 나비처럼 펄럭이며 한꺼번에 피어난 순간, 우리 모두 행복했던 그날이 그림처럼 떠오른다.

젊은 날의 법정 스님.

스님의 삶 모두는 종교를 뛰어넘어 세상의 스승으로 살아오신 귀한 빛이셨다. 스님의 생전 모습이 화면마다 가득 채워져 보도되고 있다. 스스로 청빈한 삶을 자처하여 자연 그대로 자연인이셨다. 그런 스님을 잊을 수 없기에 지금 우리 모두 슬퍼하고 있다.

스님이 몸소 실천으로 보여주신 삶은 세상을 일깨우는 지혜였다. 스님의 생전 뜻에 따라 입으셨던 옷 그대로 대나무 평상 위에 뉘인 채 불길에 드셨을 때 차가운 날씨와 뜨거운 불길 때문에 가슴 조이는 슬픔으로 마음 아픔을 느껴야 했다.

무슨 말이 필요할까. 나만의 눈물이 아닌 세상 모두의 애도 속에 스님의 법구가 한줌의 재가 되어 나왔다.

그래도 때가 되니 나는 밥을 먹었고 과일도, 차도 마셨다. 이것이 살아있는 사람들이 하는 일상이란 말인가? 나 스스로 위선에 목 놓아 울었을까 싶다.

그러나 지난 날 스님의 말씀마다 가슴에 새기고 잊지 않을 큰 가르침으로 그리워할 것이다.

법정 스님을 추모하며

스님이 가시고 49일 되는 날

송광사 추모의 濟(재)일을 여시니

전국에서 모이신

스님들과 추모의 인파 헤일 수 없는데

스님은 어디에 계시는지

불일암 가는 길!

스님이 생전에 거닐던 길

작은 오솔길 걷는다

스님이 이 길을 걸으며

숲속의 꽃과 나무들을 만날 때마다

산에는 꽃이 피네

산에는 꽃이 지네 노래하시더니

이젠 우리 모두에게 남기고 가셨네

봄이라는 계절 앞에

스님이 보아주지 않아도

꽃이 피고 새 잎들이 자라고

산이 푸르옵니다

산의 향기에

스님의 향기 함께 하니

더욱 아름다운 불일의 오솔길입니다

너무도 소박한 불일암은

여전히도 그대로인데

옛날 손수 심으신

파초가 봄빛으로 다시 자라고 있더이다

마당엔 모란꽃과 텃밭의 주인 없이

피어나는 새 순들이 속삭이듯 말을 하더이다

우리 스님 어디 가셨을까

짙은 대 숲의 정낭에도

작은 옹달샘 긴 물바가지

그리고 그 곁의 땅에 묻힌 김장 항아리

이 모두가 왜 그리 쓸쓸해 보이는지

깔끔하게 정리된 가마솥이 걸린 부엌을 보면서

지난 날 우리가 밥 해서

스님과 함께 공양했던 그날들이

추억이 되어 그리움 되었네

자연은 누구를 오라고 가라고 하지 않지만

인간들은

이렇게 오기도 가기도 하니

나도 내 이 그리움 안고

언젠가 떠나갈 이 세상에

무엇으로 보람 남기고 떠날까?

사계절의 변화를 보며

사계절의 변화를 보며 나를 본다면 내 영혼이 아름다워질 것 같다. 시간이란 자체가 눈에 보이진 않지만 시간은 늘 멈춰 있지 않고 흘러가고 있다. 2011년의 새해 인사를 나눈 지가 어제 같은데 벌써 달력은 3월로 접어들었다.

며칠 전 좀 늦은 저녁시간, 전철에서 내려 육교를 건너려는데 아주 나이 많으신 할머니가 작은 소쿠리에 무얼 팔고 있기에 나는 문득 발을 멈추고 그냥 지나칠 수 없어 무엇인가 사드려야 겠다고 생각했다.

세상에! 쑥이라니… 이 추운 날씨에 쑥이라니 놀랍기도 했다. 쑥은 할머니가 캐셨다고 한다.

나는 "할머니가 끓여 드시지요" 했다.

"그럴 수 있나요. 한 푼이라도 팔아야 살지요" 하는 할머니의 말에 아무 말도 못하고 집으로 오는 길에 많은 것을 느꼈다. 추운 육교 위의 찬바람을 맞으면서 한 푼이라도 벌어야 하는 그 할머니 모습이 뇌리에서 사라지지 않는다. 아직은 너무 어린 이 쑥으로 국을 끓이려니 미안한 마음에 젖어 한참을 생각에 잠겼었다.

사람이라는 존재로 이렇게 세상 모든 것을 맘대로 누리고 살면서 나는 세상에 또 무엇으로 보답하고 있는지…

투박한 나무에 실같이 가느다란 가지마다 이제 봄이라는 계절을 만나 눈에 보이지 않을 만큼 조금씩 조금씩 움이 터지기 시작하고 있다. 신비롭고 신비로운 생명의 고귀함을 일깨워 주고 있다.

세상의 모든 것은 사람이든 물건이든 변하지 않는 것은 없다. 좋은 인연에도 반드시 이별은 있고 이별은 또 다른 만남을 잉태하기도 한다. 내가 소유하고 있는 물건도 언젠가 다 나를 떠나게 되거나, 내가 다 두고 떠나게 되는 것, 그래도 삶이란 언제나 목마른 사슴처럼 물을 찾아 떠나듯 늘 갈구하고 가지려는 욕망으로 허기진 탐심이 되어 영혼을 어둡게만 하고 있다.

어제 그제 법정 스님이 가신 지 1년이 되는 날! 추모의 행사에도 생전에 남기신 텅 빈 충만으로 스님을 그리워하고 있었다.

우리가 살고 있는 이 수 많은 빌딩 숲을 벗어나 잠시라도 넓은 들이나 바다를 거닐어보면 시원한 시야와 맑은 공기로 얼마나 가슴이 확 트이고 행복하지 않더냐. 이렇게 우리들 마음에도 필요 없는 번

뇌와 망상을 벗어나면 더욱 신선한 삶이 되지 않을까.

지난 겨울 추위에 움추렸던 몸을 바로 세우고 맑은 하늘을 보며 귀엽고 앙증맞은 매화꽃과 개나리, 진달래, 수없이 터져 나올 반가운 꽃들과 봄을 마중하여야 겠다. 그리하여 우리도 함께 잔치하는 봄이 되길 바란다. 그리고 우리 몸에 좋은 음식 앞에서도 미안함과 고마움을 늘 생각하여 가능하면 조금씩 미안함을 줄였으면 좋겠다.

옛날 어른들이 하루를 살면 하루가 줄어든다고 하시던 말씀들이 이제 실감되고 있다. 점점 살아갈 날들이 줄어들고 있으니 말이다. 무엇을 탐내며 욕심을 부릴까.

겨울 내내 재빛 산들이 지금 푸러져 가고 있으니 우리도 그 죽음마저도 두려워 말고 언젠가 새로운 몸 건강하고 총명한 나로 다시 탄생시키기 위해 쉬지 말고 기도하며 정진해야 겠다. 다가올 음력 2월 보름부터 우리 소림 연화회관에서도 자비도량 참법으로 기도하며 큰스님들의 주옥같은 법문이 있을 예정이다.

훌륭한 부처님의 법문을 선망 조부조모, 그리고 부모형제 일가친척 여러 영가들도 법회에 모셔 함께 참회하며 새로워질 나를 발원하고, 맑아진 영혼으로 좋은 인연 이어서 주변의 도반들도 부처님 품 속에 들게 하는 참 불자의 삶으로 다 같이 행복해지기를 빌어본다.

법문을 들음은 내 안에 잊고 있던 나를 알게 하고, 기도에 마음 바치면 내 영혼을 만나게 되며, 좋은 인연 맺으면 나도 빛이 되는 존귀한 삶 되리다. 마치 큰 나무에 충실한 열매를 열게 하듯…

인생의 행복은 큰 보람을 안았을 때 잘 살았노라 노래할 수 있는 것이리라. 모두 모두에게 행복을 빕니다.

법정 스님 49재 날

연꽃모임에서 법정스님 49재(齋)에 간다. 길이 막힐까봐 절 입구에서부터 밀려 못 들어 갈까봐 새벽 5시에 출발하였고, 아침 공양도 버스 안에서 간단히 했다.

송광사에 도착 했을 땐 오전 7시 25분, 빠른 시간에 도착하였다. 법당 참배 마치고 일찌감치 법당 밖 작은 계단에 자리를 잡고 앉아 식이 시작 되길 기다렸다.

작은 빗방울이 점점 큰 비로 변해 내리기 시작하더니 마당에 정리된 수많은 의자에 빗물이 고이고 있었다. 우리는 미리부터 의자를 다른 모든 귀한 분들께 양보하는 뜻으로 법당 처마 밑에 앉았었는데, 정작 식이 시작되기도 전부터 아무도 의자에 앉을 수 없을 만큼 굵은 빗줄기로 거세게 내리고 있었다.

우리가 앉은 자리는 점점 밀려드는 사람들로 가득 차서 숲을 이루고 말았다. 행사를 볼 수도 없거니와 소리조차도 들리지 않아 회원들은 불일암으로 가기로 했다. 불일암으로 가는 좁은 오솔길을 들어서는 순간, 참으로 묘한 감회로 가슴이 뛰고 빗물과 함께 눈물이 볼을 타고 흘러내리고 있었다.

오래 전 이 길을 스님과 함께 걸었던 기억이 새롭게 떠오른다. 그때는 건강한 모습으로 환히 웃으며 맞아 주셨는데… 연꽃모임의 많은 회원들과 이 길 나무 밑에서 법문도 해 주셨는데, 지금 스님이 안 계시는 불일암에 스님의 흔적을 찾아 걷고 있다. 우리보다 먼저 불일암을 다녀 오는 사람들이 수도 없이 내려오고 있음을 보며, 이 모두도 나와 같은 심정일 것으로 생각되니 옷깃을 스칠 때마다 서로 닮은 향기를 만난 것 같다.

이 길을 거닐었을 스님의 발자취는 이제 어디에도 찾을 수가 없고 새 봄 풀꽃을 보고 쓰셨던 작은 시 한 구절이 생각난다.

산에는 꽃이 피네 산에는 꽃이 지네.

세상엔 너무나 많은 인연으로 살아가고 있음이 삶이고 인생일진데… 오늘 이곳 송광사엔 세상의 빛으로 살다 빛으로 가신 법정 스님의 향기로만 가득 채워져 있고, 그 어떤 장애가 되는 거센 빗물도 이 향기를 지울 수 없음을 보게 되었다. 생전에 스님을 뵌 적이 없는 사람들도 추모의 뜻 담아 먼 길 달려와 이 도량을 채우고 있으니, 숲에도 나무에도 스님의 향기뿐인 오늘, 나는 생전의 스님 모습을 그리며 불일암에 도착했다.

머무시던 방 앞에 작은 찻상 하나 놓여있을 뿐 그 아무 공양도 올려져 있지 않았다. 스님의 영정 앞에 울컥한 설움을 삼키며 합장한 손 풀리지 않아 무언의 대화로 스님께서 '장전동 방송 국장이 왔구나' 하셨고, 나는 '스님 안 계신 불일암은 너무 슬퍼요'라고 답했다. 더 할 말이 없었다.

가져간 차 한 잔 올리고 남은 차는 쪽 마루에 앉아 친구와 나눠 마시며 스님이 손수 따뤄 주시던 그 차 맛이 그리워 도량을 거닐어 보았다.

종일 내린 이 비는 아마도 스님이 평소 자기 때문에 남 귀찮게 하지 않으려는 굳은 소신으로 누구도 못 오게 하려는 시위가 아닐까 싶다.

이렇게 스님의 모습은 어디에서도 볼 수 없고 스님이 남기신 '맑고 향기롭게'가 여울이 되어 퍼져 스님의 열반으로 다시 세상이 아름다움으로 채워지리라. 스님의 주옥같은 법문들이 사리로 남아 영원한 빛으로 교훈이 되리라. 믿는다.

아름다운 제주도 그리고 약천사

혜인스님께서 전화하셨다. 약천사 주지 이·취임에 초대한다고 하셨다. 스님과 나는 옛날부터 '日(일)자 陀(타)자' 큰스님의 문하에 함께 하는 시간들이 많아서 남이 아닌 집안 식구처럼 편한 만남이었기에, 초대가 아닌 행사를 알려주시는 이야기로 하셨으리라.

나는 도반들과 함께 갔다. 비행기가 제주공항에 내렸을 때 공기부터 달라 가슴이 툭 트이는 듯 상쾌했다.

제주도는 사계절 어느 때라도 맑고 깨끗하며 아름다운 곳이다. 여행은 언제나 즐겁고 행복한 것이다. 우리는 공항 근처에서 저녁 공양을 하고 약천사로 갔다. 절 입구에서부터 주렁주렁 열려있는 노란 하귤이 익어가고 있었다. 우리가 머물 방은 이미 정해져 있어서 편히 쉴 수가 있었다.

혜인 스님과 함께 한 필자 내외.

약천사! 감탄하지 않을 수 없는 이 도량을 보면서 혜인 스님 한 분의 원력이 이렇게도 훌륭한 대 역사를 이루게 되었음에 놀라지 않을 수 없었다. 약천사가 대 가람이 되기까지 혜인 스님의 헌신적인 노력과 피와 땀으로 일구어 놓은 것을 나는 잘 알고 있다.

스님 나이 30대 후반 무렵 "제주도에는 큰 절이 없어 외지의 관광객들이 들릴 곳이 없어 내가 불국사와 같은 관광사찰로 참배할 수 있는 절을 이루어 놓고야 말겠다."는 말을 했다. 그때는 너무 황당하다는 생각으로 웃고 말았다. 육지도 아닌 섬 제주도에, 모든 것이 배가 아니면 비행기로 옮겨야 하는 어려움이 이만저만한 일이 아닌데도 개미처럼 하루도 쉬지 않고 나르는 수고와 경비를 감당하며 도저히 아무나 할 수 없는 일을, 그것도 빠른 시일에 일구어 놓은 대작 불사이기에 볼수록 놀라움을 금할 수가 없었다.

스님께서 젊은 시절 팔만대장경 각(閣)에서 백팔만 배 절을 하신 그 큰 원력과 가피로 무엇이던 할 수 있었던 일이었으리라 믿어진다. 지금도 어디를 가시든 새벽에 일어나면 그 장소에서 백팔 배 절하는 것만은 빠짐없이 하는 '신심견고' 그대로임을 보게 된다. 그래서 무엇이던 원을 세우면 바로 실천하는 두려움이 없는 소신으로 단양 광덕사를 지으셨고, 또 제주도 시내에 룸비니동산까지 개원하게 된 것이다.

11월 9일, 약천사 주지 이·취임식이 있는 날에 마침 수덕사 조실 설정 큰스님과 수덕사 주지스님, 충주 석종사 혜국 스님 등 많은 내

빈 스님들이 오셔서 더욱 자리를 빛내 주시는 행사가 되었다. 수많은 사람들이 넓은 법당을 꽉 메우고도 바깥 마당까지도 가득히 채울 정도로 인산인해였다.

혜인 스님의 상좌인 성원 스님은 조계종의 사회부장까지 지낸 똑똑하고도 성실하며 스승에 대한 예의바른 모범 스님이다. 남의 마음을 두루 살필 줄 아는 원만한 성품이며 나에게는 고모라고 부르기도 하는 젊은 스님이다. 많은 관료들도 한결같이 칭찬과 기대에 찬 축사를 해 주었고, 성원 스님 또한 앞으로의 원대한 서원으로 주지에 임할 각오를 다짐했다.

법당 밖에는 제주시 각처에서 초대되어 오신 노인들이 마당 가득히 춤과 노래로 흥겨운 잔치가 열리고 있었다. 많은 음식 대접과 선물, 그리고 딱딱하지 않은 홍시까지 준비한 노인들에 대한 세심함은 고마운 일이 아닐 수 없었다.

많은 스님들이 공양하시는 한쪽에서 우리도 공양을 하고 새로 꾸며진 룸비니동산으로 향했다. 제주시내 쪽에 있는 그 넓은 땅에는 꽃과 나무들이 심어져 있고 아직은 완성되지 않았지만 도량을 걸으면서 명상할 수 있는 법성도의 길도 만들어져 있었다.

작은 누각 하나, 바로 앞엔 53선지식의 자리도 마련되었다. 이날 제주어린이불자회는 짧은 시간이지만 스님의 격려와 지도하에 참선을 하고 부처님 노래도 불러드렸다. 그 모습이 몹시 고마웠다.

대단한 기적이다! 작은 거인 혜인스님! 거듭 놀라움이다.

지난 날 스승이신 일타 큰스님이 살아 계시던 생전에 효심 또한 누구도 따를 이 없을 만큼 지극 정성이었고, 돈독한 정 나누시던 모습을 나는 잊지 않고 기억하고 있다.

제주도 여행

2009. 10. 19.

약천사 주지스님 부탁으로 마중 나온 길상화 보살을 만나 어렵지 않게 차를 타고 약천사엘 가고 있다. 양쪽 길가엔 억세풀 꽃들이 한없이 무리를 지어 바람에 흔들리고 있다. 마치 손에 손에 만국기를 들고 환영해주는 물결이어라. 당장 코끝이 시원하고 상쾌함이 육지에서, 아니 부산에서 느껴보지 못하는 일이기에 우린 취해 버렸다.

약천사 마당 곳곳에는 벌써부터 하귤이 주렁주렁 탐스럽게 열려 있고 시야는 넓은 바다로 가슴이 시원해진다. 멀리 하늘과 맞닿은 수평선 바다를 바라보는 내내 세상 부러울 것이 없는 지금을 본다.

아름답다.

시원하다.

상쾌하다.

이 순간 너무나 큰 고마움과 감사하는 마음 뿐이다.

하룻밤, 혜인 회주스님 방에서 잠을 잔다. 스님 방에는 경전이 있고 간결한 책상이 있어 수행의 향기가 배어 있다. 금강산에서 찍은 스님의 큰 사진 앞에서 "스님 고맙습니다" 허리 굽혀 인사하고 밤을 지낸다.

10. 20.

아침이 밝아 바깥을 보니 이국적인 이 도량에 내 있음이 또 한번 감사하여 종종걸음으로 법당에 들었다. 부처님께 감사드리는 예경 올리고 생전에 자비하신 모습으로 영전에 모셔진 '일 자, 타 자(日陀)' 큰스님 바라보며 아득한 추억을 생각하며 고인 눈물 닦는다.

대원성이 왔는데, 왜 아무 말씀 없으신지 물어도 보았다. 미소만 짓고 계신다.

길상화 보살의 안내를 받으며 여미지를 둘러보았다. 언제나 우루루 많은 사람들과 다녔던 이곳. 이렇게 한적하게 둘러보니 눈으로 생각으로 배부름을 느낀다. 아름다운 꽃들이 여기저기 나를 붙들고 쉬어가란다.

그리고 신라호텔 119호실!

예약으로 찾은 이 방에 들어서는 순간. 눈앞에 보이는 잔디밭 뜰이 예쁘게 펼쳐져 있다. 파란 하늘이 열려있는 아름다운 이곳에서 하루를 쉬어갈 수 있는 복이라니…

산을 보고 살던 내가 이 넓은 바다 수평선을 바라보는 시원함이 내 몸 전체를 젖어들게 한다. 감사한 이 시간 내 손은 합장에서 풀리지 않는다. 세계 어느 나라에서도 볼 수 없는 제주도의 아름다움이 우리 것이란 자부심이 가슴을 채우니, 내 어찌 기쁘지 않으리.

올래길을 걸으며 작은 가슴에 담긴 경구들을 꺼내어 천지를 향해 공양 올려 비우고 비워 조금은 넓어진 가슴이다. 누구의 방해로움도 없이 맑은 공기 마음껏 들이마시고 토해내며 행복해 있는 나를 본다.

이 순간! 세상이 나를 안아주는 이 사랑!

우리 다함께 느끼고 잊지 말기를 바라고 있다.

포근한 밤!

까~만 하늘에 실눈 같은 초생달이 눈웃음 지으며 점점 점점 멀어져 가고 있다.

10. 21.

호텔 뷔페 크고 넓어도 줄을 서서 기다려야 하는 많은 손님들을 보고 우리나라 관광 손님 많으니 내가 부자 되는 것 같아 고맙고 반가운 일이다. 깔끔하고 정갈한 식단에서 세계인의 모습 모습을 감상하며, 세계 속에 우리 있음을 보고 우리 속에 세계 있음을 알게 된다.

억세풀 가득한 제주다원의 전망을 보며 우리 손엔 녹차 아이스크림이 하나씩 들려있다. 작고 앙증맞은 꽃꽂이 그릇도 하나씩 사 들고 내 것으로 만남이 고마워 소중하게 신문지로 감아 가방에 담았다.

끝없이 펼쳐진 이 억세풀 꽃들의 아름다움을 그냥 두고 가기 아까워 이 글을 쓰고 있다.

어이 하리~ 어이 하리~ 이 억세풀 꽃들을
어이 두고 갈가나~
호호백발 은빛 머리로 바람 따라 춤을 추는데
이 아름다운 광경을 어이 두고 갈가나
언제면 이 모습 만나러 다시 올까
가면 당장 그리워질 이 아름다움…

환상의 세계 가슴에 담고 다시 새로운 방 스윗트룸으로 짐을 옮기고 또 다른 주변의 풍경에 감격하고 있다. 바로 가까이 롯데호텔 야외 음악회의 노래가 바로 내 곁에서처럼 생생하게 들려온다. 마치 우리를 위한 음악회인 것 같다.

10. 22.
새벽 사우나를 마치고 어제처럼 뷔페에 갔다. 어제보다 더 많은 손님들을 보고 우리가 하루 더 묵겠다고 했을 때, 이미 예약으로 방을 더 쓸 수 없다는 말이 이해가 되었다. 그래 그러면 우리는 오늘 부산으로 가는 결정을 한다.

해변을 따라 그 긴 드라이브를 하고 쑥대 숲을 지나고 돌 박물관을 돌아 공항으로 이동하여 간단한 갈치구이 옥돔구이로 늦은 점심을 먹고 오후 5시30분 비행기로 우리가 살고 있는 도시, 매연이 가득한 부산! 꼼짝없이 서 있어야 하는 만덕고개의 교통 체증으로 그 확 트였던 가슴이 다시 꽉 막히는 내 터전으로 돌아왔다. 그래도 꿈을 안고 온 보람으로 나는 기쁠 수가 있다

내가 묵었던 방을 떠나오며 쓴 글을 읽는다.

머물고 가는 신라의 방!

우리가 포근히 안겨 꿈꾸며 자던 방! 두고 갑니다.

우리가 떠난 뒤

우리가 고마워했던 향이나마 두고 가니

오래도록 기억해 주길 바란답니다.

언젠가 또 다시 이 방을 찾을 때면

그때만은 이 방이 빈 방으로 기다려주길 바라오.

오늘 우리는 떠납니다.

안녕! 안녕!

혜인 큰스님 칠순에 올리는 글

오늘은 좋은 날!

청아한 하늘색 맑은 공기

물소리 바람소리

솔잎같이 많은 대중 사람의 소리

여기에 우담바라 꽃향기 가득하니

화엄의 세계 열렸어라.

사람의 생에는 누구나 똑같은 24시를 만나지만

그 사람 사람마다

생각과 원력이 달라

천차만별의 삶이 펼쳐지는 세상에

스님의 그 어린 15살 나이로

부처님 품에 홀연히 찾아 들어

원력과 신심 그리고 소신 하나로

제주도의 약천사를 건립하여

세상 사람을 놀라게 하시더니

이곳 도락산 광덕사에

또 다시 이토록 장엄한 대작 불사를 이루시니

거룩 하시도다 거룩 하시도다

우리 모두 큰 박수와 환호를 드리옵니다

스님! 이제는 고된 육신은 편안히 하시고

남은 여생 깨달음의 길 정진의 길로 나아가

우리 모두 함께 손잡아 주시길 간청 드리며

무량복덕 만수무강하옵시길 비옵니다.

설우 스님의 행복한 금강경 이야기

　나는 젊어서부터 금강경을 사경하고 즐겨 독송하고 있다. 아직도 그 내용을 다 이해할 수가 없어 답답할 때가 많았는데, 설우 스님의 〈행복한 금강경 이야기〉 책을 선물 받았다.

　새벽 예불과 함께 경 읽기를 시작하면서 표지의 말처럼 행복한 금강경 강의를 곁에서 듣는 듯 읽게 되니, 참으로 행복한 공부를 하고 있음을 느끼게 되었다. 상·하권 두 권의 책을 다 읽고 난 후 그 중에서 크게 떠오르는 말씀으로 "심성에서 해탈하라, 심성에서 초월하라, 큰 그릇을 가지라. 그러기 위해 모든 사물을 바로 보고 정확한 지혜가 있으면 깊은 생각을 가질 것이다. 금강경에 일체 상(相)을 취하지 않을 때 우리는 법신불을 보게 된다"는 글귀가 내내 가슴 속에서 뛰어놀고 있다고 생각 되었다.

나를 다른 사람과 비교하지 말고 나는 나답게 살아감이 자연인일 것이며, 바른 삶일 것이다. 상대가 어떤 모습이던 인정하고 그 모습을 지켜줌이 세상살이의 질서로 다툼 없는 도량을 이룰 수 있을 것 같다.

　하면 안 되는 일 있지만 안 하면 안 되는 일 또 있듯이 어느 한편만으로 말할 수 없는 금강경의 오묘한 내용에는 알 것 같으면서도 모르는 깊은 가르침을, 이 한 권의 책으로 보는 동안은 나도 법사가 되는 느낌이었다. 모든 경전을 이렇게 이야기로 쓰게 되면 좀 더 쉽게 이해하게 될 것만 같다.

　방에 앉아 스승을 만나고 강의도 들을 수 있는 편리한 세상에 내가 살고 있다고 생각하니 진심으로 감사하며 살게 된다. 아무리 좋은 말이라도 내가 깨달은 후에라야 소중하고 보람있는 공부이다. 스승은 사람만이 아닌, 나뭇잎 하나도 법문인데 늘 어렵다는, 모른다는 내 안에 갇혀 세상을 바로 읽지 못했던 것이다.

　이렇게 신심을 채워주는 경전을 읽을 때면 스님을 뵙고 싶어진다. 고마운 인사라도 드리고 싶어서이다.

스님과 메밀국수

부산의 날씨가 연일 폭염으로 지쳐지는 여름을 만들고 있다.

먼 하늘을 바라보고 있노라니 그 옛날이야기가 생각난다. 1997년 여름으로 기억 된다.

그해 이 맘 때의 여름이었는데, 범어사 수계법회가 있었는지 큰스님들이 오셔서 큰 행사를 마치고 나서 일타 큰스님께서 전화를 하셨다.

"대원성아! 메밀국수 잘 하는 집 있으면 안내해 줄래?" 하셨다.

내가 알고 있던 녹천탕 이웃의 메밀집이 있어 안내하기로 했다.

얼마 후 우리 아파트 마당으로 줄지어 들어선 차들을 내가 앞서 운전하며 메밀집까지 안내하였다. 송광사 방장 일각 큰스님과 일타 큰스님, 그 외에도 많은 큰스님들이 함께 오셔서 메밀집은 스님들로 꽉 차게 되었다.

모두가 메밀을 드신다고 하니 스님들을 모시고 온 기사님들도 따라서 메밀을 주문했으나 기다려도 기다려도 손이 닿질 않아 기사님들은 결국 비빔밥으로 대신 했다.

그때 스님들이 얼마나 맛있게 드셨는지 밖으로 나오신 일각 큰스님께서 나를 부르셨다.

"오늘 아주 훌륭하게 대중공양을 했으니 나도 답례로 선물 하나 주고 가야겠네." 하시더니 걸망 속에서 꺼낸 자주색 천에 금박으로 새겨진 관음상 그림과 관세음보살보문품이 새겨진 액자 글을 주셨다. 오늘 그 그림을 보면서 이제 다시는 그렇게 대접할 기회가 사라졌음이 안타깝고 황망한 심정으로 먼 하늘만 바라본다.

스님들은 어째서 국수며 면 종류를 그리도 좋아 하실까?

옛날 송광사 방장 구산 큰스님이 삼일암에 계실 때 스님을 뵈러 갔었는데, 그날 마침 국수를 삶고 있었다.

큰스님께서 "오늘 점심은 미소다~ 미소다~."하시면서 맛있게 먹자고 하셨다. 너무도 천진한 얼굴에 좋아 하시던 그 표정이 지금도 생생하다.

절집의 여름날 따뜻한 국수 맛은 마을에서의 멸치 국물 맛과 다른 깔끔하고도 단백한 맛이라고 할까. 풋 호박을 고미로 얹었고 양념장이 전부인데도 그때 그 맛은 일품이었다. 국수며 메밀을 그리도 좋아하시던 그 어른스님들, 지금은 다 영정으로만 뵐 수 있으니 세월의 무상함을 탓해야 할까.

그때가 참 그립다. 그때의 그 말씀과 모습들은 아직도 내 가슴 속에 지워지지 않고 있는데 어디로 가서서 어디에 계시는지… 그때 그 스님들만큼 나도 늙어버린 칠순의 노 보살이니 생각해보면 인생은 오늘에 왔다가 오늘에 살며 오늘에 잠기고 마는 자연일 뿐이다.

그때 그 어른스님들 생각하며 오늘은 메밀국수를 먹어야 겠다.

내가 깨닫고 남도 깨닫게 한다

사람들은 아무리 무식해도 자랑과 아는 체 하기를 좋아한다. 누구나 아는 체 하는 사람을 싫어하지만 자기에게 물으면 좋아 한다. 실은 잘 알지도 못하면서…

'53명의 선지식' 중에는 출가를 한 사람도 있고 재가 거사나 보살도 있고 기생도 뱃사공도 있다. 사마 외도도 있고 온갖 신들도 있다. 그들 모두가 선재동자의 선지식이었다. 배움엔 스승 아님이 없다.

보살계에는 병든 사람 돌보지 않으면 죄가 된다고 했다. 생명이 얼마나 중요한가를 말한 것이다.

일타 큰스님은 이런 법구를 자주 쓰셨다

罪滅福生(죄멸복생) : 죄는 멸하고 복이 생하기를, 죄가 사라지면 복이 자란다.

自覺覺他(자각각타) : 내가 깨닫고 남도 깨닫게 한다. 첫째는 내가 깨달아야 내 가족과 남들을 깨닫게 할 스승이 된다는 것이다.

여래란 진여의 세계 곧 진리의 세계에서 오신 뜻을 우리는 법을 의지하여 이 도리를 알아야 하겠기에 경을 의지하고 법사의 법문을 들어야 할 것이다.

내 곁에 도반이 있다면 얼마나 고마운 인연일까. 부처님 도량에서 함께 법을 배우고 토론하여 보살도를 이루기를 서원한다면 세세생생 은혜로운 인연일 터, 우선 감사하는 마음 일으키고 건강한 삶을 살아야겠다. 작은 돌 하나도 함부로 하지 말며 세상 모든 것을 다 아끼고 사랑하며 소중하게 비춰보아야 할 것이다.

제 2 장

효심불심
孝心佛心

바람만 불어도 솔잎만 흔들려도
구름만 가려도 그리워지는 당신의 모습
깊은 우물을 들여다 보고
두레박으로 물을 퍼시던 그 연약한 모습 엄마!

바람만 불어도

바람만 불어도 솔잎만 흔들려도

구름만 가려도 그리워지는 당신의 모습

깊은 우물을 들여다 보고

두레박으로 물을 퍼시던 그 연약한 모습 엄마!

그때는 왜 그리도 크게만 느꼈는지

엄마라는 믿음이 그렇게도 크게 보였나 봅니다.

어머니!

약한 여자의 몸으로 시부모님을 모시고

치매를 앓으신 할머니를 돌보며

머슴이 셋인 대 농가의 안주인으로

하루 세끼 밥 짓는 일만도 쉴 틈 없었는데

밤이면 길쌈 하시던 어머니!

어린 자식들 학교 보내고

그 긴~ 고생을 이제야 알겠는데

어머니 당신께서는

이미 이 세상에 아니 계시니

생각하면 할수록 가슴이 미어지며

서러워 눈물이 흐릅니다.

어머니! 불효한 저희들은

어느 세월에 다시 만나 효도 할 길이 있으리요

이 슬픔은 아픔이 되어 바람만 불어도

엄마의 치맛자락이 그리워집니다.

어머니! 사랑합니다.

보고 싶습니다.

효도

홍법사에서 전화가 왔다. 오늘 저녁 섹스폰 연주회가 있으니 5시까지 오면 좋겠다고 한다.

귀한 관람이 될 것이라 믿고 시간 전에 도착하였다. 하마 법당이 미어져라 많은 사람들이 올 것 같아 나는 미리 차를 길 옆에다 세웠다.

시간이 지났는데도 너무 조용하여 어찌 된 일이냐고 물었다. 답은 의외로, 식구들끼리 조용히 9순의 창건주 할머니를 위한 작은 잔치라고 한다. 얼마 전 연습으로 연주하는 모습을 보고 노 보살님이 한번 와서 듣게 해주면 좋겠다고 했던 말로 인해 오늘 이렇게 자리가 마련되었다고 한다.

섹스폰 연주가 시작되자 주지 심산 스님은 사진을 찍기 시작 했

제6회 홍법바라밀제를 마치고.

홍법바라밀제에서 정우스님, 심산스님(왼쪽)과 함께한 저자.

다. 관객으로는 나와 공양주와 법당 일을 보는 법당 보살님과 안채에서 노 보살님을 시중 드는 보살님, 그리고 몇몇 보살과 모두 10명 정도이고 장소는 작은 거실이었다.

음악이 흐르고 있을 때 그동안 갇힌 생활을 하던 이 보살들이 차례로 연주에 맞춰 노래 부르고 춤도 추었다. 노 보살님도 손뼉을 치며 흥겨워하니 참 보기 좋은 모습이다. 오직 할머니를 위한 이 작은 연주회가 비록 배운지 얼마 안 되는 실력이라 할지라도 열심히 불러주니, 행복한 시간이 되었다.

부모의 인연만이 효심일까. 오늘 이 자리는 심산 스님의 정성으로, 아니 효심으로 마련된 자리로, 아마도 가신 후에 후회하지 않을 마음의 준비로 보였다.

나도 매일 새벽 기도를 마치고 방 한 켠에 항상 모셔져 있는 고암 전 종정스님과 일타 큰스님, 법정 큰스님의 영정 앞에 다시금 고개 숙여 예경 드리며 생전의 은혜를 들추며 감사하고 있다. 그러나 잘 모시지 못했던 후회로 너무도 죄송한 마음뿐이다. 그래서 이럴 때마다 나는 경을 쓰고 경을 읽는다.

그때 그 어른들이 지금은 아무도 계시지 않으니 내가 젊었던 그때가 그립고 큰스님들이 보고 싶다. 오늘 심산 스님처럼 후회가 없도록 그때 잘했으면 얼마나 좋았을까 하는 참회의 마음이 되곤 한다.

마침 창밖에는 작은 보슬비가 푸른 잔디밭을 적시고 있다. 돌아오면서 작지만 큰 뜻이 담긴 연주회였다고 박수를 보내며 위로는 어른이고 아래로는 늘 궂은일 도맡아 하는 이 절집 식구를 위해 스님의 마음 쓰심이 고맙게 생각되었다. 혼자 채은옥의 '빗물'을 흥얼거리며 운전해 왔다.

울며 써내려간 부모은중경

붓글씨로 〈부모은중경〉을 병풍으로 쓰기로 했다. 글을 쓰면서 '그 옛날에 부처님은 어찌 이리도 섬세하게도 아시고 법문을 하셨을까?'하는 생각이 든다.

감동이며 또 부끄러움이며 그리움들이 절절이 묻어나는 아픔으로 엄마를 그려 본다. 금세 눈물이 화선지 위로 뚝뚝 떨어진다. 늘 가슴에 묻혀있던 엄마의 모습이 눈에 보이는 듯 가까이 나타난다.

엄마의 인생, 울 엄마의 인생은 너무 슬프다. 울 엄마! 불쌍한 울 엄마! 생각할 수록 가슴에 차오르는 설움 때문에 몇 번이나 쉬었다가 다시 쓰게 되는 글귀마다 나를 더욱 슬프게 한다. 나도 결혼하여 어른이 되고 또 엄마가 되었지만 그때 엄마의 고생과 어찌 비교나 할 수가 있을까. 부모라는 마음이야 그때나 지금이나 다를 리 없겠지만 내 엄마는 시골에서 시부모님을 모시고 머슴 셋과 많은 농사를 지으면서 아들 딸 4남매를 키우시고 소와, 개, 닭도 키우면서 잠시도 쉴 틈이 없었고 물동이를 이고 우물물을 길어오셨다. 밤이면 길쌈까지 하지 않았던가.

지금처럼 편한 기저귀가 있을 때도 아니고 그 무거운 무명천으로 진자리 마른자리 갈아 뉘시며 키워주셨는데, 자식들이 어찌 그 부모의 노고를 몰랐을까. 너무 늦게 철이 든 지금에 생각해보면 이 몸도 함부로 해서는 안 될 귀한 엄마의 후신이지 않은가.

엄마가 너무 보고 싶고 살아생전에 이 아픔 몰랐음이 너무 후회가 되고 지난날 내가 먼 길 20리 길에 학교를 다닐 때는 새벽 밥 지어 도시락 싸서 보내고, 오후 늦어 어두운 시간에 집으로 올 때면 등불 들고 마중까지 해 주셨던 우리 엄마!

지금 나는 좋은 차로 운전도 하는데 엄마 한 번 태울 수 없는 안타까움으로 눈물 흘릴 때도 많았다. 엄마가 아이를 가졌을 때도 아는 것이라곤 살구며 매실 뿐이었으니, 지금 이렇게 흔하디 흔한 많은 과일 앞에만 서면 엄마 한번 사드리지 못한 것과 세상에 없는 것 없는 이 모든 것을 한 번도 해드리지 못한 것들을 생각할 때마다 가슴에 한이 되어 너무 슬픈 일일 뿐이다.

무명 옷으로만 평생의 옷으로 알고 살아오셨던 우리 엄마! 지금 이렇게 새털같이 가볍고 따뜻한 옷들이 많고 많은데 이런 옷 한번 입혀드리지 못해 불효라고 생각하니, 엄마가 기다려 주지 못했던 것

부 모 은 중 경

이러한 법문을 내가 들었다

어느때 부처님께서 사위국 왕사성 기

타숲 (외로운이 돕는절) 에서 큰비구

삼만팔천사람과 보살 마하살들과 함

께계시었다

그때세존께서 여러 대중을 데리시고 남

쪽으로 길을 가시다가 해골 한무더기를

보셨다 부처님은 해골더미를 향하여 이마를

저자의 〈부모은중경〉 사경.

처럼 아쉬움과 원망이랄까. 딸을 낳으면 비행기를 탄다는 말도 있는데 우리엄마가 지금 세상에 살아 계셨다면 엄마가 말한 대로 코 큰 사람들이 사는 미국도 구경 시켜 드릴 수도 있었을 텐데… 엄마를 생각하면 할 수록 너무도 많은 말들로 그리움을 떠 올리며 가슴이 아파 견딜 수 없어 눈물만 흘리게 된다.

지금 내가 이런 말을 한다 해도 우리 아이들조차도 이해할 수가 없는 시대가 되어버렸다. 물에 손 넣고 기저귀를 빨아야 할 일도 없고, 먹고 싶은 것 하고 싶은 것 다 하면서 사는 이 편한 세상에 살고 있는 젊은 엄마 아빠들은 어찌 그때의 부모 고생을 알 수가 있을까. 피와 같은 내 눈물을 어찌 알며 이해할까.

울며 쓰고 울며 써내려간 부모은중경, 엄마의 그림자를 안고 드디어 병풍으로 완성하고 거울을 본다. 거울 속에는 내가 아닌 엄마가 나를 바라보고 있다. 그 인자하고 자비롭던 엄마 모습이 너무 늙어진 내 얼굴에서 나타나다니, 때늦은 지금이나마 엄마에게 진심으로 사죄 드리고 용서를 빌어본다.

엄마 죄송합니다, 미안합니다, 생전에 잘못한 저희를 부디 용서하시고 다음 어느 생에 또다시 만날 수만 있다면 행복한 엄마로 잘 모실께요 엄마~!

몸살도 계절을 알고 찾아오는 걸까?

음력 2월이면 나는 늘 감기와 몸살을 하는 것 같다. 날짜도 어기지 않고 찾아오는 빚쟁이처럼 찾아온다. 콧물이 흐르고 목이 아프고 기침도 한다. 이런 내게 의사는 알레르기 병이라고 한다. 흔히 봄이 되면 꽃가루 알레르기를 앓는다고 하면서…

그런데 내게는 이 계절이 엄마를 떠나 보낸 아픔과 첫 딸을 낳은 행복도 있는 달이다. 옛 어른들이 아기 낳은 달은 몸이 편치 않다고들 하셨다. 그렇다 하더라도 40년이나 지난 지금까지 그 흐름이 있는 걸까?

한 사람이 세상에 나타나기까지 얼마나 많은 조상님들의 누적된 공덕과 부모님의 기다림으로, 열 달을 늘 기도로 채워서 만났거늘, 그 순간의 아픔이 이렇게 오랜 여운으로 남을까 싶다. 그러나 이런 시간들이 지나고 나면 또 멀쩡하게 회복이 되곤 한다.

부모가 되고 난 후에야 비로소 부모마음 알겠거늘, 내 부모님도 이러 했다면 나는 그 부모님을 잊지 않는 의미로라도 지금 세연을 달리하신 부모님의 극락왕생을 축원하며 그때 엄마의 고통도 느껴보리라.

따뜻하고 평안하고 아름다웠던 내 엄마의 모습을 그리면서 지금의 이 아픔도 숙제하는 뜻으로 받아들일 것이다. 지금도 부모님의 모습은 잊지 않았지만, 그 모습을 다시는 볼 수 없는 지금을 그때는 몰랐었다. 옛 사람들의 말처럼 "철들자 이별"이라는 그 뜻도 그땐 몰랐었다.

우리는 모든 일을 미루면서 언제쯤은 잘 하겠다는 원을 세우지만 실행하기엔 너무 어려운 일이다. 효(孝)란 내 뜻대로 부모님이 기다려 줄 수 없다는 말이다. 모든 일은 작아도, 아니면 힘들어도 그때그때 미루지 않고 마음을 내어 행할 때 효가 될 것이며, 무슨 일이든 성의가 있는 행동일 것이다.

오랜 세월 지난 지금까지도 후회와 아픔이 남은 내 모습은 참회진언으로 가득 차 있다.

내 생일에는

옛날 나의 아버지께서 들려주신 이야기다.

생일이란 내가 이 세상에 태어난 가장 귀중한 날이기도 하지만, 열 달을 뱃속에 담아 고생하며 죽을 힘 다해 고통 속에 낳아 길러주신 어머니를 다시 한번 더 기억하고 감사해야 하는 날이라고 하셨다.

어릴 땐 부모님과 일가 친척들로부터 태어나 가족이 되었음을 기뻐하고 축하하는 마음으로 잔치를 했다. 성인이 되고 어른으로 가족을 거느리고 살 때면 아내는 남편과의 인연이 되었음에 시 부모님께 감사를 드리며, 남편은 처가의 부모님께 아내를 만나게 된 감사를 드려야 하는 것. 그래서 그때의 고통이 아름다운 가정을 이루게 된 보람이 있어야 화목한 가정이라고 하셨다. 또한 자녀들에게도 좋은 본보기가 되는 교훈이기도…

　세상은 보이지 않는 거미줄 같은 인연들로 엮이어 살아가게 되니, 걸음걸음 살펴 살아 부모님들께 걱정을 끼치지 않도록 조심해야 하는 것임을 명심하여 살길 당부 한단다.

　건강하고 바른 마음 바른 행동으로…

내 나이 70이 되어가지만

아직도

엄마가 보고 싶고 아버지가 그립다.

내 모습에 엄마가 있고

내 맘속에 아버지가 있음에도

때로는 가슴시리도록 보고 싶다.

맛있는 음식 앞에서도

아름다운 산천을 보아도

차를 타고 즐거운 나들이 갈 때도

행복한 노래를 들을 때에도

옛날 아버지를 기억해주는 사람들을 만났을 때에도

엄마를 기억해 주는 사람을 만났을 때에도

나는 엄마 아버지가 보고 싶다.

내 몸이 소중함도

아버지의 정신과 엄마의 살결이 내가 되어 있으니

나는 나를 아끼고 사랑해야 한다.

이제 엄마가 살다 가고

아버지가 살다 가신 그 나이에 내가 서 있다.

그때의 내 엄마를, 내 아버지를 만날 수 있을런지?

제3장

전생의 수행자
원영이

어린 애기 때부터
무수한 법문을 토해내던
외손자 원영이를
평소에도 나는 스승님이라 불렀다.

나는 어디서 어떻게 왔을까?

원영이는 계미생 2003년 12월 10일생이다. 이제 세 살이 된 외손자 원영이는 막 말문이 열린 귀여운 아기다. 날마다 새로운 말들이 터져나올 때면 우리는 박수를 치고 귀여워 어쩔 줄을 몰라 한다.

잠이 올 때면 졸리는 눈으로 "나는 누굴까? 어디서 어떻게 왔을까?" 꼭 이 말을 외우곤 잠이 든다.

아기 부처 원영이로 부르는 우리 내외는 한 가지 행동, 한 가지 말에도 감동하고 행복해 하면서도 온갖 것을 다 꺼내어 집안을 어질어 놓을 때는 감당하기가 힘들 정도이다.

그러나 사랑은 내리사랑으로 아기 원영이로부터 웃음이 떠나지 않고 사랑이 넘치는 가족들의 모습이다. 그래서 우리 집으로 올 때를 기다리고. 갈 때면 섭섭하여 눈물도 흘리고 있다.

외손주 원영이는 '스승님'

　손자 원영이의 전화를 받았다. 어린 애기 때부터 무수한 법문을 토해내던 외손자 원영이를 평소에도 나는 스승님이라 불렀다. 지금은 초등학교 4학년이 되었지만, 말을 하기 시작하면서부터 큰스님의 법문을 듣는 것만 같아 그렇게 부르게 된 것이다.

　세 살 무렵 가족이 서울 선유도에 나들이를 갔을 때이다. 하늘을 바라보니 반달이 떠 있었다.

　내가 그 달을 보고 "오늘이 몇 일이기에 반달일까?"하고 혼잣말을 했을 때, 원영이가 바로 대답해주는 말, "할머니 반달은 원영이가 먹어버려서 반달만 남은 거야." 했다.

　너무 놀라 "달을 먹었다고?"하며 되물었더니, 그 작은 세 살 아기가 벌떡 일어서면서 "달을 먹었더니 이렇게 커졌지요." 한다.

나는 이 놀라운 말에 또 다시 "달이 무슨 맛이었는데?" 하고 물었다.

"달은 달 맛이지."로 답하는 손자에게, 그날은 세 살 아기로부터 한 소식을 듣는 큰 기쁨으로 가슴이 뭉클함을 느끼게 되었다.

그 후 어느 날 백담사 참배 가는 길 차 속에서 아무도 묻지 않았던 말로 "할머니 나는 아주 오래 전부터 여러 나라에 살다가 여러 문을 거쳐서 한국에 왔어요"한다.

너무나 놀란 나는 또 물었다.

"그럼 어디에서 많이 살았나요?" 했더니, "미국과 일본에서 많이 살았어요."라고 했다.

겨우 4살 아기가 이런 말을 한다면 믿어질까 싶은 말들로 나는 늘 감동하고 감탄하며 함부로 대할 일이 아님을 느끼게 되어, 스승님이라 부르게 된 것이다.

5살 때 또래 친손자와 둘이 나누는 이야기 중에 친손자 사나가 고모차가 지붕이 열리니, 하늘을 보며 하는 말이다.

"어! 어제보다 오늘 달이 더 뚱뚱해졌네!"하고 말하니, 외손자 원영이가 답을 한다.

"응 어제 내가 삼켰다가 오늘 토해냈더니, 저렇게 큰 달이 되었어."하지 않는가.

나는 엎드려 절을 하고 싶은 심정으로 큰스님의 화신이라 믿어 큰 법문으로 간직하게 되었다.

때로는 핸드폰으로 큰 나무를 사진 찍어서 내게 전송하면서 "할머니도 이 큰 나무처럼 큰 마음으로 큰 사람 되십시오."라는 문자를 보내오기도 했다.

나는 날마다 "오늘의 법문은?"하고 전화로 청하기도 했었다.

그때마다 손자는 "오늘의 법문"이라며, "남의 것을 탐내지 말고 작은 것 하나하나 모두를 소중히 생각할 줄 알아야 하고 정직하게 살아야 한다."고도 한다.

"또 느티나무가 오래 살고 많이 자랄 수 있는 것도, 대나무가 위로 쭉쭉 뻗어 올라 크게 클 수 있는 것도 어릴 적부터 바르게 커야하는 것이고, 우리 어린이도 어릴 적부터 튼튼하고 바른 마음으로 자라야 하는데 나쁜 아이들은 키가 작은 아이들을 놀리고 하지만 그건 멋진 것이 아니고 겉모습만 보고 마음을 볼 줄 모르는 사람이다. 그래서 커서도 나쁜 습관이 되어 남의 것을 빼앗고 운동을 해도 반칙을 하게 되는 나쁜 사람 될 수밖에 없다. 사람은 자기를 속이는 사람이 가장 나쁜 것이니 정직해야 한다."는 등 가슴에 담아둘 말들을 날마다 해 주었다.

"이 세상에서 가장 힘이 센 것이 무엇이라고 생각하세요?"

나는 고민을 하다 사자일까, 코끼리일까, 아님 기차일까 헤매는 답을 하니, "할머니 그건 다 아무것도 아니고 땅이 제일 힘이 세지요. 세상에서 아무리 무거운 기차도 빌딩도 그리고 차들도 산도 들도 모두 다 땅이 이고 있으니까 힘이 젤 세지요." 한다.

안개가 많이 낀 어느 날, 내게 이런 질문도 했다.

"할머니 지금 안개 때문에 아무것도 보이지 않아요. 어떻게 하면 이 안개를 없앨 수 있나요?"하기에, "그건 사람의 힘으로는 안 되니 기다려야지요." 했더니. 손자의 "답은 바람이 씨웅~ 씨웅~ 불어 오면 안개는 바람따라 날아가고 말 거예요." 한다.

학교에 입학을 하고 부터는 생활이 바뀌게 되면서부터 점점 전화하는 일이 줄어들었다.

어느 날, "왜 요즘엔 법문을 안 해주느냐?"했더니

"이미 그동안 다 해 줬으니 그걸 잘 생각하면 되지요"라고 해서, 더 할 말이 없었다.

"지금은 학교 숙제도 해야 하고, 그림도 그려야하고, 학원도 가야 하니 바빠서, 그런 생각에 젖어 있을 시간이 없다"고 했다.

그래! 나도 외손자가 일곱 살이 되면 이런 법문 듣기가 어려울 것이라고 알고 있었다. 그 맑고 깨끗한 영혼에 세상의 많고 많은 것을 보고 듣고 받아들이면서 전생의 익힌 습성을 덮어가기 때문이리라.

좀은 아쉬운 마음이지만 잠재된 지혜만은 언젠가 또 다시 빛으로 나타나리라 믿으며, 더 큰 스승으로 세상의 어른이 되어줄 것으로 축원하고 있을 뿐이다.

그런데 오늘은 문득 그 묻힌 보석 같은 화두를 꺼낸 것일까?

"세상에 이렇게 많은 사람들 중에 나는 왜 하필이면 강원영이란 이름으로 태어났을까?" "사람들은 천상이나 극락에 가야만 부귀영화를 누릴 수가 있다고 믿지만 지금 우리가 살고 있는 이곳에서도 극락과 지옥이 있는데…" 라는 말을 했다.

한동안 듣기 어려웠던 말이었다.

어제도 전생으로 흘러가고 있는 지금의 시간 속에 살고 있으면서 그 먼 옛적의 전생에 우리는 무엇을 하고 살았고 또 무슨 업연(業緣)으로 살았을까?

옛날 우리가 자랄 때 아버지께서 날마다 칠판에 글을 써두고 일러주신 말씀이 생각난다. 과거생의 내 삶이 궁금하면 지금의 내 삶을 보면 알 것이고, 다음 생에 내가 어떤 삶을 살게 될지는 지금 내가 살고 있음을 보면 알 것이라고 하셨다.

더렵혀진 강물이 맑으려면 얼마나 많은 물이 흘러 씻겨져야만 맑은 물이 되어 흐르게 될까? 또한 오랫동안 익힌 나쁜 습관을 바꾸기란 쉽지 않은 일이니, 생각하고 말하고 생각하고 행동해야만 나도 남도 상처와 후회를 남기지 않을 것이다. 우리 스승님의 말씀처럼…

날개 달린 원숭이가 뿌리는 눈

원영이가 군법무관인 아빠랑 강원도에 살 때이다.

전화가 왔다

"할머니 어제 밤에 눈이 많이 왔어요. 그 눈은 날개 달린 원숭이가 하늘에서 뿌리고 있었어요. 그런데 그 눈은 아무나 맞을 수 없고, 너무 예쁘니까 발로 밟아서도 안돼요. 그냥 두고 보는 것이 더 아름다울 테니까요."

할머니께도 이 눈을 보내겠다며 쒸웅~ 쒸웅~ 눈을 날리며 하트도 날리며 뽀뽀도 날려 온다.

"어서 커서 글을 배워 이렇게 아름다운 걸 할머니께 편지를 써서 빨간 우체통에 넣어 보내 주겠다"고 약속도 했다.

나이를 멈추게 하는 비타민

원영이가 쭈굴쭈굴 늙어진 할머니 손등을 보고 "할머니 손등이 왜 이렇게 되었어요?"하기에,

나는 "사람이 늙으면 세포가 죽게 되니 이렇게 보기 흉하게 되는 거란다."라고 답했다.

그랬더니 "할머니 기다리세요. 내가 어서 커서 나이를 멈추게 하는 비타민을 만들어 드리겠으니, 그때까지 기다리세요."하는 말을 듣고 너무 고마웠다.

그리고 "나는 원영이라기 보다 해성이라 불러주면 좋겠어요."라고 말했다.

태중에서 듣던 노래

원영이가 태중 노래 '바바방 바바바방~' 노래를 부르며 뛰어다닌다.

"그 노래 누가 가르쳐준 노래인데?"하고 물었을 때,

뜻밖에도 "엄마 뱃속에 있을 때 많이 들었던 노래."라고 한다.

정말 태중에서도 다 듣고 있구나. 엄마가 피아노를 전공하여 자주 피아노로 들려주었구나.

선생님 보다 도인이 더 좋아요

강원영 전화는 내가 듣는 즐거운 법문이다.

"할머니 할머니 나이가 50이나 되었나요?"하고 묻는다.

"내 나이 50이면 얼마나 좋겠니? 65살이나 되었으니 참 많은 나이지?"하니 원영이의 법문이 시작 되었다.

"할머니 나이는 아무 상관이 없어요. 나는 다섯 살이다, 다섯 살이다를 자꾸 외면 다섯 살처럼 살아지고 그러다가 나는 한 살이다, 한 살이다를 외면 한 살처럼 살아지고 그러다 0살이다를 외우면 그때는 몸의 물이 다 빠지고 사라지지만 영혼은 다시 태어나게 되는데, 그곳에도 나무를 심고 꽃도 피울 수 있으니 걱정 마세요. 우리 할머니는 착하니까 그곳에 태어날 거예요. 그곳에 가서도 계속 공부를 해야 해요. 그러려면 이곳에서 공부하던 걸 잊어버리지 말고 다

가져가야 해요 그래서 몸속에 사리를 담아야 해요. 나는 선생님 보다 도인이 더 좋아요."

오늘의 이 법문이 내게는 훌륭한 큰스님의 법문만 같았고, 아직 들어보지 못했던 말이기에 하루 종일 가슴이 찡하였다.

잔인한 사람들

'전국 맛 자랑' TV 프로그램을 보고 원영이에게서 전화가 왔다.

"할머니 살아있는 고기를 잡아서 맛있게 먹는 걸 보니 너무 마음이 아파서 눈물이 났어요. 왜 사람들은 그렇게 잔인한가요?"라고 울면서 말을 한다.

관세음보살~ 관세음보살~

한번은 원영이가 열이 나고 몸이 아파 학교엘 가지 못했다고 한다. 멀리 떨어져 살고 있으니 가서 볼 수가 없어서 전화기 속으로 안타까움을 이야기하곤 했다.

"그렇게 아파 어떻게 하니?" 내가 걱정을 하니,

"할머니 걱정 마세요. 엄마가 정성을 다해 간호해주고 계시니 곧 나을 거예요."하며 어른스럽게 나를 도리어 위로한다.

다음날 걱정 되어 전화 했더니, "할머니 엄마가 관세음보살, 관세음보살 하며 종일 기도해 주신 덕택에 내가 다 났게 되었어요."라고 한다.

참선을 하세요, 할머니!

전화가 왔다

"할머니 참선을 하세요. 참선을 꼭 해야 해요 참선은 나는 누굴까? 나는 누굴까? 를 하는 거예요 참선을 하면 마음씨도 착해지고 예의도 바르게 돼요."한다.

"원영이는 어디서 참선을 했느냐?"고 물어보니

"나는 좁은 방에서 했다."고 했다.

"할머니는 집에서 참선을 하세요. 나는 옛날 참선을 많이 해서 아주 예의가 바르고 바로바로 깨닫게 돼요. 참선의 선생님은 바로 나예요. 나는 바느질도 잘해서 방석도 만들고 했어요. 그리고 참선을 많이 해서 세상 보는 눈이 달라졌어요. 나는 마음이 따뜻하고 머리 속에 착한 생각이 가득해요. 참선은 명상이예요. 할머니도 꼭 하셔

야 해요."하면서 긴 법문을 하니, 나는 너무나 귀한 인연이 내게 있음에 행복했다

"누가 그런 말을 해 주었느냐? 학교에서 가르쳐 주던?"하고 물었을 때,

화를 내면서 "아니 학교가 무슨 절인 줄 아세요? 내 몸 속에 영혼이란 게 있어서 알게 해 준 것이야."하면서 나를 나무라기도 하였다.

그리고 "참선을 많이 하면 마음을 보게 되고 스스로 착해지는 법인데 우리 할머니는 착하니까 내가 닮고 싶은 사람인데, 엄마도 화가 날 때마다 참선을 해야 나를 더 착하게 키울 수 있을 테니 화내는 말도 하지 말고 겁주는 말도 하지 말았으면 좋겠어요."

어찌 전생의 수행인이 아니고 이런 말을 했을까?

똥을 맨날 먹고 있어요

"스승님 안녕하세요?"

"네 할머니도 안녕하세요?"

이렇게 인사를 나누고 "밥은 먹었나요?"하고 물었을 때,

답은 "저는 밥이 아닌 똥을 맨 날 먹고 있어요."

"그게 무슨 말이냐?"고 하니,

"밥을 먹으면 다 똥으로 변하게 되니까요."

아니 이렇게 상상할 수 없는 말을 하니 놀라게 되고, 하루에도 몇 번씩이나 전화를 하게 된다.

작년 어느 날 해준 이야기 중에 이런 말도 생각이 난다.

"숫자는 끝이 없다. 사람이 크는 것도 끝이 없다 자꾸자꾸 자라서 또 늙어서 죽고 다시 태어나고 또 자라고 계속 그러잖아! 식물도 천

천히 눈에 보이지 않게 자라듯 원영이도 보이지 않게 자라고 있어
요."

어떻게 알게 된 말이냐고 물었을 때 스스로 깨친 말이라고 한다.
우리 스승님, 감사 합니다.

아기 부처 원영이

오늘 외손자 원영이가 울면서 전화했다.

"할머니! 할머니! 엉 엉 엉~"

큰 소리로 울면서 부르는 소리에 잠시 놀랬었다.

"왜? 원영아! 왜 울어?"

다급히 묻는 내 목소리는 떨렸다.

"할머니! 할머니 보고 싶어~ 앙 앙 앙~"

더욱 서럽게 우는 목소리에 나도 전화기를 붙들고 같이 울기 시작했다.

"원영아! 원영아! 할머니도 원영아가 보고 싶어."

그러면서 마주 울었다

정이란 이런 건가 보다 얼마동안 같이 지낸 정으로 어린 가슴에도 그리움이 있었나 보다. 잠에서 깨었을 때 엄마가 "너 잘 때 할머니가 전화 하셨는데 할머니가 원영이 보고 싶다고 했어"라는 말을 듣고 금방 그렇게 울었다고 한다. 그리고는 할머니께 노래해 준다며 '낮에 놀다'의 노래를 끝까지 불러 주었다.

행복한 눈물이지만 한편 마음이 아려옴은, 이제 겨우 29개월의 아기인데, 생각할 수록 눈물이 고인다.

아가야 잘 커야 한다. 그리고 건강하고 행복한 삶이 되어라.

부처님 전 빌고 빌며 우리 원영이에게는 파이팅을 외친다.

오늘 너로부터 흘린 나의 행복한 눈물은 고마움이었다.

"마음속에 전쟁이란 단어를 담지 마세요"

전쟁이라는 말에 온 국민이 불안해 하고 있다. 이렇게 작은 나라, 알찬 발전으로 일구어놓은 우리나라 좋은 나라인데, 적대국인 남의 나라가 아닌 한 민족끼리 전쟁이라는 살상으로 연일 협박을 하는 북한과의 슬픈 대치가 우리 어린 자녀들 앞에 할 말이 없다.

몇일 전 서울에 살고 있는 외손주 원영이가 전화로 해 준 말이 생각난다.

"할머니! 전쟁이라는 그 말을 왜 해야 하나요? 그 전쟁이라는 생각도 하지 말아야 해요. 마음속에 전쟁이란 단어를 담지 말고 살아야 평화가 되지요."

"그래 네 말이 맞아." 하면서 칭찬하였지만, 실로 가슴이 아프다. 지금의 불안한 현실에 이렇게 순박한 어린아이들에게 무서운 전쟁은 없어야 할 텐데 걱정이다. 아이들이 맘껏 뛰어놀며 힘차게 자랄 수 있는 평화로운 나라가 되길 손 모아 기도한다.

세계 속에 한국은 엄청나게 발전하였지만 남북의 갈등과 정치인들의 안일한 이기심으로 국가가 위기에 놓인 상태이니, 까만 눈동자의 맑은 영혼들에게 상처가 되지 않기를 간절히 간절히 소원하고 있다.

봄볕에 연두 잎이 짙어지고 있다. 우리의 작은 사랑도 큰 뜻으로 승화시켜 서로 보듬어 안고 배려하고 행복을 나누어가며 사는 법 배우면, 우리에게 적이 없는 삶이 되지 않을까.

금강경 구절에 '내'라는 相(상), 사람이라는 相, 중생이라는 相, 오래 산다는 相이 없어야만 미움과 저주가 없는 법이라고 한 그 뜻대로 북한도 또 우리도 그랬으면 좋겠다.

화가 없어지는 약

　역까지 전송하려고 내 차에 짐을 싣고 아이를 태웠다. 원영이가 차를 타고 발견한 것은 내 차에 있던 사탕이다. 하나 손에 들더니 전에는 "이건 몸에 좋지 않기 때문에 먹으면 안돼!" 하더니, 이번엔 "이건 약이야! 먹으면 화가 없어지는 약이니까 먹어야 해!"하면서 입에 쏘~옥 넣는다. 얼마나 귀엽고 말을 잘 하는지 원영이랑 있으면 시를 듣는 기분이다.

　사랑하는 우리 원영이가 씩씩하고 건강하게 잘 자라서 참된 지도자가 되길 바라고 있는 내 맘엔 세상 무엇보다 값진 보물 손자라고 생각하고 있다.

　지나가던 사람이 예쁘다고 손 흔들면 "저 아저씨도 원영이를 참 좋아하지? 왜 좋아할까?" 하고 묻는다.

가끔 보게 되는 우리 아기들을 보낼 때마다 나는 괜스레 마음이 저리고 아픈 것 같아 손을 흔들고 뽀뽀를 하고 안아도 여운은 쓸쓸하다. 이렇게 달콤한 손자와의 사랑은 지극하지만 헤어지고 만남은 세상의 진리인데도 스스로 속고 또 헤어짐이 아까운 것이다. 몇 시간 후면 또 엄마 아빠에게 재롱을 부리며 우리를 잊을 텐데도 말이다.

못 잊어 불러 보는 노래 같은 손자 이름!

그래도 기다림이 또 있으니, 이것이 내리사랑일까?

안녕~ 안녕을 빌며…

마음은 생각을 만들고

아침에 날이 밝아 베란다의 창문을 여니, 상쾌한 바람이 얼굴을 스치고 코끝이 시원해진다. 밤 사이 고요히 가라앉은 공기가 날이 밝아 다시 활기를 띄워 하루를 열어준다. 우리의 삶이 이렇게 하루 하루를 맞이하고 있지만, 날마다 예상하지 못했던 일들이 뉴스로 흘러나오고 있다. 이 속에서 우리들도 그냥~ 그냥 살기 보다 부처님을 우러러 보며 평화롭고 참된 삶을 살고자 기도와 정진으로 보살행을 실천하려 절을 찾고 있지 않는가.

우리는 전생부터 불법의 선근이 있었나 보다. 지난 추석 때 8살 외손자의 말이 생각이 난다.

"할머니 이 세상에서 제일 힘이 센 것이 무엇인지 아세요?"하고 물었을 때, 내가 무엇일까 한참을 생각하고 있으니, "할머니 그건 땅이잖아요. 땅이 얼마나 힘이 세면 산도 나무도 그리고 이렇게 많은 집과 무거운 건물들, 온갖 것들을 다 이고 있으니 얼마나 힘이 세겠어요."한다. "또 하늘이 얼마나 크면 전체가 하나이겠어요?"

어쩌면 이런 말을 할 수 있단 말인가! 70이 되어가는 나이이지만 한 번도 생각해 보지 못했던 말을 어린 손자로부터 듣고, 한 소식이라도 한 듯 크게 감동하였다

나는 달라이 라마에게 듣는 큰 법문이라며 칭찬 했더니,

"내 꿈이 달라이 라마가 되는 것이지만 꿈도 자꾸 바뀌는 것이지요." 한다.

그런 그 다음 어느 날에도 "오늘의 법문입니다" 하면서, "남이 내게 듣기 싫은 말, 화낼 말을 해도 화라는 생각도 하지 말아야 한다. 왜냐하면 그 말을 듣고 내가 화를 낼 말이면 다음에 나도 다른 사람에게 똑같은 말로 사용할 수 있기 때문에, 그런 나쁜 말에 휩쓸리지 말아야 한다."는 놀라운 말을 전화로 통해 듣고, 나는 스승님이란 칭호를 쓰지 않을 수 없어 스승님이라 부르게 되었다. 아마도 전생에 수행인, 큰스님의 환생이리라. 흔히들 아이 마음, 어른 마음이 다르다고 하지만 세상을 보는 눈은 다 같고 맑은 마음자리에서 더 고운 생각을 지어내는 것이 아닐까 싶다.

믿음과 수행은 우리 삶에 인연과(因緣果)를 크게 변화시키는 역할이리라 믿는다. 날마다 살아있다는 것은 죄를 느끼지는 못해도 죄를 떠나 살 수는 없는 것, 그기에 참회라는 단어만큼 아름답고 순수

한 인간 본연의 모습으로 승화시키는 말이 또 있을까 싶다. 바로 발전적 행동이며 훌륭한 모범이 될 것이기 때문이다.

탐욕이란 많이 가지려는 소유욕에서 일어나는 생각이 마음을 덮고 그 마음은 그 생각을 걷어내지 못하기 때문에 얼룩진 자신을 만들어 가고 있을 뿐이다.

공부가 무엇이며 수행이 무엇일까? 거울을 닦아 맑은 내 모습을 보듯 우리들의 삶이 아무리 복잡하고 괴로워도 객관적인 나를 보는 시간으로 기도와 참선 그리고 경전을 읽고 쓰며 내 삶의 체험을 통해 바른 나로 길들여야 할 것이다. 그래서 보이는 것마다 긍정적이고 바른 견해로 불편한 곡해를 여의는 습관이 되어야 할 것이다.

옛날엔 아무 곳에서도 멀리 보이는 산을 볼 수가 있었고, 그 산을 보며 어딘지 모를 위안을 얻기도 했었다. 그런데 요즘엔 고층 건물에 가려서 좀처럼 도시에선 산을 보기조차 어렵다. 산이 보여주는 사계절의 변화도 큰 법문으로 읽게 된다. 좋은 것도 싫은 것도, 옳고 그름도 없으며 복을 짓는 사람도 죄를 짓는 사람도 차별 없이 다 받아주며 누구나 다 누릴 수 있는 넉넉한 공간이 되어 줄 뿐이다. 그런 산을 오르고 내리면서 내가 나를 볼 수 있는 시간이면 나와 이 자연이 어찌 둘일 수 있을까.

크고 작은 나무 속에 온갖 이름 모를 꽃들이 피고 지고 계절 따라 제각기 열매 맺고 씨앗 터뜨려 새봄이 올 때까지 꽁꽁 숨겨 두었다 싹트게 하니, 늘 산은 풍성한 생명의 도량이며 각기 다른 향기와 맛을 지니고 자기들의 업대로 살아가고 있다.

우리는 우리라는 틀에 갇혀 온갖 물질과 풍요로움을 누리기 위해 수많은 사람들이 길 위를 떠돌고 있다. 너무나 많은 것을 소유하고 있으면서도 정작 고마움이나 행복을 느끼지 못하니 하늘과 땅 그리고 자연에 대한 감사함을 잊고 살 때가 많다.

어떤 거룩한 삶도 생명엔 한계가 있는 법. 언젠가는 떠날 준비로 연습하면서 다시 부처님 회상에 태어나기 위해 오늘을 잘 살아야 겠다. 순간순간 나를 보면서⋯

약속이란

나는 약속은 꼭 지켜야 한다고 생각하는 사람이다.

오래 전 어느 날 무단히 외손주 성재와 이야기하다가 그만 "우리 미국 여행 갈까?"하는 말을 했었다. 그 말을 하는 순간은 생각 없이 한 말이었다.

그러나 그 말을 한 후 상황이 달라졌다

"할머니 우리 언제 미국 갈 거예요?"하고 아이는 기대에 찬 목소리로 전화를 걸어온다.

나는 부산에 살고 외손주는 서울에 살고 지금은 고등학교 입학을 한 나이지만, 그 당시는 초등학교 2학년이었다. 나는 고민이 되었지만 거짓말쟁이 할머니가 될까봐 "그래 약속은 지키는 거야. 떠날 준비를 하자꾸나"하고는, 그해 8월에 손자와 둘이 그 먼 미국엘 갔었다.

아무도 아는 이 없는 낯선 곳인데, 오직 한 사람 거해 스님이 계신다. 위빠사나 수행을 하시는 스님은 아버지 적부터 친히 알던 터라 스님과는 자주 전화 안부도 하던 참이었기에, 스님께 미리 약속을 드리고 가게 되었다.

스님이 마중을 나오셨다. 당장은 관음사라는 절에 묵어야 할 것 같아 아무런 걱정을 하지 않았는데, 때마침 관음사의 주지스님께서 위독하셔서 숙소로는 어려운 처지가 되어 호텔에서 지내다가 한국인의 하숙집에도 묵게 되었다.

이윽고 주지스님께서 돌아가시는 상황이 생기기도 하여 장례일정을 피해 그곳 현지 투어도 하면서 시간은 알차게 여행의 목적답게 잘 지낸 편이었다. 그 후 거해 스님의 운전 실력과 곳곳의 안내로 매우 뜻있는 시간들이 되었다.

어느 일요일엔 LA의 태국인 거리에서 탁발 행사가 있는 날 함께 동참하기로 했었다. 우리는 아무런 준비가 없어서 2달러씩 넣은 봉투를 40개 정도 만들어 지나치는 스님마다 발우 위에 올려드렸다. 꼭 한번 참여해보고 싶었던 일이었는데, 손자와 함께 하게 되어 참으로 잘된 일이었다. 아이도 그때 처음 해본 일을 잊지 않는다고 했다.

헐리우드 거리며 기네스 박물관, 유니버설 스튜디오, 레고 공원, 해양박물관, 시월드, 아이들이 좋아하는 놀이공원도 곳곳을 다니면서 무서운 머미도 타고 청룡열차도 타며 높은 곳에서 떨어지는 보트도 타게 되었다. 나는 자전거도 못타는 무서움이 많은 사람인데 아이 혼자 타게 할 수가 없었다. 우리나라처럼 탄 곳에서 내리는 것이 아니고 내리는 곳은 정반대의 먼 곳이니, 혹시라도 서로 길을 잃게 될까봐 함께 탈 수밖에 없었다. 할 수 없이 함께 놀이기구를 타고 나면 나는 몇 번이나 기절 상태가 되고 그러면서도 다음날 또 타야 하는 아이와의 여행이었다. 아무튼 다 열거할 수 없지만 서부여행의 그랜드 케년의 경비행기만은 혼자 타게 했다

이렇게 보름을 여행하는 동안에 그곳 사람들과 인연이 되어 함께 다니면서 할머니와 손자 둘이서 하는 여행이 궁금했는지, 모두가 물어보곤 했다. 답은 한결같이 "나중에 우리 할머니 거짓말쟁이라는 말을 듣지 않기 위해서~"라고 하니, 모두가 놀라운 표정을 지으며 "대단 하십니다. 아이와의 약속으로 이 먼 곳까지 오시다니요."라는 말을 들으며, 나는 그 약속을 지키고 돌아온 일이 있었다.

어제는 아들네 여섯 살짜리 손자와 통화를 하다가 너무도 착한 말을 해서 "그래 너무 고맙구나. 만나면 선물을 사줘야 겠네"했더니, 아이는 자기가 가지고 싶었던 장난감인 듯 포켓몬 카드를 사달라고 한다. 사주기로 약속을 했다.

아이는 얼마나 기다렸는지 오늘 아침 일찍 일어나 전화를 했다.

"할머니 그 포켓몬 카드를 사서 택배로 부쳐 주시면 안돼요?"라고 한다.

아마도 밤잠을 설치고 날이 밝으면 이 말을 해야겠다고 기다렸던 모양이다. 약속은 지켜야 하는 것이다. 어린아이와의 약속에 또 걸린 나는 말에 대한 책임을 다시 한 번 실감하게 되었다. 누구와의 약속을 지나가는 말로 슬쩍 했다 해도 상대는 그 말을 믿고 있다면 나는 실없는 사람이 될 수밖에 없다.

세상에 살면서 우리는 얼마나 많은 말들을 남발하고 있는지, 한 번쯤 점검해 볼 일이라 생각되었다. 남과의 약속도 중요하지만 나 스스로 나와의 약속 또한 중요한 일이라 믿기에, 남은 내 생에 숙제를 멋지게 회향코저 노력해야 한다.

내년부터는 어디에도 얽매임 없이 자유인으로 살며 그동안 하고 싶었던 전국 사찰 투어를 하면서 보지 못했던 더 큰 세상의 모습을, 우리 불교의 큰 세계를 다 접해 보고 싶다.

제4장

함께 피는
연꽃

1976년 '남을 위한 기도' 백일을 하고
회향 날 축원했던 이웃과 친구들을 모아
공양을 함께 하면서
'연꽃모임'을 약속 했다.

초파일 연등의 추억

36년 전 1월에 연꽃모임이 창립 되었다. 그때는 젊은 아낙네가 절에 가는 사람이 드문 때였다.

연꽃모임의 시작은 이러했다. 내 나이 26살에 결혼하여 신혼 때부터 매일 집에서 백팔 배 를 하고 경을 읽으며 사경도 했다. 이유는 날마다 절에 갈 수 없어서 집에서나마 시간을 정해놓고 그 시간마다 어김없이 실천을 했었다. 그러다 네 아이를 키우게 되면서 아이들이 잘못 했을 때마다 백팔 배 하는 것으로 벌을 주었다. 처음엔 서로 너때문이라 원망을 하다가 절을 하는 동안 미움이나 원망은 찾아 볼수 없이 밝은 얼굴로 안기곤 했다. 먹을 것이 있어도 언제나 3배의절을 하며 부처님께 공양 올리고 먹게 했다. 그래서 방 한 켠에 부처님을 모시고 있음이 얼마나 큰 교훈이 되었는지 모른다.

1976년 되는 해에 '남을 위한 기도' 백일을 하고 회향 날 축원했던 이웃과 친구들을 모아 공양을 함께 하면서 모임을 약속 했다. 절을 찾아 부처님께 예배하고 기도하며 큰스님들의 법문도 들으며 좋은 도반이 되자는 취지에서 128명의 회원이 모였다. 그때 '연꽃모임'이란 이름으로 회원들은 날마다 부처님 이야기, 절 이야기가 듣고 싶어 우리 집에 모여들었다. 그래서 아이들은 학교에서 돌아올 때마다 손님들이 집안 가득 있어서 엄마 얼굴을 보고 인사할 수 없었다는 말을 지금도 한다.

어느 해 초파일 무렵, 우리 집에서 연등을 만들어 해인사에 가기로 했다. 한 열흘 매일 점심을 해 먹여가면서 등 만드는 것을 가르쳐 주었는데, 생각만큼 잘 만들지 못해 다시 가르치고 핀잔도 주게 되어 삐진 도반은 집으로 가기도 했다. 그렇게 많은 등을 예쁘게 만들어 초파일 새벽에 버스에 주렁주렁 매달았다. 사람들이 가득 탔기 때문에 자리엔 놓을 수도 없어 선반에다 매달았다. 지금처럼 고속도로가 아닌 비포장 길로 달리니 등은 서로 흔들리면서 연꽃잎이 모두 망가지고 뼈대만 남을 정도로 흉하게 되어버렸다. 너무도 어이없는 상황에 울고 싶을 만큼 속상했다. 이렇게 망가지고 말 것을, 잘못한다고, 잘못했다고 나무랐던 일들이 미안했다. 그래도 등 만들어간다고 스님께 자랑했을 때, 우리 등이 달릴 장소를 비워두겠다고 하셨으니 가져 갈 수밖에 없다.

일타 큰스님이 계시는 지족암을 향해 한복을 곱게 차려입은 우리

1983년 초파일, 일타 스님과 함께한 회원들.

회원들이 부서진 등을 하나씩 들고 줄을 서서 가고 있었다. 큰 절의 스님들이 멀리서 보고 너무 아름다워 보여서 구경으로 가까이 와서 보시고는 큰 소리로 "보살님! 등이 왜 이렇게 되었어요?" 하면서 웃음을 멈추지 않으셨다. 가뜩이나 스님께 어떻게 이런 등을 보여드릴까 걱정인데… 그러나 어쩔 수 없이 등을 들고 암자에 도착 하였다.

스님은 빙그레 웃으시면서 "여기까지 가져 오느라. 애 많이 썼구나." 하시면서 "여기에 주~욱 달면 되겠다."며 비워둔 자리에 함께 달아 주셨다.

스님께서 우리들의 이야기를 들으시며 너무 재미있게 환한 얼굴로 "그 정성이 이미 등을 밝힌 일이니 염려 말거라." 하시면서 등을 거꾸로 매달고 왔다면 이만큼 다치지는 않았을 것이라고 일러주셨다. 정말 그랬다. 바로 달았으니 잎이 다 떨어질 수밖에 없었던 것이다. 스님은 대중들이 가득 찬 법당에서 초파일 법문을 하신다. 바로 오늘 우리들이 만들어간 연등이 "비록 다 부서져 모양은 아닐지라도, 그 머나먼 부산에서 열흘 동안 모여 정성으로 만든 등이니 부처님은 이미 다 아시고 계실 것이며 초파일의 특별한 공양이니 그 공덕은 무량 하리라"고 말씀하셨다. 민망했던 마음에 큰 위안을 주는 기쁨의 법문이었다. 밝은 모습의 회원들은 더 큰 새로운 신심으로 스님이 써주신 붓글씨 한 점씩 받아들고 행복해했다.

다음엔 더 예쁜 등을 만들어 부처님께 올리기를 다짐하며 돌아왔던 기억은 지금 다시 꺼내보는 추억이 되었다.

'벌님 영가'와 인과

오늘은 평소에 잘 알고 지내던 집을 방문하게 되었다. 오래 전부터 관절이 좋지 않아 고생 하더니 민간요법인 벌침을 맞고 있는 중이었다. 그걸 보는 순간 나의 지난날이 생각났다.

10여 년 전에 나도 이와 같이 퇴행성 관절을 앓았다. 아랫집 아가씨가 아버지의 병을 고치려고 배운 벌침이라며 아파하는 나를 치료해 준다고 왔다. 처음엔 모르고 시작 했는데 벌들은 침을 놓고 난 후 두 시간 내로 죽게 된다는 것을 알게 되었다. 그때부터 나는 벌들에게 미안하고 불쌍하여 마음이 아파 더는 할 수 없다며 중단 하였는데, 이미 몇 십 마리의 벌들이 죽은 뒤였다. 그해 나는 우리 절에서 매년 큰 행사로 해오던 참회산림법회를 일주일 내내하게 되었을 때, '대원성 복위 벌님 영가'로 올리고 축원 드리며 참회기도로 용서를 빌었다.

벌침 선생은 "벌은 어차피 오래 못가 죽을 명(命)인데 이렇게 남의 아픔을 치료해 주니 얼마나 좋은 일 하고 가느냐?"고 했다. 생각하기 나름인지 몰라도 나는 불자로서 사람의 양심으로는 결코 편히 할 수 있는 일은 아닌 것 같다고 했다.

일주일 내내 기도시간마다 스님의 큰 목소리가 '벌님 영가'를 부르게 되니 많은 신도들이 쉬는 시간에 내게 다가와 묻기도 했다. 자기네들도 염소며 닭이며 개 또는 소까지도 집에서 키우던 짐승들을 잡아먹었던 역사를 고백하며, 영가 축원을 올리고 싶다고 했다. 그후 많은 사람들이 생명에 대한 귀중함을 알게 되었다고 했다.

인과는 꼭 있는 법이다. 10여 년 전이었을까? 경주에 한 보살 가운데 신통한 침을 놓는 사람이 있다고 소문이 나면서부터 전국에서 사람들이 모여들기 시작하더니 새벽부터 줄을 서서 기다릴 정도였다. 나도 한번은 홍법사 창건 보살님을 따라 간 일이 있었다.

그때 그 많은 사람들 중에 유독 한 사람이 눈에 들어왔다. 한 중년 남자가 고3의 딸을 데리고 왔다. 딸은 몸이 아주 뚱뚱했고 얼굴 전체가 온통 수탉의 닭 벼슬과 똑같은 색으로 빨갛고 유들유들하여 피부가 징그럽기까지 했다. 아버지인 그 남자는 두 달 동안 한 번도 빠지지 않고 매일 이곳에 와서 침을 맞히고 간다고 했다. 가까이 앉아서 이렇게 된 이유를 듣게 되었다.

이 처녀가 엄마 뱃속에서 태어나기도 전에, 엄마의 고향은 시골집이었고 가을 나락을 다 베고 난 뒤 짚으로 불을 땔 때라고 했다. 엄마가 저녁을 지으러 볏짚을 가지러 헛간에 갔을 때 9월 9일이 훨씬 지났는데도 뱀 새끼 두 마리를 보게 되었다. 그때 순간적으로 무서운 마음에 부쭈깽이로 새끼 뱀을 때려 죽였다고 했다. 그 후 얼마 지나지 않아 아기를 낳았는데 바로 이 처녀라고 했다.

돌이 막 지났을 무렵, 그때가 여름인지라 덕석을 마당에 깔아 아기를 뉘이고 일을 하고 있었는데 이웃집 장닭 한 마리가 와서 마당을 빙빙 돌더니 아기 곁으로 다가가 그만 아기 얼굴을 몇 번이나 쪼아대었다. 이것을 보고 어른들이 놀라 달려와 쫓았지만 그 후 아기 얼굴에는 날마다 붉은 반점이 점점 더 크게 번지기 시작하더니 이렇게 얼굴전체로 변하게 되었다고 했다.

옛 어른들은 아기가 잉태되면 엄마는 더욱 조심하여 열 달의 태교로 건강하고 바른 인성의 아기를 낳아야 한다고 했는데, 어쩌다가 엄마의 한번 실수가 아이에게 이런 상처와 고생을 안겨주다니…

그런데 지금 기적 같은 희망이 있을 것 같다고 했다. 대구에서 경주까지 하루도 거르지 않고 온 보람이라며 하는 말, "침을 맞은 지 두 달 만에 그 넓은 얼굴 중 코끝에 쌀알만큼의 작은 피부가 하얗게 변화하고 있다"고 자랑했다. 그 후로는 만난 일도 본 일도 없는데, 생각 날 때마다 깨끗해진 얼굴로 좋은 대학 마치고 행복했으면 좋겠다고 기도했다.

어찌 인과가 없으랴. 오늘도 모르고 지은 죄, 또 무엇이 있을지?

연꽃을 보며

3년 전부터 취미로 문인화 수업을 하고 있다. 회원들은 그리 많지 않지만 란을 그리는 사람, 대나무를 그리는 사람, 소나무를 그리는 사람, 매화를 그리는 사람, 목련 포도 국화를 그리는 사람, 연꽃을 그리는 사람 등 다양한 그림들을 선생님의 지도를 받으며 그리고 있다.

오늘 연꽃 그림을 보다가 즉석에서 연꽃을 보러 가자는 이야기가 끝나기도 전에 당장 떠나게 되었다. 장소는 통도사 서축암 앞 연못으로 정했다. 절이라면 어디서라도 내가 앞장서야 하는 일이기에, 내 차에 선생님과 몇 명의 회원을 태워 해가 질 무렵이지만 달려갔다.

이곳은 정우 스님이 통도사 주지로 오시면서 만든 연못으로 그리

오래 되진 않았지만 처음부터 백련을 심었고 홍련은 아예 없다. 하얀 백조가 내려와 앉은 듯 푸른 연잎 위에 고개를 쭉 내밀어 핀 백련이 참으로 아름답고 신비롭다. 잎은 양산이나 우산으로 써도 좋을 만큼 넓고 크며 싱싱함이 부럽도록 탐스러웠다.

우리 일행은 스마트 폰으로 사진을 찍었고 우아한 자태에 감동하며 행복해 하고 있었다. 자연이라고만 말할 수 있는 것일까. 참으로 오묘한 실상의 연화세계가 아닌가. 군데군데 꽃이 아닌 연실(蓮實)이 긴 줄기 위에 씨앗을 품고 빼꼼히 내밀고 있음이 실상묘법을 상기하게 된다.

내가 30대에 창립한 '연꽃모임'의 이름도 우연이 아닌 오랜 원이 담긴 뜻이었으리라 생각된다. 오늘따라 이 연꽃을 보면서 큰스님들께서 연꽃모임 이름을 칭찬 하시며 "진흙 속에서 꽃 피우지만 꽃잎은 더러움에 물들지 않으니 그 의미 있는 가르침이 담겨있는 연꽃처럼 어떤 나쁜 환경에서도 그곳의 잘못됨에 물들지 않는 삶이 되라." 고 하신 법문이 다시금 새롭게 느껴졌다.

연꽃모임 나들이

　언제나 6월이면 연꽃모임은 나들이 법회를 한다. 올해는 은해사, 운부암, 거조암으로 결정했다. 때마침 얼마 전 운부암으로 이사 온 자명 스님도 만날 기회가 되었다. 미리 선방 수좌스님이 9명으로 많지 않은 대중임을 알고 메밀국수 대중공양 준비도 했다. 버스가 너무 커서 암자에 갈 수가 없다고 한다. 절에서 마련해준 작은 트럭으로 짐을 든 사람이 가득 타고 가는데 코끝이 시원하리만큼 맑은 공기와 신선한 신록이 힘겹게 탄 고생보다 더 큰 행복 그 자체였다.

　절에서는 마침 사시마지를 드리고 축원을 하고 있었다. 그 스님들과 함께 서서 축원 드리는 자명 스님을 보고 마음으로 반가웠다. 언제나 조용하고 대중적이지 않은 스님도 이젠 나이 탓일까 많이 소탈해진 느낌이다.

연꽃모임 창립 20주년 기념법회

참배를 마치고 스님이 수리해 마련한 움막집에 가보았다. 참으로 깊숙한 숲속의 집 한 채 였다. 그런대로 깔끔하게 잘 꾸민 내부에 도올 김용옥 선생의 글로 적힌 현판이 인상적이어서 내 입가엔 미소가 퍼졌다. 마당엔 고목인 감나무 세 그루가 있었고 그 아래 하얀 감꽃이 떨어져 널려 있었다. 순간 나는 어린 시절 아침 잠에서 깨어나 감나무 아래 떨어진 감꽃을 주워 꽃목걸이를 만들었던 추억으로 감꽃을 주워 모았다. 감꽃은 통통 살이 찐 보기도 예쁜 꽃이었다.

문득, 일타 큰스님이 떠올랐다.
"스님! 스님!"
가까이 계실 때는 몰랐는데, 정말 우린 복이 많아 스님을 만났었고 스님의 그늘이 우리에겐 큰 은혜였다. 스님이 가신 후 그 흔적마다 지금은 큰 그리움이 되어 이번 은해사 다비장을 지날 때에도 회원들은 그 날의 이야기로 모두가 울었다.

그 추운 날, 날씨도 흐려 찌푸린 하늘이었는데 다비장에 불을 붙이고 슬픔에 몸부림치며 울고 있는데. 갑자기 터진 박수소리에 놀라 뒤를 돌아보니 모두가 하늘을 쳐다보고 있었다. 해가 빙글빙글 돌면서 방광하고 그 주변엔 오색 구름이 널려있어 예사롭지 않은 감탄의 박수 소리며 신비 그 자체였다. 아마도 스님은 하늘에서 내려 보시며 슬퍼하는 우리 중생들을 달래려고 신통묘용을 보이신 일이리라.

스님의 글씨로 은해사 현판이며 만나는 글들마다 스님의 체온을 보는 듯하지만 대원성은 목마른 강아지처럼 늘 목이 메인다.

"아! 그립고 보고 싶은 스님! 큰스님!"

가고 옴이 여일하여 생사가 따로 없다고 하시던 말씀을 기억은 하지만, 의지처를 잃은 내가 한심하였다. 스님을 또 어느 세상에 어떤 모습으로 만날 수 있을지. 초파일 등 아래 우리 회원들과 함께 찍은 사진이며, 어린 우리 아이들의 머리를 쓰다듬어 주시던 그 인자함이 참으로 그립다

無常(무상)!

그 뜻을 다시 새겨본다. 스님이 스쳐간 자리마다 영원한 스승의 향기 남아 세상의 큰 빛 되리라. 우리의 삶도 대처럼 바르게, 꽃처럼 향기롭게 수행의 행으로 스승님 은혜에 보답해야 겠다고 서원하며… 스님께서 평안에 드시옵길 빈다.

아무것도 아닌데

삶이 무엇이며 사람은 또 무엇일까. 60여 평생의 삶을 오늘 회향하고 떠난 도반의 장례식에 갔다. 오늘이 있기까지 도반은 고달픈 삶을 살았다. 인생의 여정이 참으로 무심하고 야속하다는 생각뿐이다.

"아무것도 아니건만 아무것도 아니건만…"이란 말만 내 입에서 흘러나오고 있었다. 붉은 천을 두른 관이 불길로 미끄러지듯 들어가 한 시간 남짓만에 재가 되어 나왔고, 이제 그 흔적으로 작은 한 항아리 속에 잠들고 말았다.

아무것도 아니건만

아무것도 아니건만

그렇게도 아등바등 살려고 노력 했는데

이젠 그 목소리 그 모습을 이 세상에선 만날 수가 없다.

부르면 대답하고 만나던 그 모습이 아직도 가슴에 선한데

어디로 갔단 말인가.

영원한 것 없다지만

몸으로 이름 짓고 몸으로 함께하던 그 이름을

영전에서나 부르게 되었으니

함께 한 그리움만이 남을 것 같다

당신의 이름 속에 당신 모습 있기에

남은 우리들은 그 이름으로 그리움 담아 불러보게 되리라.

극락이 어디며 또 극락이 어떠한지 말로만 듣던 그곳

극락에 혼자 가고 있는 길,

세상인연 다 놓아두고 훨~ 훨~ 가벼이 드시옵길 빌며

여기까지밖에 배웅 못함이 이승이고 저승이라고 하니 부디 잘 가소.

쌀 한 가마니 선물로 받고

가을이다! 올해는 모든 과일과 곡식들이 다 풍년이라고 한다. 언제나 한 번씩 불어오는 태풍으로 황금 들판이 초토화되어 고생한 농부들의 보람이 쓸려 버리는 슬픈 장면들이 많았는데, 올해는 아주 얌전히 지나간 것 같다.

내가 알고 있는 어느 공양주 보살이 시골에서 농사 지은 것이라며 쌀 한 가마니를 가져와 내게 선물을 했다. 뜻밖이라 놀란 나는 감사히 받았지만 어찌 해야 할지 마음이 편치 않았다. 이렇게 무거운 40k의 쌀이면 우리 내외 반년은 족히 지낼 수 있는 많은 양이다. 더구나 내게 큰 마음으로 가져왔을 쌀이라고 생각하니 무엇으로 보답해야 될지 고민이 되었다.

평소에 착한 보살행을 하는 이 보살님을 알게 된 지는 오래 되었지만 한 번도 따로 만나 이야기를 나눈 적도 없었는데 이런 큰 선물이라니, 나는 내가 먼저 이런 마음을 보여주지 못한 것이 너무 미안하고 부끄럽게만 느껴졌다. 평소에도 삶이란 온통 은혜뿐임을 느끼고 살지만, 정작 내가 남에게 은혜를 끼쳐 드린 것이 없다고 생각하니 빚진 삶이 된 것 같다. 세상에서 자연만큼 큰 은혜가 또 있으랴만 우리 인간은 언제나 사람과의 관계를 먼저 생각하게 되나 보다.

부처님 앞에만 서면 제일 먼저 떠오르는 사람이 또 있다. 부족한 내게 언제나 큰 격려와 관심으로 지켜봐 주시며 진심으로 아껴주고 사랑해주시는 지장화 보살님의 모습이다. 내겐 어머니며 큰 언니며 스승과 같은 형님이다.

부처님의 도량에서 만난 인연이지만 처음 그때의 마음이 30년이 흘렀건만 항상 한결같은 마음으로 만나는 지장화 보살님을 존경한다. 주변의 어려운 사람마다 소리 없이 두루 보살펴 주시는 모습은 살아있는 지장의 화신으로 느껴지고 그저 바라만 보아도 달님처럼 존귀함이다. 8순의 노 보살님답지 않게 하심(下心)의 말씀과 하시는 일들마다 우리들의 잘못된 말과 행동에 소리 없이 매를 드시는 것 같아 배움이 있는 스승으로 알고 닮으려는 서원을 하게 된다.

부처님이 맺어준 인연의 향기

내가 세상 살아가면서 느낀 가장 큰 의미는 모든 것이 인연 아닌 것이 없기에 인연을 소중히 생각한다는 것이다. 작은 마음의 작은 사람인 내가 불법을 신봉하는 부모님 덕택에 부처님과의 인연으로 살게 되었음이 얼마나 지중한 일인지, 살면서 거듭거듭 느끼는 일이다.

처녀시절, 그때만 해도 젊은 사람들이 별로 절에 다니지 않을 때였는데 불교청년회에도 가입하여 큰스님들의 법문도 듣게 되었다. 불교 교리도 배우고 수련대회도 했다. 차츰 불교의 진수를 알게 되면서 세상의 은혜도 알게 되니, 불법 만난 행운을 날마다 감사하는 마음으로 집에 불단을 꾸미고 예불과 기도 등 나름의 신행 생활을 하고 있음이 다행중 다행이라 믿는다.

불교는 내 생활의 일부가 아닌 전부라고 할 수 있다. 젊은 시절 30대 초반에 백일기도 회향으로 이루어진 연꽃모임이며, 그로 인하여 부산불교신도회에도 참여하여 부회장 소임 16년을 함께 하기도 하였다. 그 후부터 불우이웃돕기 보현봉사회와 작은 장학회, 군법당후원회, 공림공양회 등 여러 불교단체를 잇따라 만들면서 이정옥이란 이름 대신 대원성으로 살면서 많은 인연들과 함께 하고 있다.

지금은 이 세상에 계시지 않은 전 부산불교신도회 회장이셨던 이윤근 회장님은 내가 무척 존경했던 어른이셨다. 전직 경남부산 교육감으로 오랜 세월을 교육계에 헌신하신 분으로 정말로 훌륭하신 인격인이다. "남에게 칭찬도 함부로 해서는 안 되거늘 하물며 남의 허물이랴"하신 그 말씀이 내겐 큰 뜻으로 받아들여져 살아있는 교훈이 되었다.

그 후 신도회장님이 되신 류진수 회장님은 조용한 성품에 말 없는 실천보살이셨다. 누구에게나 나누시는 삶으로 자기의 욕심이나 바람이 없이 그야말로 생활 속에 젖어있는 '조건 없는 보시행'을 보면서 세상에 흔치 않은 훌륭한 자비보살이라고 말하고 싶다. 그분의 가족들도 모두 함께 한결같이 어려운 주변을 돌봐 주시고 보살펴 주시면서 끊임없이 후원하여 도와주시는 모습들을 보면서, 어쩌면 저렇게도 자상하게 두루 살필 수가 있을까 하는 고마움에 나는 그의 가족을 위해 언제나 축원하게 되었다. 사회에는 가진 사람들이 어려움을 더 모른다고들 하지만 이분 가족들은 전생부터 원력보살로 화

저자의 가정 불단.

현하여 오신 분들이라 믿는다. 내가 알고 있는 수많은 사람들 중에 보시와 자비심이라면 단연코 류진수 회장님 가족으로 존경과 예배의 대상을 삼아 나를 깨워보기도 한다.

그 후 부산불교신도회 회장을 맡으신 공병수 회장님은 원력 또한 남달라 거사림의 회장직을 여러 번 역임하셨다. 사명감과 신심으로 주변의 어려운 사정의 학생들을 학업에 지장 없도록 도와주신다. 특히 법학을 공부하는 많은 대학생들에게 장학금을 꾸준히 지급하며 올바른 견해와 바른 판단 의식을 심어주기 위해 토요일마다 칠불사 깊은 산속 절에 데려가 기도로 밤을 새며 지도했다. 오늘날 그 학생들이 요소요소에서 법을 다스리는 법조계의 인물들로 활동을 잘 하고 있으니 공 회장님의 고마운 보살행은 큰 인재불사였다. 하지만 정작 자신은 너무나도 검소한 삶으로 청빈 그 자체를 보면서 존경심을 느끼지 않을 수가 없다.

이렇게 많은 인연들 중에 또한 여성 불자로서 부산을 빛내고 전국에 알려진 할머니 보살님도 있다. 지금 부산 두구동 홍법사를 창건한 하도명화 보살님이다. 지금 92세의 노 보살님은 19세에 불교에 입문하여 오늘에 이르기까지 꺼지지 않는 신심과 원력으로 수많은 일화를 가진 대 보살로서 오늘날 이토록 훌륭한 큰 사찰을 이루어 놓은 분이다. 잘 가꾸어진 도량에 넘치는 신도들, 그리고 훌륭한 심산 스님이 주지를 맡아 그야말로 척척 박자가 맞는 인연 성취인 것이다. 전국의 신도들이 날마다 운집하는 대 도량을 이루니, 이보다 더 보람 있는 일이 또 있을까 싶다. 나와의 인연은 30년이 훨씬 넘었지만, 때에 따라 엄마이기도, 도반이기도 하지만 사실 일불제자로 형님 아우로 부르는 사이이다.

이렇게 다 열거할 수 없는 수많은 인연들이 모두 부처님 회상에서 이루어진 감사한 인연들이다. 나도 앞서 말한 이런 분들 속에 있으면서 향기나마 젖어 다른 누군가에게 퍼질 수 있기를 발원하고 있다.

사람의 향기는 이렇게 고귀하고 아름다운 것, 지혜와 자비가 함께 공유하는 그 모습들에 감동을 느끼는 큰 은혜가 바로 因緣作法(인연작법)인 것을 알게 되었다.

잊을 수 없는 건법일기

　20년 전 보현봉사회를 창립하여 100여 명이 재미있게 활동을 하던 어느 해 여름, 불교방송 '도반을 찾습니다' 프로그램에 출연하여 한 시간 동안 대담방송을 한 일이 있었다.

　그때 전화연결이 된 여러 사람 중 현각성이라는 젊은 불자는 그때 나와의 인연으로 함께 봉사를 다니는 계기가 되어 독거노인 목욕 봉사며 마지막 장례식까지 돌봐주는 남이 하지 않는 어려운 일을 해오길 게을리 하지 않았다. 또 영도의 '삼촌집'이란 남학생 2~30명이 거주하는 곳에도 쌀이며 떡국이며 때로는 고기를 푸짐하게 준비하여 배불리 먹게 하는 사람이 있나 하면, 또 한상동씨라는 40대의 젊은 아저씨가 그 방송을 듣고 두 달 뒤에 찾아와 봉사 회원이 되겠다고 했다.

보현봉사회 창립 1주년 기념법회.

2002년 경운기를 몰며 수재민 돕기에 나선 저자.

잘 생긴 이 남자는 나중에 알게 되었지만 작은 식당을 경영하고 있었는데, 우리가 봉사하는 날에는 다른 사람을 사서 식당일을 하게 하고 우리와 합류하여 정말 열심히 일 하기에, 이 다음 집도 식당도 내 집이 되었을 때 열심히 도와 달라고 했다. 그런데도 언제나 "혼자서 할 수 없는 일을 하여 덕택에 복을 지을 기회가 되었으니 너무나 감사하다."며 빠짐없이 동참 하였고, 또 보시금도 언제나 다른 사람들보다 배로 가져와 내어 놓았다. 심지어 돼지 저금통도 통째로 가져와 함께 보탬이 되게 하며 봉사하는 날만 기다려진다고 했다.

나는 그분을 아끼는 마음으로 두 번 중 한 번은 숨기기도 하였다. 그런데 그때마다 삼광사 초하루 법회 때마다 도량 청소며 잡다한 일을 돕는 자기만의 봉사를 해왔다고 후에 알게 되었다.

어느 날 전화가 왔다

"대원성 보살님을 만나 봉사를 하며 불교도 알게 되어 정녕 고마웠습니다. 이제 저는 출가를 결심하였습니다."하는 전화였다

너무 놀라 "그럼 가족(아내와 아들 한 명)은 어떻하고?" 하고 물었을 때, "남들 택시 탈 때 버스 타고 그렇게는 살게 될 것이니 걱정 안 해도 될 것이고, 또 허락을 받았다"고 했다.

그렇게 그는 부처님께 더 가까이 가서 열심히 수행정진 한다고 들었다.

며느리 자랑대회

도반들의 모임에서 이런 일이 있었다. 한 사람이 자기 며느리 자랑을 하게 되었다. 듣고 있던 또 다른 사람이 자기 며느리 자랑을 한다. 나 역시도 알뜰하고 착한 며느리를 자랑하게 되니 마치 경쟁이라도 하듯이 자랑이다. 내용은 조금씩 다르지만 근본적으로 밉지 않은 좋은 마음으로 며느리를 인정한다는 점이다.

우리가 살아온 지난날은 시댁에서 칭찬을 듣기가 그리 쉽지 않았고, 생일이나 기념일에도 제대로 인사를 들어 본 일조차도 없었다고 기억이 된다. 모든 부모들이 자녀를 아끼고 사랑함은 옛이나 지금이나 다를 것 없지만, 삶이 힘든 그 시절과 달리 지금은 그래도 먹는 것, 입는 것 아쉬움이 없으니 마음에 여유를 얻을 수 있음일까?

우리 절 신도님 중에 윤 보살님은 아들만 다섯을 두셨는데 어쩌면 한결같이 모두가 효도를 잘 하는지, 아들과 며느리들 이야기로 입에 침이 마르지 않을 정도로 자랑을 하신다. 심지어 사돈끼리도 같이 자고 또 같이 절에 오신다. 보살님은 며느리 생일에도 절에 와서 불공을 올리며 무사(無事)안녕을 빌어주면서 대중공양도 베푸시니, 일등 시어머니로 이미 알려진 이야기가 되었다. 참으로 아름답고 자랑스러운 가족이며 모범인 가정이다. 손자 손녀들도 화목한 가정에서 밝고 씩씩하게 자라 착한 모습으로 할머니를 잘 따르고 있어 행복하다고 하신다.

또한 대자행 보살은 6남매 중 두 아들이 있는데, 큰 아들은 안과 의사며 둘째 아들은 변호사로 길러낸 훌륭한 가족이다. 어머니 보살은 아들 자랑보다 며느리 자랑이 더 많은 편이다. 누가 보아도 며느리는 시어머니와 길을 걸을 때도 꼭 팔짱을 끼고 고부간이기보다 딸처럼 다정하게 이야기하는 모습을 본다. 물론 넉넉한 집이라 용돈이며 필요로 하는 일이 있을 때마다 척척 다 해결해주는 며느리이고 시어머니도 절에 와서 등을 달아도 며느님 이름으로 시주를 해도 며느님 이름을 빠트리지 않는다. 언제나 만날 때마다 꼬옥 껴안고 사랑을 표현하며 불편이 없는지를 살펴보니, 어찌 행복하지 않을까. 또 좋은 선물이 들어와도 언제나 시어머니께 먼저 고르게 하고, 다음 차례로 친정 어머니를 챙기는 보기 드문 착한 며느리로 소문이 나니 얼마나 좋을까 하며, 주변 사람들이 부러워하고 있다. 오죽하면 시댁과 친정집이 같은 아파트 같은 라인에 살고 있을까. 그것만 보아도 얼마나 돈독한 관계인지를 알 수 있는 일이다.

흔히들 잘난 아들은 며느리의 남편이고 못난 아들은 자기 아들이란 말을 쓰지만, 이렇게 주변의 시어머니들이 훌륭한 며느리라고 칭찬함은 잘 배운 가정교육이라고 할 수 있을 터! 고맙고 감사한 일이다. 이렇게 시어머니들이 둘러앉아 서로 내 며느리, 네 며느리 자랑으로 끝나지 않는 대회를 열었다.

내 것이 하나도 없는데

연꽃모임에서 일 년에 한 번 있는 나들이로 여주 신륵사에 갔다. 강물이 흐르고 큰 나무 숲이 우거진 아름답고 환희심이 생기는 도량으로 회원 모두가 신이 나서 좋아하며 강가를 거닐기도 하고 전탑의 탑돌이도 하면서 마냥 행복해하고 있는데, 내 핸드폰이 울린다. 소림사 부회장인 이기표님의 어머니 별세 소식이다.

작년에 돌아가신다고 병문안 갔었는데, 일년을 더 견디시어 기어이 올해로 생을 접어 극락으로 가셨나 보다. 아무리 연세가 많아도 가신 그 빈 자리는 남은 가족에게 큰 슬픔과 커다란 추억만 가슴을 채우는 것이다. 부처님 앞에 서니 극락 발원으로 합장한 손 풀리지 않는다.

신륵사의 하룻밤이 어느 호텔보다 마음에 들었다. 마당이 보이는 낮은 방에서 여러 회원들과 자고 일어나 법당으로 새벽 기도를 드리려고 모였다가 마침 절에서 드리는 기도가 있어 우리는 따라하면 되니, 수월한 절차로 신심 있는 기도를 하게 되었다.

기도를 마치고 마지막 합장으로 반배 하는데 이건 꿈도 아닌데 누군지 모르지만 썩은 경옥고를 반이 더 남은 단지로 내게 내밀지 않는가?

받아들고 "이건 약이 필요 없다는 뜻인데…" 하면서 나는 다시 이 썩은 약을 비우고 건강한 약으로 채워서 몸도 마음도 건강한 약으로 바뀌어지길 기원하면서 법당을 나섰다. 그래도 아침의 맑은 공기가 도회지에서 느낄 수 없는 시원함으로 코끝에 와닿아 귀한 자연의 향임을 느꼈다.

공양간에 가서 아침을 들면서 예전 같지 않은 나를 보았다. 우리 회원들이 너무나 떠들고 시끄럽다고 생각되어 말이 하기 싫어지고 애민함을 느꼈다. 그리고 자꾸 생각나는 썩은 경옥고 약이 뭣 때문에 내게 보여졌을까 하는 궁금증이 떠나지 않았다

8시가 되어 버스를 타고 석종사를 들렸다가 다시 부산으로 오는 길에 "아니! 뭐라고?" 하는 말이 크게 들려 돌아보니 세상에 무슨 이런 일이… 우리 회원 보리심이 오늘 새벽에 죽었다는 참으로 놀라운 소식이다. 보리심은 올해 회갑으로 젊은 나이인데 무슨 일로 이렇게 인생을 빨리 회향한단 말인가? 모두가 너무나 놀란 가슴으로 기도 드리며 내내 울었다. 믿어지지 않는 현실이지만 내일 오후 2시 30분

까지 빈소에 모이기로 했다.

집으로 와서 여장을 풀고 곧바로 목욕탕에 가서 샤워를 하고 부산 의료원으로 갔다. 평소 발이 넓은 기표씨 댁엔 불교인은 다 모여있는 것 같다. 편치 않은 밤을 보내고 일찍 홍법사 허공 바라밀제에 참석하고 독성각 낙성식도 함께 하며 점심 공양을 했다. 그리고 곧장 영락공원 묘지로 회원들과 같이 갔다. 보리심의 영정을 보면서 쏟아지는 눈물을 감당할 수 없었지만, 기도와 축원으로 극락왕생을 빌었다.

이별을 고하고 나와 커피 한 잔을 하면서 갑작스런 죽음을 남편이 이야기해 주었다. 내가 썩은 경옥고를 받은 그 시간에 보리심이 숨을 거둔 것이다. 참으로 묘한 일이 아닌가? 이렇듯 기도에서 느끼다니…

집으로 오는 길에 내 차를 함께 타고 오던 곽대각행 형님이"얼마 전 보리심과 무등심 함께 현대백화점에 간 일이 있었는데, 그때 값비싼 오리털 파카며 몇 개의 옷을 사왔는데 한번 입어보지도 못하고 죽었으니 아까워서 어떡하나?"고 하신다. 그래 그 옷이 무슨 소용이람, 그보다 귀한 생명을 멀리 하고 영영 만나지도 못할 곳으로 가 버렸는데…

안타깝고 슬픈 일이라 아들도 실감이 나지 않는다고 한다. 이게 인생이다. 아무도 알 수 없는 운명을 안고 남의 모습만 보고 산다. 우리는 세월 속에 나타났다가 세월 속에 살다가 세월 속에 묻힐 한 생명의 줄기를 잡고 있을 뿐, 아무것도 아닌데 무엇에 쫓기듯 살면서 그 속에 밉네 곱네 따지며 날마다 겉모습만 가꾸다 어느 날 마음 챙길 시간도 없이 풀끝에 이슬처럼 사라지고 마는 삶이 아니던가.

정신은 형상이 아닌 마음을 지배하는 것, 그 무엇 아닌 그것을 찾을 일임이 절실히 느껴지는 날이다.

제5장

산사에서

늘 푸른 소나무 숲을 걸으며
솔 향의 묘(妙)를 모른다 할 것인가
차갑게 흐르는 개울물을 보며
시를 쓰고 시를 읽을 일 아니던가?

오늘은 아주 특별한 날이다

연꽃모임의 인연으로 다니던 부산의 중심인 초량동의 아름다운 절 소림사에서 지난 2003년 음력 3월 1일, 감히 신도회장이란 칭호를 받게 되었다. 스스로 자격 없음을 알기에 거절 아닌 사양을 했지만 그대로 회장이란 당치 않은 자리를 맡아 오늘에 이르게 되었다.

부족하기만한 나를 항상 채워봐 주시는 큰스님과 대중 스님들의 격려와 신도님들의 사랑으로 회장직을 5년 6개월 동안 잘 치르고, 오늘에야 수석 부회장이던 이성균 거사께 회장직을 물려드리게 되었다.

그동안 마음 아픈 일들이 없었더라면 참으로 행복했을 도량인데, 스님들의 고통을 덜어드리지 못한 회장으로서의 죄송하고 미안한 마음이 가슴을 짓누른다.

그래서였을까? 축가를 부르는데 왜 가슴이 그토록 차오르는지 목이 메이고 눈물이 고였다. 순간 목이 길어 슬픈 짐승처럼 나는 매우 목마름을 느꼈다. 그리고 간절한 기원으로 두 손을 모았다. 부처님의 거룩한 상호만큼이나 평안한 마음으로 서로 사랑하는 도량이 되어 지기를…

그리고 미리 준비해간 선물을 나눠드렸다. 그건 마음의 기도가 담긴 경명주사로 쓴 '부처 佛'자를 수첩용으로 200매 준비했다. 너무 좋아하며 행복해하는 모습을 보면서 나도 행복했다.

집으로 돌아와 지나간 회장 임기동안의 모든 일들을 돌아보니, 참으로 과분한 복이 아니라면 어찌 그 큰 자리에서 그런 사랑 받았을까 싶다. 인사말을 할 때나 회지의 글을 읽을 때나 너무나 밝은 얼굴로 똑똑한 눈빛으로 들어주시던 그 고마움을 내 평생 잊을 리 없을 것이다.

나는 평소에도 부처님 앞에만 서면 소림사 청심장학회와 소림사 신도님들에 대한 기도를 빠뜨리지 않고 축원 했지만, 오늘부터 더욱 굳건한 원력으로 기도 드리리라. '감사합니다'를 가슴에 새기면서 지난 6년이 값진 추억이 될 것이다.

노 보살님들의 꼭 안아주셨던 따뜻함과 젊은 아우님들이 아쉬워 눈물 글썽이던 그 고마움을 부처님께 고(告)하면서, 가슴 한 켠에 묻어나는 회한으로 자꾸만 눈물이 흐른다. 닦아도 닦아도 두 볼을 타고 눈을 흐리게 한다.

2003년 초파일에 열린 소림사 신도회장 취임식.

분명 아쉬움보다 후련해야 할 것 같은데… 그만 하겠다고 떼를 쓴 것도 죄송스럽고 회장으로서 책임을 다하지 못 했던 것 모두가 가슴이 저린다.

나를 여기까지 믿고 맡겨 주셨던 스님들! 그리고 소림의 신도님 모두에게 다시 한번 진심으로 머리 숙여 절하며 감사드린다.

휴가를 산사에서

아들네 가족, 딸네 가족이 휴가를 부산 우리 집으로 왔다. 늘 있는 연중 행사인데, 이번엔 절에 가서 쉬었다 오기로 의논이 되었다.

30여 년 전부터 잘 알고 있었던 혜해 스님이 주지로 있는 경산의 반룡사(盤龍寺)로 갔다. 법당 참배를 마치고 도량 곳곳을 누비며 뛰어다니는 꼬마 손자들과 처음 와본 우리 아들 딸 가족들도 좋아서 어쩔 줄 모른다. 어릴 때 보고 처음 만나 보는 스님과 우리 아들과 딸은 서로의 변화에 놀라운 눈빛으로 바라보고 있었다.

반룡사는 원효 스님과 요섭 공주 사이에 태어난 설총이 자란 도량으로 참 아담하고 평안한 도량이며, 멀리 내려다보이는 경관 또한 훌륭한 경치로 아름다운 도량이다. 우선 아이들이 맘껏 뛰어 놀아도 걱정할 일이 없고 누각에는 아이들이 좋아하고 즐겨 탈 수 있는 해

머도 달아 놓았다.

밤이 너무도 아름답다. 별빛도 푸르게 반짝이고 도회지에서 볼 수 없는 광경으로 아이들은 신이 나서 잠잘 생각을 않고 도량을 누비고 뛰어 다닌다. 아마도 모르는 절이었으면 꽤나 신경이 쓰였을 것 같다.

옥수수를 한 가득 삶아서 차려두고 방울 토마토도 직접 밭에서 키운 것이라며 커다란 그릇에 가득 담아 두고 기다리셨던 스님과 우리 내외도 정신없이 즐겨 먹으며 그동안의 쌓인 이야기를 하게 되었다. 늦은 새벽이 되어서야 누각에 누운 채 잠이 들었다. 시원한 바람과 가끔 들려오는 고라니의 울음, 풀벌레의 소리에 고향의 향기를 느끼며 행복한 밤이었다.

다음 날엔 각자가 소쿠리 하나씩 들고 밭으로 갔다. 고추도 따고 방울 토마토도 따고 오이도, 가지도, 호박도, 깻잎도 따서 담았다. 이런 좋은 체험으로 방학을 보낸 우리 아이들이 질 좋은 추억거리가 되었다고 한다. 이렇게 직접 딴 많은 채소들을 선물로 주셔서 나누어 담아 오게 되니, 우리 아들 딸들도 신심이 절로 나서 법당에 인등도 가족 모두의 이름으로 올렸다.

좋은 시간에 행복해 하며 돌아오는데 어린 손자들은 고사리 손으로 "부처님 안녕!" "스님 안녕!"하며 다음에 또 올 것을 약속하고 있다.

여름이면 당연히 부산의 바다를 연상하게 되는데, 우리 가족들은 이번 여행이 참 멋졌다고 생각하며 가족이 함께 했기에 더욱 즐거운 나들이가 되었다고 좋아했다.

시인들의 행진

늦가을에 초겨울의 날씨라고 해야 할까. 산림법회를 위해 마련된 버스를 타고 통도사를 가는데 창에 어린 입김으로 창밖의 경치를 볼 수가 없어 창에 글을 쓰고 그림을 그려 본다.

차에서 내려 종종 걸음으로 대웅전을 참배하고 설법전으로 모여 들었다. 스님의 목탁에 맞춰 천수경 독송으로 법회가 시작되고 또 화엄법문을 듣는다. 그리고 각자의 조상님을 모신 위패 앞에 가져온 공양물을 올리고 절을 하며 예경 드린다. 조상님을 향한 모든 이들의 그 절 하는 모습은 참으로 고맙고 진지한 인간의 참 모습인 것 같다. 줄을 서서 점심공양을 받아 사람들 틈에 앉아 먹는다.

오후 법회 마치고 돌아오는 길, 우리는 버스를 탔지만 걸어서 가는 사람들을 보는 순간, 모두가 시인의 행진으로 보였다. 갈색 낙엽

을 밟으며 걷고 있는 그 모습들이

　바로 시를 읽는 것 같다. 누구도 무심할 수 없는 이 순간이 한편의 드라마가 아니던가. 가슴마다 시를 느끼고 시를 담아 걷고 있으리라.

　늘 푸른 소나무 숲을 걸으며
　솔 향의 묘(妙)를 모른다 할 것인가
　차갑게 흐르는 개울물을 보며
　시를 쓰고 시를 읽을 일 아니던가?

참회진언

옴 살바 못자못지 사다야 사바하

옴 살바 못자못지 사다야 사바하

옴 살바 못자못지 사다야 사바하!

이렇게 참회산림 일주일을 마쳤다. 그런데 사람은 가슴을 비우긴 어렵고 머리만 쓰는 걸까? 절을 하면서도 옛날 일타 큰스님께서 하신 말씀으로는 "절을 많이 하는 것은 마치 쌀을 조리로 일듯이 내 마음에 있는 돌과 같은 이물질을 걸러 내는 것"이라고 하셨는데, 그렇다면 녹음기에 녹음도 잘못된 것 지우고 다시 좋은 음악을 입력하여 들을 수 있듯이 우리들의 업장도 그렇게 지워지길 발원한다. 하지만 잘못된 과거가 머릿속마저 비워내지는 못하는 것 같다. 얼마나 비워야 다 비우고 원력과 신심으로, 또 발심으로 채워질까 싶다.

내 몸을 깨끗이 하고자 얼마나 많은 물을 오염시키고 있는지를 생각하면 그 물에 고마움보다 더 큰 미안한 마음이 든다. 육류가 아닌 채식을 한다 해도 그 여린 새잎을 마음대로 뜨거운 물에 삶기도 하고 살아있는 생으로 나를 살찌우고 있으니 세상의 은혜 아님이 없거늘, 내가 그 보답으로 향기로운 삶을 살아야 함이 숙제가 아닐까 싶다.

지난날 어른 스님들께서 남겨주신 귀한 글들을 보면서 나는 오늘도 그 귀한 가르침에 다시 한번 귀 기울여 본다. 스님의 붓놀림이 눈에 선하건만 어디서 또다시 그 모습 만날 것이며 그 큰 은혜에 답해 드릴까?

세월의 흐름 속에 늘 후회로움만 멀미처럼 밀려들고 있다.

햇님 · 달님 · 별님이고 싶다

이맘때면 우리 절에서는 수 십 년 전부터 해오던 전통의식으로 참회산림을 한다. 매년 음력 2월 보름부터 시작하는 이 행사는 지난날의 잘못을 돌이켜 반성하며 참회하고 선망 조상님들의 극락왕생을 축원하는 의식이다.

해마다 참여하여 기도와 법문을 듣고 자비도량 참법을 읽으며 지극 정성을 다 하였지만 돌아보면 그렇게 다짐한 마음들이 늘 흐트러지고 제대로 지켜지지 않았다고 생각된다.

오늘 집안 대청소를 하다가 참회산림 생각을 하게 되었다.

바로 이것이구나! 늘 가꾸고 청소 하지만 날마다 하지 않으면 집안이 깨끗해 질 수 없듯이 우리의 마음도 마찬가지 아닐까 싶다.

마치 아침에 공양한 그릇들을 설거지하여 말려 두었다가 점심에 다시 그 그릇을 사용하듯 어찌 더럽혀진 그릇을 깨끗이 설거지 하지 않고 다시 사용할 수 있을까.

참회하는 마음도 이와 같다. 마음속에 자주자주 일어나는 번뇌와 괴로움과 구업을 다시 참회하여 홀가분한 가슴으로 비우고 살아가야 함이 인간세상의 삶일 수밖에 없기에 이번에도 또 다시 스스로를 지키겠다는 약속의 의미로 참회산림에 동참해야 할 일이다.

그래야 우리가 부처님 품속에 살고 있음을 늘 느끼며 한결같은 신심의 생활 습관이 되리라 믿는다.

세상에서 빛이 되는 햇님이고 싶고, 은은한 달빛이고 싶고, 빤짝이는 예쁜 별이고 싶은 마음으로 내가 다른 누구에게나 소중한 사람으로 살아가길 발원하며…

참회산림

지난날 살아오면서 알게 모르게 지은 죄, 오늘 부처님께 낱낱 고하여 참회하며 다시는 그 잘못 저지르지 않아 후회하는 일 없기를 맹세 하는 것, 많은 사람들과 함께 살면서 나의 잘못이 남을 불편하게 만들기 때문에 있어서는 안 될 일, 하지만 하루하루 지나고 보면 잘한 일보다 잘못 된 일이 더 많았음을 느낄 때가 많다.

우리는 '나 한 사람 쯤이야…' 하는 생각이 병이다. 이 우주 속에 나란 사람은 단 한 사람뿐이다. 한 사람 한 사람이 모여 사회를 이루고 살면서 나 한사람이 향기로우면 곁에 있는 모든 사람들도 따라 향기롭다. 그러나 한 사람이 구린 냄새를 풍기면 곁에 있는 다른 사람들도 괴로워지는 법, 쓰레기 한 줌도 내가 치우고 보면 다른 사람들의 마음도 상쾌하게 되지만 내가 아무렇게나 버린다면 다른 사람들의 얼굴을 찌푸리게 만든다.

어찌 혼자일까. 부처님은 중생이 아무리 잘못해도 야단하지도 않고 아무리 좋은 일을 해도 칭찬하지 않는다. 다만 내가 한 일을 돌아보게 하고 스스로 생각할 수 있게 도와 줄 뿐이다. 모든 일은 나의 메아리가 되어 돌아올 뿐 그 누구도 나의 허물을 없게 할 수는 없다.

법당에 모셔진 부처님은 등상불로 자비롭게 우리를 내려다 보시지만 아무것도 도와주지 못한다. 그러나 그 허상이 우리에게 실상의 가르침을 일러주고 있음을 우리 스스로 알아야 한다. 이렇게 존엄하고 거룩한 부처님 앞에서 우리 어찌 감히 나쁜 생각으로 남의 허물을 말할 수 있으며 잘못된 일을 할 수 있을까. 잠시라도 고요해지는 마음으로 가족과 모두를 위하는 기도가 있을 뿐인데…

외롭고 힘들 때 부처님은 우리를 더욱 살피신다. 그때마다 나투시는 부처님의 위신력을 우리 가슴으로 느끼기 위해 법당에 와서 경도 읽고 법문을 들으며 또 기도도 드리는 것. 실상의 부처님이 처처에 아니 계신 곳이 없으시지만 이렇게 부처님 회상에서 모든 잡념 놓아버리고 오직 한 생각으로 념(念)할 수 있는 장소이기 때문이다. 기쁠 때 부처님께 노래하고 슬플 때 눈물을 흘려도 다 들어주시는 불보살의 가피가 항상 충만 하기에 예경하는 것. 사랑하는 마음, 베푸는 마음, 진실한 마음, 거짓 없이 참 마음으로 살면서 더 좋은 인연으로 세상을 아름답게 가꿀 수 있는 인격으로 자연에 순종하는 미덕을 보여야 겠다.

사랑하는 사람아, 아까울 것 없는 이 마음 다 드리나이다. 사랑하는 사람아, 내가 사랑 받고 살 수 있었던 그 행운을 세세생생 갚는 마음으로 간직하리다. 사랑하는 사람아, 우리들의 이 마음은 저 하늘의 달처럼 언제나 밤이 되면 나타나듯 없어지지 않는 영혼이 되리다.

어둠에 가려 내 그림자를 볼 수 없지만 내 모습의 그림자는 나의 것일 뿐, 넓고 밝고 환한 곳으로 그림자도 밟히지 않는 길을 가겠나이다.

금정산 숲속에 작은 내가 있네

오늘도 산을 오르며 내 스스로 약속한 기도를 하며 걸음걸음 예쁜 수를 놓듯 착한 생각으로 걷는다.

모처럼 비가 내리는 산은 촉촉히 젖어있고 낙엽 속에 파란 백화등 잎이 반짝이고 있다. 키가 큰 소나무 아래 떨어진 솔잎들이 거름으로 썩어지고 흩어진 솔방울도 까맣게 뒹굴며 사람들의 발길에 차이고 있다.

작은 연못에는 얼마 전 도롱용 새끼들이 올챙이처럼 모여 엉키기도 하고 돌아다니더니 몇 일 사이 무슨 일이 생긴 걸까? 한 마리도 보이지 않아 궁금함이 걱정으로 변한다. 맑은 물 1급수여야 산다는 도롱용이 우리 산책길에서 볼 수 있다니 고맙지 않은가.

비가 온 탓일까. 평소보다 조용한 이 산길에서 나는 너무도 많은 선물을 안고 간다. 고마움이 베어들었다. 코끝에 와 닿는 맑은 공기며 신선한 이 도량에 내가 나를 내려놓고 세상 모두를 안고 가는 행복이랄까.

법성게의 "一中一切 多中一 一卽一切 多卽一 一微塵中 含十方 一切塵中 亦如是(하나에 모두가 다 있으며 모두에 하나가 있으니, 하나가 곧 모두이고 모두가 곧 하나이니, 한 티끌 작은 속에 우주를 다 머금었으며, 낱낱의 티끌이 다 그러하다)"가 깊이 와닿는 구절이라 자꾸만 외워본다.

금정산 숲속에 작은 내가 있고, 지금 나는 공부중이라오. 우산 위로 떨어지는 빗소리도 오늘따라 더욱 정겹게 들리어 촉촉한 시상이 가슴을 타고 흘러내린다.

이 시간이 지나면 또 추억으로만 들릴 내 메아리들!

내가 아닌 모두에게도 산(山)님 품에 들게 하고 싶다.

솔방울 떨어지는 소리에

벌써 가을인가.

아침 저녁, 제법 싸늘함을 느낀다. 이렇게 계절이 알려주는 세월의 흐름을 보면서 오늘도 이른 저녁을 먹고 집 근처 금정산을 오른다.

갑자기 바람이 불더니 작은 소나무 가지와 솔방울이 함께 떨어져 여기저기 흩어지고 있다. 여름 내내 청솔모가 이 나무에서 저 나무로 날아다니면서 싱싱한 솔방울을 따서 갉아먹고는 나무 아래로 내던지더니, 이젠 늙어버린 솔방울이 더 버틸 힘이 없어 작은 바람에도 툭툭 떨어지고 만다. 그 높은 나뭇가지에서 봄부터 지금까지 잘도 커왔는데 이젠 그 씨앗 안고 땅으로 떨어지면서부터 새로운 생명을 퍼뜨리는 사명을 한다지만, 왠지 나는 가슴이 쓸쓸해진다.

작은 솔가지와 솔방울을 주워 집으로 오면서 나는 어떤 존재일까를 생각하며 걷고 있다. 솔가지는 화병에, 솔방울은 작은 소쿠리에 가득 담아 잘 보이는 곳에 두고 솔의 향기를 맡기로 했다.

산길을 걸을 때마다 나는 내가 아닌 우리, 우리라는 말 자체가 바로 나 자신임을 알게 된다. 이 땅의 모든 생명들이 나와 함께 호흡하며 살아가고 있기 때문이며, 온갖 만물 속에 나 한사람의 존재도 함께 있으니 삶이 신비롭기도 하다.

우람하게 잘 생긴 큰 소나무를 안아도 보고 얼굴도 대어 본다. 나무의 숨결이 들리고 또 따스함이 느껴지기도 한다. 매일 이 많은 생명들을 만나기 위해 산길을 걷는다. 혼자 길을 걸으며 혼자 하는 기도 속에 내가 나를 만나는 소중한 나만의 시간이기도 하다.

천수경, 법화경 요품, 법성게, 화엄경 약찬게를 차례로 외우면서 천천히 아주 천천히 길을 걷는다. 내려다보면 빌딩의 도시이지만 바로 가까이 금정산 품속에 안길 수 있는 행운이 있어 얼마나 다행인가.

온통 님들뿐인 산은 나의 부족한 인격을 다듬어준다. 좁은 오솔길로 많은 사람들이 산책하고 운동하러 온다지만 내게는 은혜를 알게 하는 스승이며 삶을 배우는 지혜의 도량이기에 행복과 기쁨이 배어 있는 자연이며 숲이다. 억만년 전에도 억만년 후에도 산이란 자체는 그대로이겠지만 오고 가는 나그네처럼 생명들은 이렇게 나고 죽는 윤회의 모습으로 변화하고 또 변화하는 것이리라.

툭툭 떨어지는 솔방울 소리에 하늘 향해 서있는 큰 소나무들을 바라보니 솔방울과의 헤어짐이 못내 아쉬운 듯 실낱같은 솔잎으로 손이 되어 흔들고 있다. 솔방울을 한 아름 안고 집으로 오는데 괜스레 가슴이 쓸쓸하여 품에 따뜻이 안았다.

이렇게 세상의 모든 것은 인연이 다하면 헤어지는 것. 나도 언젠가 솔방울이 떨어지듯 세상과의 인연이 다할 때 있으리라. 세상에 머무는 동안 나도 세상의 향기가 되어 맑은 공기처럼 숲의 삶이 되어 모두가 행복하게 되길 빌어본다.

오늘도 행복했네

아침 산책으로 뒷산 금정산 오솔길을 따라 걷는다. 이제 봄이 무르익어 갖가지 예쁜 꽃들도 피어있고 올챙이도 작은 연못에서 까만 몸통과 꼬리를 흔들며 헤엄을 치고 있다. 나뭇잎마다 기름을 바른 듯 윤기로 반짝이고 있다. 모두가 연두색 아기 피부로 너무도 사랑스러운 잎들이라 만져보고 싶은 충동으로 이 나무 저 나무마다 쓰다듬으며 고마워하고 사진도 찍어본다.

어느 한 곳에 세워진 '최계락 시비(詩碑)'가 있다. 여기 작은 돌에 쓰여진 시의 글귀는 이렇다.

꽃씨 속에는 파~아란 잎이 하늘거린다
꽃씨 속에는 빠~알가니 꽃도 피어서 있고

꽃씨 속에는 노~오란 나비 떼가 숨어있다.

　이 짧은 글에 이 자연이 모두 담겨져 있음을 보고 시인의 가슴을 들여다보는 마음이 되니, 나도 시인인 것 같다. 참 아름다운 이 계절의 모습들을 누군가에게 실어 보내고 싶어진다.

　고운 연두색 나뭇잎은 또 뜨거운 햇살로 익어지면 짙은 초록빛으로 건강하게 변해 질 것이다. 우리 사람들도 처음 연두색 예쁜 사랑으로 시작하여 짙은 믿음과 노력으로 승화되어 더 성숙된 사랑의 모습이 되리라.

　이 모든 삶이 자연 속에 자연인이니, 우리 스스로 잘 지켜 모두가 공유할 수 있기를 소망하며 감사드리고 산을 내려온다.

　옛말에 흐르는 물도 아껴 쓰면 용왕이 돌보고, 나무를 아끼면 산신이 돌본다는 속담이 있지 않는가. 하늘 맑고 화창하니 오늘도 행복의 품에 안긴 나를 본다.

부처님의 형상

우리는 불교라는 거대한 종교인으로서 전국뿐만 아니라 세계 여러 불교국가를 순례하면서 너무도 많은 부처님의 형상을 친견하게 되니, 나라마다의 특징 있는 모습도 보았으리라.

부처님의 모습 앞에서는 누가 시키지 않아도 스스로 불전을 올리며 합장 예경 기원 드림을 보게 된다. 흙으로 조성된 불상, 동으로 된 불상, 돌로 만든 불상, 또는 목재로 만든 불상 등 여러 가지의 재료로 만들어진 형상이 실상(實相)은 부처님이 아니지만 우리는 그 형상을 통해 살아계시는 부처님을 친견하는 마음으로 정성을 다해 절하며 기원을 드리고 있다.

그러나 그 불상은 불상일 뿐 부처님이 아닌데 왜 절을 하느냐고 하는 사람은 아무도 없다. 비록 그림일지라도 불상을 보면 부처님이

시고, 부처님이란 글자만 보아도 부처님이라는 생각에서 다른 시비(是非)가 없는 것이다.

요즘에는 우리나라에도 세계 최대 불상을 모신다는 말을 많이 하고 있다. 또 그곳이 관광 명소가 되기도 한다. 어쩌면 우리 불교의 발전이며 자랑으로 훌륭한 장엄이기도 한 일이다. 그러나 불상이 커야만 영험이 있어 소원을 들어주는 것만은 아닐 것이다.

내가 처녀시절, 난생 처음으로 이웃 노 보살님들 따라 통도사 백운암에서 삼일기도를 한 일이 있었다. 암자는 영취산 깊고 높은 산 속에 있어 힘들게 올라갔는데, 그곳엔 아주 작은 암자 ,아주 작은 부처님이 유리관 속에 앉아 계셨다.

노 보살님들이 새벽 세 시가 될 무렵, 정월이라 무척 추운 새벽에 꽁꽁 얼은 얼음을 방망이로 깨고 찬 물 목욕을 하는 것을 보고 놀라 방으로 뛰어 들어왔다가 그렇게 해야만 하는 줄 알고 다시 나가서 얼음 목욕을 했다. 머리를 빗으려니 빗이 내려가지 않아 그냥 법당에 들어가서 보살님들을 따라 절을 할 때 머리에서 덜그럭 덜그럭 소리가 났다. 방안의 따뜻한 온기와 절할 때의 열기로 머리의 얼음이 녹아내려 바닥에 물이 고인 것을 보면서, 나는 이 작은 불상 앞에서 무슨 마음으로 무엇을 바라고 이토록 간절한 기도를 하고 있는지 궁금했다. 나는 아무 뜻도 모르고 절을 따라하고 있었다.

삼일기도를 마치면서부터 나도 모르게 이제부터 매일 조석으로 집 앞 대각사에 가서 백팔배를 꼭 해야겠다는 약속을 스스로 하게 되었고, 그렇게 실천했다. 그렇게 백일을 기도하는 동안 일주일에 두 번씩 있는 청년회에도 가입을 하게 되었고, 신심 있는 청년회원인 남편도 만나게 되었다.

언젠가 남해 보리암에 갔을 때도 그곳 역시 작은 법당에 작은 불상이 모셔져 있었다. 보리암은 우리나라 삼대 관음성지로 너무도 많은 사람들이 북적이며 기도로 밤을 새우니, 나 또한 그 속에 빠져들어 부처님의 가피도 알게 되었고 불자로서의 삶이 더욱 성숙해진 계기가 되었다.

결혼을 하게 되면서부터 매일 절에 갈 수가 없어 작은 불상을 방한 켠에 모시고 매일 백팔 배와 사경을 하면서 생활불자 가족으로 살아왔다. 때로는 먹을 것이 생겨도 공양을 올렸다. 아이들도 매 대신 백팔배로 부처님 품속에서 자라게 하였으니, 부처님 은혜를 말로서 다 적을 수가 없다.

흔히 사람들은 "집에 부처님을 모시면 안 된다던데…"라는 말을 하기도 한다. 그건 잘못된 믿음과 잘못 인식된 사람들의 마음이다. 불교를 잘못 이해하고 미신으로만 믿기 때문에, 아이들이 소풍을 갔을 때나 여행에서 부모님께 귀한 선물이라며 불상을 사올라치면 그마저도 집에 불상을 두면 큰일 난다며 아이를 나무라며 절에 몰래 두고 가는 어리석은 불자들이 있다.

기독교인들이 십자가를 목에 걸고 다니며 집에도 십자가를 걸어두고 하는 것도 다 우상이고 우리 불자도 불상으로 보는 우상을 통해 실상을 보는 뜻을 알아야 하는데, 대꾸조차 못하고 부처님만 졸라대는 한심한 불자들이 있어, 바른 원력으로 바른 포교가 되어야 할 일이라 생각한다.

따라서 삼귀의례와 오계를 지키고 육바라밀을 행하며 사홍서원을 이루려는 의미를 늘 기억하게 하여 집집마다 불상이 아니면 '부처 佛'자 하나라도 걸어두고 내가 어떤 불자인지를 느껴보며 어떤 잘못과 허물이 있었는지도 살펴보는 기도와 참선으로 바른 길을 찾을 수 있다면 얼마나 좋을까 싶다.

내 자녀들을 불교 속으로 들이지 못한다면 미래의 한국불교는 어떻게 될지 알 수 있는 일. 한 사람이라도 소중한 인격의 불자로 키운다면 부처님께 가장 큰 공덕이며 은혜의 공양이 될 것이라 믿는다.

모든 꽃은 꽃이 피고 난 후 열매가 맺어지지만 꽃과 함께 열매를 영글게 하는 묘한 진리를 보이는 불교의 꽃 연꽃처럼 우리도 믿음과 동시에 큰 스승으로 승화되기를 기원 드린다.

미얀마를 다녀와서

가슴에 가득 담긴 여행일지 펼쳐 보니, 몸은 좀 힘들었지만 가슴은 신심의 광장 이구나. 사람이 살아가는 세상에 나라마다 이렇게 다른 문화와 정서가 있음을 실감하게 되었음은 여행의 안목이랄까.

보이는 것 모두가 탑이라면 믿을 리 없으리만큼 숲을 이루었고, 거리마다 스님들의 탁발 행진은 우리에겐 낯선 모습이 아니던가. 뿐만 아니고 사찰마다 큰 부처님의 형상을 볼 때마다 입이 닫기질 않는다. 금빛 찬란한 부처님의 세상이라면 조금도 과장된 표현이 아니리라.

수도원의 도량에서 마침 대중공양이 있는 시간. 6개월을 기다려 내는 공양이라니 그 신심이 얼마나 환희로울까. 줄을 서서 받는 스님의 발우에 어린 꼬마 가족도 작은 손으로 빵이며 음료수 그리고

미얀마 불전에 올린 반야심경

과자랑 행복한 마음으로 올려 드림을 보노라니, 나도 함께 행복이 느껴지던 그 시간이 떠오른다.

말이 달라도 사람의 심성은 같은 것. 표정 속에 대화가 있고 눈빛 속에 사랑도 있는 것. 며칠을 함께해야 했던 기사며 조수도 차를 타고 내릴 때면 주고 받는 눈인사가 향기로웠다고 기억된다.

뱀도 한 생명체로 큰 절 부처님 앞에 데려와 기도 올림을 보고 징그럽다고만 생각했던 내 자신이 부끄럽기조차 했던 일. 부처님의 머리카락 8올을 모시기 위해 국보급이 된 큰 탑을 보고 그 존귀한 믿음과 신심을 표현할 수가 없구나.

아침에 해 뜨고 저녁에 해짐은 이 지구의 어딘들 다를까만 그 넓은 끝이 보이지 않는 평야의 끝자락에 둥근 해 붉게 오르고, 지는 해 저 건너 산 넘어 갈 때 울고 싶도록 황홀한 그 큰 햇님… 불러 보고 싶었다. 가끔 영화에서 보는 듯한 해오의 강변, 짚시의 호텔은 잊을 수 없는 풍경으로 그 속에 잠든 공주가 된 착각으로 하룻밤을 묵었네. 이런 경험 못했던 여정들이 이젠 추억 속으로…

다시 내 나라 내 풍속으로 돌아와 내 것을 사랑하고 보급할 줄 알아야 함을 새삼 느끼고, 나는 내 나라가 있음에 감사하고 내 집이 있고 내 가족 있음에 더욱 감사하고, 나와 더불어 함께 살아가는 많은 인연에 깊이 감사하며 살아가리라.

물에는 소리가 없는데

물속에는 소리가 없다. 그런데도 흐르는 곳에 따라 물은 소리를 낸다.

작은 개울에서 흐르는 물소리, 강을 따라 흐르는 물소리, 작은 바위 큰 바위를 타고 흐르는 물소리마다 제각기 장소에 따라 다른 소리를 내며 흐를 뿐이다. 그러나 그 소리마저 어떤 형체나 모양이 있는 것은 아니다. 물은 깊을 수록 소리가 없다.

나는 가끔 물을 보는 습관이 있다. 빗물이 유리창을 타고 흐르는 것을 볼 때면 마음 한 켠에 남아있는 후회의 눈물 같기도 하고, 졸졸 졸 흐르는 냇물을 볼 때면 어린 시절 비가 온 뒤 개울에 발을 담그고 고무신으로 물을 떠서 장난치고 놀았던 기억이 나기도 한다.

언젠가 제주도 약천사 팔각정에서 가족들과 함께 여름밤을 지낼 때가 있었다. 깜깜한 밤중에 비가 억수같이 내리고 있었다. 마당의 둥근 외등 주변이 환히 밝아 1센티 길이로 점점이 연결되어 흐르는 빗줄기를 보고 그날 밤 나는 밤을 새우고 말았다. 그 많은 빗줄기가 너무나 환상적이어서 시인이 따로 없음을 느꼈기 때문이다.

어쨌든 하늘에서 내리는 빗물이건 땅에서 솟아난 물이건 우리에겐 감로수이며 생명이기에 소중한 것으로 아끼고 감사하며 함부로 대하지 말아야 한다. 이런 순한 물들도 모이면 큰 힘으로 무엇이든 삼켜버리기도 하고 쓸어버리기도 하는 이치를 잘 알아야 하겠다.

무명사 불교대학 졸업식에 다녀와서

내가 다니는 절이 아니지만 불교대학 입학식에도 졸업식에도 초대되어 내빈의 자리에서 식을 지켜보았다. 처음 150명으로 출발하여 143명의 학생이 6개월의 전수를 마치고 오늘 졸업이란다.

배움은 언제나 행복하고 즐거운 일이다. 내가 지금 내빈의 자리에 앉아 있지만 사실 속마음은 이 졸업생들이 너무나 부러웠다. 부처님을 믿는 그 초발심으로 여러 강사진들의 맛이 다른 강의와 스님들의 법문을 들으며 함께 공부하는 도반들과의 교감도 즐거웠으리라.

나도 10여 년 전에 부산불교신도회 산하의 불교 최고 아카데미 1기생으로 수료한 일이 어제 일처럼 떠올랐다. 어릴 때 학생시절보다 신심으로 부처님 공부를 한다는 것이 여간 행복하지 않았다. 나이도 얼룩덜룩 30대에서부터 60대까지 다양한 인격체들이 모이고 직업도 갖가지, 서로가 서로에게 배울 것이 많아서 '견문'이란 말이 있나 싶을 정도였다.

보통 출발 때보다 졸업 때면 빠지는 숫자가 제법 있기 마련인데, 오늘 이 졸업식에는 낙오가 없다 해도 틀린 말이 아니리라.

무명 스님은 이제 유명 스님이 되셨다. 많은 신도들이 흠모하는 스님은 이제 그 스승으로서 더 큰 은혜를 내려줄 수 있는 원력과 자비의 모습으로 '불도무상 서원도(佛道無上 誓願度)'를 보여주실 큰 광명의 숙제를 부처님을 향해 풀어주셔야 할 것 같다. 물론 믿어야 하는 신도들의 따름도 변함 없어야 할 것이다. 큰 체구의 스님은 목소리 또한 금정산 정상을 나르고, 예쁘고 착한 보살들의 헌신적인 봉사정신과 처사님들의 듬직한 믿음, 이 모두가 자기의 길임을 잘 알고 행하고 있음이니 잠시 손님인 내가 보고 느끼기엔 그저 고개가 끄덕여진다. 만나는 얼굴마다 밝은 미소들이어서 하나도 놓치지 않고 잘 담아 왔다.

부처님은 누구실까?

내 어릴 적 아버지의 말씀이 생각난다. 대각사 부처님 전에서 일년을 마무리 하는 12월에 화엄성중 기도를 할 때였다. 아버지는 유머가 뛰어나신 분이셨다. 기도하는 신도님들이 밤 새워 화엄성중을 부르고 절하며 정진하니 "보살들이 부처님을 좋아 한다는 말이 다 거짓말이다, 밤엔 부처님도 잠을 자야 할 텐데 저렇게 못살게 불러대니 어디 불편해서 견디겠느냐."고 하신 말씀에 그땐 나도 그렇게 생각했다.

지금 우리는 스스로의 신심을 일으키기 위해 부처님을 졸라서 참나를 알아야 하고 아는 만큼 전해야 하고 베푸는 삶에 익숙해져야 불자라고 할 수 있지 않을까.

지금 이 시대에 배움에 충실하고 전법(傳法)이 사명감으로 널리 여울이 되어야 하겠기에, 나는 오늘 이 졸업식에 더 큰 박수를 보냈다. 내 친구 한 사람도 졸업에 함께하여 꽃다발을 전하며 커다란 의미를 담았다. 전법의 법사가 되라고.

계룡산 국제선원

2008년 초가을.

오랜 나들이를 접고 계시던 86세의 홍법사 창건주 하도명화 형님이 문득 계룡산 국제선원 무상사를 가고 싶다고 하여 따라 나섰다.

9월 17일, 주지 무심스님께 미리 전화하여 무엇이 필요한지를 물었다. 미국사람인 무심 스님은 한국 사람처럼 이것저것 메모하여 읽어주셨다. 땅콩 쨈, 딸기 쨈, 표고버섯, 다시마, 김, 마요네즈, 토마토 케챱, 식용유, 참기름, 미역, 미숫가루, 빵, 고구마, 메주콩 등등이다. 이렇게 장을 보다 보니 승용차 하나에 다 실을 수가 없어 콩과 고구마는 제외하고 다른 것은 거의 준비가 되어 차에 실고 갔다.

도착하여 장을 봐 온 것을 내려놓고 보니 이곳에선 아주 보잘 것 없는 초라한 작은 양인 것 같다. 미리 준비해둔 점심 공양을 하기 위해 상 앞에 앉았을 때 우리는 놀랐다. 한 끼도 먹기 어려운 찬을 보고 '스님들이, 그것도 외국인이 이 음식을 어떻게 드시나' 싶어 괜스레 내가 미안한 마음이 되었다.

이곳은 숭산 큰스님의 제자들인 현각 스님, 무심 스님을 대표로 미국과 다른 여러 나라 스님들이 이 도량에서 수행정진 하시는 곳이니, 더욱 미안하여 마음이 편치 않았다. 먼 나라에서 이 깊은 산골짝까지 오직 부처님께 귀의한 뜻으로 묵묵히 수행하며 열반에 드신 스승님을 기리며 실천수행을 하시는데 왜 내가 부끄러운지 모르겠다. 목재로 지은 법당이어서 집 곳곳에 수리할 일이 많아 공부하기가 힘이 든다고 하셨다. 식성은 한국 사람과 너무나 닮아 두부요리와 비지 청국장까지도 좋아한다며 콩을 사오라고 했던 것이다.

내일은 유럽으로 법문하러 간다고 했다. 나선 길에 한 달 간 돌면서 한국불교 선(禪)에 대해 포교 하고 온다고 하니, 너무나 고마운 일에 박수를 치며 격려를 했다.

고향에서 온갖 문화생활을 누리며 살았음에도 이렇게 다 접어두고 오로지 부처님께 귀의하여 정진하는 그 발심을 어떻게 말해야 할까. 나도 이 인연으로 스님들을 닮아 더욱 발심 정진해야겠다.

가을 나들이

부부동반 모임에서 가을 나들이로 경산 반룡사에 다녀오기로 했다.

반룡사에 도착했을 때 젊은 한 여인이 몇몇 취재팀과 함께 와서 원효대사에 관한 다큐를 촬영하고 있었다. 이 여인은 미국에 거주하는 교민으로 우리 한국의 불교와 문화를 알리는데 노력하는 고마운 분이었다.

지금 우리 사회에는 제대로 불교를 홍보하거나 문화를 알리는 데는 미흡한 점이 많아 늘 아쉬워했는데, 이런 원을 가진 사람이 있다니 놀랍기도 하고 고마움에 큰 인사를 드리고 싶었다. 불교가 없었다면 우리가 무엇으로 역사와 문화를 말할 수 있을 것인가. 우리 한국의 아름다운 산 골골짝짝에 절이 있고 숲과 맑은 물이 흐르는 소중한 문화유산들을 좀 더 가까이 피부로 느끼며 아껴야 할 자랑스러운 재산임을 인식하고 알려야 할 것이라 믿는다. 세상의 빛으로 살아오신 그 옛 성인들의 자취를 찾아보면 불교의 역사적인 인물로, 국사로, 선사로, 대사로 수없이 많은 큰스님들의 업적들이 살아있는 우리의 자랑이지 않은가.

이곳 경산은 원효 스님의 삶이 묻어있는 고향이다. 설총이 자랐다는 반룡사의 전설을 바탕으로 홍보하는 다큐를 제작하여, 미국 사회에 한국을 알리는 역할을 할 것이라니 바로 이런 분이 애국자라고 믿는다. 앞으로 더 많이 한국의 문화와 불교를 세계 만방에 알려 작은 나라가 아닌 세계의 큰 스승이 계셨던 나라! 또 큰 스승님이 계시는 나라로 더욱 널리 알려가길 바라는 마음이다.

우리 일행은 또 은해사로 가기로 했다. 도량 참배와 함께 돈관 주지스님을 잠시 만나 뵙고 올 생각이었다. 부담 드리지 않으려고 그냥 가서 법당 참배와 각단 예배를 마친 후 스님을 찾았더니 출타 중이라 만날 수 없다.

자주 뵙지는 못해도 나는 이 스님의 지극한 효심을 보고 존경과 고마움을 안게 되었다. 일타 큰스님을 은사로 출가하시어 그 큰 키에 언제나 광목천으로만 사계절 내내 같은 승복을 고집하여 입게 된 것도 은사 스님을 기리는 마음이라고 했다.

동기는 행자시절을 지나 사미계를 받게 되었을 때다. 큰스님께서 손수 광목천을 떠와서 먹물을 들이고 또 직접 재단하여 보름동안을 연비한 손가락 하나로 밤낮으로 기워서 옷을 만들어 수계식에 입혀 보냈다고 한다. 옷이 맘에 들지 않았지만 그 옷을 입고 갔을 때 같이 수계를 받는 도반들은 모두가 고급천으로 잘 차려 입고 자랑하니 부끄럽기까지 했다고 한다.

그렇게 별로인 기분으로 지족암 가는 길에서 어느 스님이 "그 옷보다 이 옷으로 바꿔 입으라"는 말을 듣고 냅다 기분이 좋아져 바꿔 입고 큰스님께 자랑했다가 그 인자하시던 큰스님이 크게 화를 내며 불호령이 떨어져 하마터면 그날로 쫓겨나 중노릇도 못할 뻔 했다고 술회하였다.

당연한 일이 아니었을까. 아직 절집 생활이 몸에 배지도 않고 겉멋만 들어 어떻게 수행을 할 수 있단 말인가. 스님은 그때야 그 뜻을 알고 그날부터 바로 입을 꼭 다물고 "내 평생 고급 옷을 입지 않을 것이며 스승님이 해주셨던 광목천으로 만든 옷으로 입을 것이다." 라고 맹세했다는 말을 듣고, 그 추운 겨울날에도 풀이 빳빳한 광목 옷을 입고 와스랑 와스랑 소리를 내며 걸었던 이유를 알게 되었다. 이렇게 자기와의 약속을 철저히 지키는 스님이기에 나이와는 상관없이 존경하는 마음으로 만나게 되었던 것이다.

또 그 스승님의 은혜를 기리는 마음으로 영천의 여자고등학교를 인수하여 동곡학원이라는 스승의 호를 담아 전액 장학재단으로 운영함에 감동하였다. 도량 내에 조사(祖師)전을 지어 은해사를 창건하신 해철 국사의 영정과 고경 큰스님의 영정 그리고 일타 큰스님의 영정을 모셔두고 조석으로 예배하니, 어찌 마을에서만 효도하는 아들이 있을까 싶다. 나는 스스로 만년 팬이라고 말하게 되었다.

오늘 함께 온 거사님들께 스님 자랑을 했는데 만나 뵙지 못하고 가게 되어 아까운 일이 되었지만 스님의 전화를 받은 종무실에는 이미 차와 과일이 차려져 있었다.

우리 일행은 다향만리(茶香萬里)의 긴 여운을 안고 돌아 오며, 스님의 광목 법복의 큰 법문을 함께 새겨보는 좋은 시간을 만들 수 있었다.

제6장

생활 속의 수행

아침 잠에서 깨어나 도량(내 마음) 청소는 했나요?

지난밤 하얗게 내린 눈(꿈)은 쓸어 내었나요?

도량 곳곳에 놓여있는 물건(망상)들은

다 제자리에 두었는지요?

오늘 아침 내 도량 청소는?

아침 잠에서 깨어나 도량(내 마음) 청소는 했나요?

지난밤 하얗게 내린 눈(꿈)은 쓸어 내었나요?

도량 곳곳에 놓여있는 물건(망상)들은 다 제자리에 두었는지요?

쓸기만 하고 닦지는 않았는지요?

양치하고(구업을 참회하고) 세수하여(모습이 깨끗하여) 기분이 상쾌

해졌나요?

옷매무새는 단정하게(단정한 몸매) 입었나요?

누구에게나 편안하고 반가운 만남의 준비가 되었나요?

아침에 제일 먼저 도량 청소를 함이 오늘 하루를 잘 살기를 기도

함이며 곧 바른 수행이리라. 내 마음의 도량을 늘 살펴보아 미움도

원망도 저주도 다 치워져 있을 때 비로소 나도 행복, 남도 행복하리라.

내 얼굴을 거울에 비춰 볼 때마다 마음 마음도 비춰보자. 지금까지 잘못된 습관들이 바뀌어 도량청정(道場淸淨)하면 삼보(三寶) 천룡(天龍) 강차지(降此地)하여 신심(信心)이 견고하고 속성 불과를 이루리라. 그래서 혼자가 아닌 모두가 하나로 살아감이 될 때 세상이 아름다워지지 않을까.

물을 보며 물을 배운다

물을 보며 물을 배운다.

물은 차별이 없어 누구에게나 갈증을 풀어주고 어떤 더러움도 다 씻어주며 함께 흘러가는 동행도 즐긴다.

밝은 가로등을 보며 나도 가로등이고 싶다.

밝음이 차별 없어 누구에게나 밝게 비춰져 어둠을 지우고 두려움을 사라지게 하니 나도 그런 삶이되고 싶다.

그래서 내가 먼저 미안합니다 하며 용서를 구하고,

부끄러움을 고백하여 잘못을 참회하며,

사랑합니다는 말로서 미움이 사라지게 하며,

보고싶다는 마음으로 그리움 되게 하며,

존경하는 마음으로 은혜로운 스승이 되게 하며,

힘든 일은 내가 먼저 하겠다는 생각으로 봉사하여,

내 모습을 내가 스스로 바꾸고 지켜 보살의 행으로 익히는 노력이
있어야 할 것 같다.

우도에서 주워온 공기돌

얼마 전 나는 생각 없이 지은 작은 후회가 하나 있다.

막내 가족과 제주도 4박 5일 여행을 했다. 우도에 갔을 때 하얀 모래가 해변을 눈부시게 하고 있었다. 그 모래들 속에 공기돌의 크기만 한 돌을 10개가 넘도록 가져왔다. 혹시나 손주들이 오면 가지고 놀았으면 좋겠다는 생각에서였다.

그런데 지금 그 돌을 보면서 생각이 달라졌다. 그래서 이런 글을 적어보았다(어쩌면 이 돌들에게 죄송하다는 내 뜻이기도 하다).

바닷가에서 주워온, 아니 가져온
하이얀 돌들을 보고 있노라니
파도소리 철썩이는 바다가 그리울 것 같다.

어쩌면 좋으니?

이 먼 곳까지 데려왔으니 어쩌면 좋으니?

지금 그곳이 그리울 너네들!

미안하고 또 미안하구나.

그래

모든 것은 제자리에 있어야 아름다운 것.

내가 잘못 했구나.

나 혼자 이 멀리 바다가 아닌 마룻바닥에 두고 본다는 것이 잘못된 일임을 알게 되었네.

비록 사람들의 발길에 밟히고 부서져도 너희는 그 바다가 좋을 텐데 말이다.

가까우면 다시 데려다 주고 싶다.

이젠 무엇이든 탐내지 말아야 겠다.

나무 한 포기도 풀 한포기도 제자리에 그대로 두어야 겠다.

내가 우리 집에서 누리고 살듯이,

모든 유정 무정들이 각기 자기의 삶터가 행복할 터이니…

보이는 모든 것을 인정하고 귀하게 보는 마음과 눈이 되어 세상을 사랑하는 보살의 삶이 되기를 발원한다.

묵은 살림살이를 정리하면서

오래도록 벼르고 벼르던 일을 드디어 하게 되었다. 17년이나 된 아파트의 부엌살림을 한번은 바꿔봐야 겠다고 생각하여 시작하니 거실과 부엌 도배까지 함께 하게 되었다. 결코 쉽지 않은 일임을 하면서 알게 되었다.

구석구석 채워져 있던 물건들을 꺼내기 시작하니 끝도 없이 나온다. 내가 보아도 너무 많은 살림살이를 소유하고 있었음을 알게 되었다. 버려야 할 물건들, 나눠 주어야 할 물건들, 그러나 쓰지도 않으면서 버릴 수 없는 아까운 물건들도 있었다. 이 모두가 하나하나 내 손으로 모아왔던 것들이다

옛날 큰스님들께 공양 올렸던 밥그릇이며 큰 밥솥과 냄비와 수저와 그릇들, 장남집이라 사용해 온 제사 용품들, 이렇게 많은 것을 내

것이라고 간직했었다. 이젠 아이들도 모두 출가하여 각각의 살림을 살고, 댕그라니 남은 우리 두 늙은이가 이렇게 많은 물건들이 필요할까? 이젠 짐이 될 뿐이다

한때 북적이며 손님을 치르고 살았던 흔적으로 무거운 도자기 그릇들이 그대로 있어서 가까운 인연들께 한 벌씩 나눠 주면서 귀한 공양 그릇이었다고 설명도 했다. 너무 깊은 곳에 보관되어 생각지도 못했던 보물 같은 것들도 나왔다. 십년이 훨씬 넘은 매실 액기스며 보리똥 술, 그리고 가지가지 담근 것들이 진한 약이 되어 나왔다. 어쩌면 욕심이라고 말할 수 있겠으나 늘 손님맞이를 즐겨했던 우리 집의 역사라고 변명해야 할 것 같다.

힘든 공사로 고생은 했지만 깨끗이 단장된 부엌 가구들을 어루만지며 새집 같은 행복감을 느끼면서 이제부터는 쓸 만큼만 보관하고 먹을 만큼만 준비 할 것을 계획하며 각각의 장 속에 무엇이 들어있는지 이름표를 적어 뒤지지 않아도 찾을 수 있게 했다. 한결 홀가분한 기분으로 정리하며 그릇과 옷가지들을 큰 박스에 차곡차곡 담아 택배로 지인에게로 보내기로 했다. 남편도 그 속에 자기가 좋아하는 외투 하나를 넣어 주었다. 기왕이면 좋은 걸로 보내서 즐겨 입는다면 보람 있는 일이라면서. 그래! 법정 스님 말씀대로 내가 귀히 여기는 것을 남에게 줄 수 있음이 참 보시일 것이다.

재활용품을 버리고 덜어 오다 윗층에 살고 계시는 8순이 넘은 노보살님을 만났다. 그 부지런하시던 할머니가 지금 몹시 불편한 기색

을 하시며 조심조심 걸어 나오고 있었다. 오랜만이라며 인사를 나누자, 할머니 말씀이 "나도 예전에는 중품은 되었었는데…" 하시기에 "지금도 중품 이상입니다."고 답해 드렸지만 시절 인연에는 어쩔 수 없는 자기만의 과거와 현재 미래를 보면서 만감이 교차하는 이야기일 것이다. 그러나 비록 몸은 불편한 모습이지만 고운 말씀과 좋은 습관으로 잘 살아오신 모습을 보게 되니, 뵐 때마다 존경심으로 대하게 되었다. 곧 내 모습도 이 할머니의 모습처럼 될 것이라 생각하니, 집안의 물건들도 다시금 내게서 멀어지게 해야 한다는 경고의 메시지로 다시 살피게 되었다. 이제부터는 취하기보다 버리고 줄이는 습관이 되어야 겠고, 마음은 산을 닮은 넉넉함으로 채워야 겠다.

산은 좋은 사람, 미운 사람을 가리지 않고 다 받아주며 잘난 사람, 못난 사람 차별하지 않으니 누구든 편히 쉬어가라고 넓은 바위도 펴놓았다. 온갖 산짐승들의 삶터로, 또 놀이터로 맑은 공기, 시원한 바람 그 어떤 것도 베풀기만 하는 산, 봄이면 꽃 피고 새 울며 여름이면 무성한 잎으로 더위를 가려주며, 가을이면 형형색색 단풍잎 아름답게 사람들을 불러 모으고 겨울에는 솔방울을 툭툭 떨어뜨리며 무상법문을 하지 않는가! 산은 언제나 큰 가르침을 주는 큰 스승이다. 우리 인간이 자연 속에 살면서 자신 또한 자연임을 바로 알게 된다면 세상 모두는 은혜 아님이 없고 스승 아님이 없는 것일 터이다.

비록 산이 아닌 바다를 보아도 바다의 물결이 멀리서부터 큰 물결로 하얀 거품을 물고 달려오면 그건 큰 바람으로 높은 파도이고 모래사장 위로 찰싹찰싹 와 닿는 하얀 파도는 물이 즐겨 노는 작은 파도이니, 이 모든 것이 작은 나의 존재로만 느낄 수 있는 수행의 덕목으로 길들여져야 함을 알게 해 준다.

묵은 짐으로 새로워지고 있는 지금의 나를 발견하게 된 오늘에, 지난 한 해 동안 나로 인해 마음 아파했거나 불편했던 인연이 있었다면 그리고 내게도 또한 편치 않은 사연들이 있었다면 이참에 묵은 감정까지도 다 내려놓아야 겠다.

묵은 짐을 정리하듯, 밝아오는 2014년의 새 아침에는 더욱 새로워진 가슴으로 새해를 맞이할 수 있기 위해 2013년의 마지막 달을 보내는 아쉬움 속에서도 불에도 타지 않는 보석처럼 참된 의미의 진언이길 마무리 회향으로 짚어 본다.

어느 초파일의 이웃 포교 이야기

내가 젊었던 40대 초반일 때 이웃의 젊은 남성과 서실(書室)에서 만났다. 그때도 나는 어디를 가든 작설차를 우려 마호병에 담아 항상 들고 다녔기에 함께 공부하는 사람들께 한 잔씩 권했다. 그 중 키가 큰 30대의 남자 한 분이 있었는데 처음으로 마셔 본 그 차 맛으로 나와 인연이 시작 된 것이다.

나중에 들은 이야기이다. 그 차맛을 잊을 수 없어 여러 백화점을 다니면서 구해 보았지만 그때 마셔본 그 차맛과는 비교가 되지 않아 할 수 없이 찾아와 차를 구해 달라고 부탁한다고 했다. 때는 바로 초파일 전, 곧 녹차를 주문하여 갖다 주러 갔다.

나는 해마다 초파일이면 버스를 전세 내어 부부 동반으로 해인사로 참배를 갔다. 해인사 큰법당 참배를 마치고 지족암 일타 큰스님의 법문을 들으며 등도 달고 기념 촬영도 하며 행복해하는 회원들의 모습을 내 삶의 보람으로 여길 때였다.

마침 초파일이 되어 그 남자 분에게 함께 갈 것을 권했더니 "우리 집은 모두 교회에 나갑니다."고 답했다. 나는 순간 조금은 민망한 마음으로 질문을 던졌다.

"그러면 갈 수가 없다는 뜻인가요? 왜 놀러가는 곳은 통도사, 해인사 절 곁으로 가면서 부처님 오신 좋은 날은 기겁을 하고 반대 하는가요? 종교가 달라도 기념이 되는 날이면 서로가 축하해주는 모습이 참 종교인이지 내 것만 옳고 남의 것을 무시하면 종교인의 자세가 아니지요. 거리의 노숙인이라도 그 사람이 생일이라면 담배 한 갑이라도 사줄 수 있어야 하거늘, 하물며 부처님의 생신이면 아무 교회에서 큰 등 하나 만들어 부처님 코 앞에 달아줄 수 있어야 하고 또 크리스마스 날에는 우리 불자들이 큰 트리를 만들어 교회에 바칠 수 있어야 평화로운 종교인의 모습 아닐까요?"

이렇게 말했더니 무릎을 탁 치면서 "정말 그렇군요! 나는 한 번도 그런 생각해보지 않았는데, 오늘부터 마음을 달리 해야겠습니다."

그가 "초파일에 가겠습니다"고 해서 나는 마 선생님을 믿고, 남자의 말이니 더욱 믿고 두 자리 마련해 드리겠다고 약속을 했다. 초파일 아침 많은 사람들이 우리 집 앞에서 버스를 타고 있을 때 마 선생님이 나타나서 참으로 반가웠다.

그렇게 초파일을 함께 보내고 어느 날 부부가 우리 집에 함께 와서, 처음 절에 따라간 소감을 이야기 했다.

"가는 길 내내 대원성의 기도와 현풍 휴게소 잔디 언덕에서 미역국에 밥과 김치로 아침을 먹었던 것은 장관이었고 해인사 큰 법당 참배 할 때는 모두가 법당에서 절하는 동안 교인이라 절을 할 수가 없어 법당 바깥을 맴돌면서 마음속으로 부처님 나도 같이 하고 있습니다 하며 중얼거리게 되었다."고 한다.

그리고 "교회에 가면 언제나 태초에 하느님이 말씀하시기를…로 시작해서 설교가 시작되는데, 오늘 일타 스님은 어떤 말로서 겁나게 할까 하고 귀를 쫑긋 하고 있었는데 의외로 우리 일상생활의 지혜와 가피를 말씀하셔서 가슴이 뻥 뚫리는 것 같은 느낌을 얻게 되었으며, 기독교인이기보다 불교인이었던 것처럼 착각이 들더라."고 했다

이윽고 곁에 있는 아내를 보며 "당신도 내년에 같이 한 번 가보자."고 권하며 계속 차를 우려 마셨다.

그 다음 해 초파일에 정말 부부가 함께 동참하여 가게 되었다. 아내도 작년의 남편처럼 불교에 관심을 보이고 좋아하니 고마웠다.

며칠 후 스승의 날이었다. 그 댁 따님이 이 날은 선생님 대신 반장 엄마가 한 시간 수업을 해야 하는 날이라며 자기 엄마가 아닌 내게 수업을 맡아 달라고 부탁을 했다. 그녀는 지금은 여의사가 되었고 두 아이의 엄마가 되었지만 당시는 중학교 2학년의 반장이었다.

전혀 사전에 들은 일 없었던 터라 준비도 없어서 당황스러웠지만

사춘기 학생들에게 무슨 말을 할까 하다가 '깨어 사는 법'에 대해 말해 주었다. 그런데 그날 그 반에서는 전혀 새로운 수업으로 새로운 느낌을 받았다고 고마워하며 엄마 아빠를 따라 우리 집에 오게 되었다. 차를 같이 마시며 부처님 이야기뿐인 내 이야기를 잘 들어주었다. 단주도 하나 손목에 끼워 주었다.

이렇게 해서 가족 6명 중 세 명이 나로 인해 불교를 접하게 되었는데, 문제는 기독교인은 가족끼리도 이탈을 막기 위해 서로가 감시를 한다는 것이다. 7순의 노모는 평생을 교인으로 살아오신 터라 한동안 집안이 불편했다.

그러다 우연히 3일 동안 불교방송의 '피안을 향하여'에 출연한 나의 방송 목소리를 다 듣게 된 그 할머니는 자기 집 책꽂이에 있는 한글 금강경의 내 이름과 같음을 보고 나를 기억하게 되었다. 그 인연으로 그 어머니는 교회 다닐 때의 그 열정으로 더 큰 불심보살로 변하게 되었다.

마 선생님은 우리 거사님을 따라 태고사 기도에도, 구도회에도 안내 되어 그 당시 이기영 박사님의 강의에 빠져 들어 너무나 좋아하며 불교공부를 하게 되었다. 나중에 그 분의 상주 역할까지도 자청했을 정도였다.

시간이 날 때마다 경전 공부며 사경으로 너무도 훌륭한 불자가 되었다. 아내도 통도사 선다회(禪茶會) 회원으로 활동하는 자랑스러운 불자가 되어 살아가고 있으니, 그 분 가족 모두는 남이 아닌 뜻으로

만나게 되고 언제나 기쁜 마음으로 박수를 보내고 있다. 나의 보람

으로 햇차가 날 때마다 제일 먼저 배달을 해준다.

뿌리 깊은 나무는 흔들리지 않는다

나는 우리 아파트 라인 48가구의 반장을 10여 년 전부터 맡고 있다. 반장을 하게 된 동기는 우리 앞집에 살던 젊은 부인이 반장을 했었는데 이사를 가면서 장부를 내게 맡기고 간 뒤부터 모두가 나를 그대로 반장으로 해 주길 원해서, 봉사하는 마음으로 하게 되었다.

오늘은 오래도록 친하게 지내오던 아랫집 아저씨가 위암을 앓아오다 운명하셨다는 말을 듣고 이웃 사람들과 병원 영안실로 문상을 갔다. 그런데 영전에 향 올리다 발견한 영가의 세례명(베드로)과 십자가에 못 박힌 예수님의 모습을 보고 잠시 놀라움을 금할 수가 없어 멍하니 서있었다.

본시는 불자였고 아내는 어느 사찰 茶會(다회) 사범으로 열심히 활동하던 집안이었다. 이곳 성모병원에 입원하면서부터 헌신적으로 환자를 돌봐주며 천주교인이 되도록 최선을 다하는 그들에게 감동하여 그 친절을 뿌리치지 못했다. 고마운 뜻으로 그분들이 하자는 대로 따라 하다 보니 본시 자기 것은 접어두고 장례식도 천주교식으로 하게 되었다고 한다. 불자인 나로서는 밀려오는 섭섭함을 감당하기가 쉽지 않았다. 아들 셋의 가족으로 며느리 손자 손녀들까지도 시간 맞춰 미사를 올리는 모습을 보고 내 것을 잃은 기분이랄까?

이럴 수가! 내가 운전하고 갈 때는 지금쯤 어느 스님께서 오셔서 목탁을 치고 염불을 하고 계시리라 생각 했는데… 오래도록 불자로 살아온 집이었기에 상상도 못했던 일이다. 나는 그래도 "49재는 어느 절에서 할 거냐?"고 물었다.

답은 "영단을 보지 않았느냐?"고 한다. 모든 것을 고인의 뜻대로 하기로 했다고 한다.

여기서 우리는 그분들을 나무라기 전에 우리 불교에서도 많은 반성을 해야 한다고 생각 된다. 우리 주변에 오늘과 같은 사건들이 요즘 날마다 일어나고 있기 때문이다. 평생을 부처님 의지하고 살던 사람들이 말년에 그것도 죽음 직전에 타 종교로 전향하게 하는 그것이 무슨 힘인가를 고민해보아야 할 일이다. 정법을 믿는다는 불자들 중에도 상가(喪家)에 가는 걸 꺼리는 사람도 있고 미신적인 믿음을 많이 보게 되니 할 말이 없다.

지금부터라도 스님들이 바른 믿음, 바른 신행인으로 잘 길들여 주는 가르침이 우선 되어야 할 것이며 선배 불자들은 친절한 안내로 어렵지 않은 불교로 접할 수 있도록 노력해야 할 일이다. 더구나 스님 옷을 입고도 버젓이 불교 아닌 불교로 점이나 봐주고 부정이니 뭐니 해서 상가에 가기를 회피하는 경우를 보게 되니, 인색한 불자로 또는 이기적인 불자로 배려심이 없는 행동으로 불교를 욕되게 하는 것도 보게 된다. 진정 남이 아파할 때 함께 아파하고 이런 슬픈 일에 위로하고 슬퍼해주며 혼자가 아닌 주변이 있다는 마음으로 위안이 되게 해야 함이 참 종교인임에도 그저 자기만의 세계로 살아가는 불자들이 있기 때문에 오늘과 같은 일이 생기는 것이다. 그러나 나는 '뿌리 깊은 나무는 어떤 태풍에도 흔들리지 않는 법'이라는 신념을 심어주고 있다.

언젠가 설악산 대청봉에 갔을 때 느낀 일이다. 키가 작은 소나무들이 산을 버티고 서 있음을 보았다. 비록 키는 자라지는 않았지만 뿌리 부분이 유난히 굵고 벌어져 산을 부둥켜 안고 있는 그 모습이 높은 산의 거센 비 바람에 뿌리 채 뽑히지 않으려 얼마나 안간힘을 썼을까 싶어 안쓰러운 마음이 들었던 기억을 잊지 못한다.

그 후로 나는 누구에게나 흔들리는 신심을 볼 때마다 이 말을 해주고 있다. 이제 더는 우리 불자들의 이탈을 보고만 있어서는 안 될 일이다. 제발 우리 종단의 큰스님들과 새로운 원력과 불교 중흥을 이루고자 하는 젊은 납자들은 오늘과 같은 이웃이 없도록 함께 봉사하고 상담하며 모르는 집안의 상(喪)에도 무료 시달림이라도 해 준다면 그 남은 가족들은 부처님의 자비사상을 배워 불국토를 이룰 수 있을 것 같다.

삶과 죽음이 둘이 아닌 하나로 세세생생 부처님의 거룩한 가르침으로, 신심 견고한 가족으로 함께 살아가길 발원하며 이 참에 부산에도 불교병원을 하나 잘 지어서 불자는 불교병원에 입원하여 죽음이 두렵지 않도록 도와주어 극락으로 전송해주면 좋을 것 같다.

붓다가야 성지에서 받은 선물

　내가 절 하는 우리 집 부처님 방에서 26년 전 인도 성지순례를 다녀온 흔적을 보며 지금도 가슴이 설레고 있다. 그땐 너무나 열악한 환경에 길도 험했고 음식도 입에 맞지 않아 여러 가지로 불편한 여행이었다. 더구나 나는 비구니스님 15명과 우리 회원 15명, 이렇게 30명의 총무를 맡아 고생이 많았다.

　태국 항공 노조의 데모로 3일 동안이나 태국에 머물게 되어 예정보다 3일 늦은 무려 23일 동안의 여행이 되었다. 그런데 그 중에도 잊을 수 없는 일은 방콕에서 인도로 가는 비행기 안에서의 식사 시간이었다. 우리에겐 아무 말도 하지 않고 스님들께만 공양을 드리는 모습을 보고, 우리 일행은 아마도 우리에겐 주지 않을 것만 같다며 각자가 가방에 있던 간식거리를 꺼내 먹고 있었다. 스님들의 공

부다가야 부처님 전에 올린 반야심경과 사경 책.

양이 끝나고 다 거두어들인 후에 그때야 우리들에게 차례로 밥을 가져왔다. 역시나 불교 나라여서 스님을 부처님처럼 모시는 모습을 보고 놀라움을 금치 못했었다. 우리가 스님을 너무 법도 없이 대했던 것 같아 죄송한 마음이 가슴을 눌러 한국에 가면 스님들을 더 잘 모시는 불자가 되어야 겠다고 다짐했다.

그토록 가고 싶고 보고 싶었던 성지 곳곳을 순례할 때, 부다가야 법당에 새벽 예불을 갔을 때였다. 법당에서 제일 먼저 눈에 뜨인 것은 부처님의 단아하고도 당당한 모습과 어깨 위로 두른 하얀 비단인 하달이었다. 이것을 보고 나는 감동과 함께 왜 그 어깨에 걸쳐진 하달이 욕심이 생겼는지 지금 생각해도 모를 일이다. 하얀 비단인 하달을 내게 주신다면 참 좋겠다는 생각으로 부처님만 바라보고 있었다.

이윽고 부다가야 주지스님이 오셨다. 스님은 아무 말도 없이 부처님 앞에 닫힌 유리문을 스르르 열고는 그 하얀 하달을 거두어 손에 쥐고 우리 모두를 살펴보시다가 내게로 다가와 손에 쥐어 주셨다. 나는 놀라며 감사하여 눈물이 날 것만 같았다. 스님이 내 맘을 어찌 아셨을까? 이심전심일까?

우리 일행도 나와 같은 생각을 하였던지 나오는 길에 몰려와 내게 나누어 가지자고 했다. 사실 비단 자체는 우리나라 비단 보다 못해 허널허널 해서 나눌 수 있는 조건이 아니어서 그냥 나 혼자 소중히 모셔왔다. 지금도 매일 절 하는 탁자 속에 보관되어 있어서 가끔은 보면서 목에 걸어도 보고 거룩하신 부처님의 몸 냄새를 맡으며, 그때 그 흔적이 지금 이렇게 행복한 추억으로 다시 그리움이 되었다.

사실 그때 그 선물을 받는 순간 '꼭 한 번 다시 오리라. 나도 정성으로 경을 써서 부처님께 올리고 싶다'는 마음 굳게 다짐하고 왔다. 그 원이 헛되지 않아 2004년 우리 소림사 스님들과 많은 인연들이 함께 인도를 가게 되었다. 그때 내가 스스로 한 약속대로 하얀 실크 비단에 반야심경 전서를 붓으로 정성스레 쓰고 한글 금강경 사경 책도 소중히 안고 갔다.

부처님 앞에 다가가 올리려는데 눈물이 두 볼을 타고 내리며 말로서 형언할 수 없는 감회에 젖었다. 그곳 스님께서 내 마음을 알아차리셨는지 유리문을 열고 내가 쓴 반야심경 하달을 부처님 몸 여기저기를 적시듯 찍고는 '기념이니 소중히 가져가라'며 넘겨주셨다. 우리 일행은 그 광경에 큰 신심을 일으키며 서로 목에 둘러보고 사진도 찍으며 행복하게 절을 하기도 했다. 뜻이 담긴 선물로 가져와 소림사 대웅전 새로 조성한 큰 부처님 복장에 넣어 올렸다. 성지 곳곳마다 작은 마호병에 녹차를 우려 들고 다니면서 부처님 전에 차 공양 올린 일은 아주 잘한 행복이었다. 그 후에도 부처님나라 순례 할 때마다 긴 하달에 반야심경 한편 써서 올림과 차 공양 올림은 빠짐없이 하는 일이 되었다.

오늘 이 더위 속에 인도로 추억여행을 떠나며 따뜻한 차 한 잔 머금고 그때의 향기에 젖어본다.

보이는 것들과 나는 둘 아니네

비가 많이 오는 오늘은 모든 걸 다 접어두고 좀 쉬어야겠다고 거실 쇼파에 기대어 텔레비전을 보다가 베란다의 유리문을 보게 되었다. 오래도록 닦을 기회가 없었는데 말이 아니게 더럽혀져 있음을 보고, 이 참에 걸레를 들고 유리를 닦기 시작했다. 하다 보니 여기저기 유리마다 거울마다 닦아야 할 일이 더 많아졌다.

오래도록 같이 있었던 손주도 이젠 가고 없는데, 그 손자국까지도 닦아내면서 조금은 섭섭한 마음이었다. 그 얼룩을 보면서 늘 그 아기가 놀던 기억으로 웃기도 했는데…

깨끗해진 유리와 거울을 보니 내 마음이 이렇게 깨끗해진 느낌이라니, 그래 나와 그 대상은 그저 보이는 존재 그리고 내게 필요한 물건이었는데, 오늘 이 시간에 내 마음은 그 깨끗함이 나의 깨끗함이니 분명 세상 모든 것은 나와 만나면서부터 나와 하나임을 알게 되었네.

나라는 사람으로 또 작은 내 눈으로 세상을 봄에 걸림 없고 장애 없음이 얼마나 큰 우주를 안고 있는가. 나를 아무렇게 대해선 안 될 일 아닌가. 비단 사람만이 아닌 모든 자연도 또한 그 가치를 논하지 말아야 할 일이다. 감정이 있던 없던 각기 자기의 이름이 있지 않는가.

헤아릴 수 없는 이 천지의 만류 중에 나 한 사람으로, 또 내 이름 있음에 감사하고 소중히 가꾸어야 겠다.

보배로운 숲

　문인화 수업의 종강으로 벼르던 산행을 간다. 여러 사람들의 의논 끝에 성지곡 어린이 대공원 쪽으로 가기로 했다.

　요즘은 모든 산마다 걷기 편한 나뭇길로 무리하지 않아도 좋으리만치 편한 길이 되어 있다. 숲은 온통 편백나무들이 산의 주인이 되어 서 있었고 향기부터가 달랐다. 여기에 큰 저수지가 산의 경치를 한층 더 아름답게 명품의 산행 길을 열어주며, 가다가 힘들면 쉬어갈 정자도 지어놓았다.

　많은 사람들이 오고가는 모습들이 모두가 행복해 보인다. 물을 바라보며 나무를 쳐다 보며 바위를 보며 하늘을 올려다 보니 절로 시 구절이 주절주절 흘러나오고 있었다. 일행들의 말 한 마디 마다도 감탄의 시이고 법문이 되어 모두가 환한 얼굴로 걱정 없는 행복한 나들이라고 말한다.

아름답고 시원하고 코끝이 향기로운 이곳에서 가지가지 먹을거리를 펴 놓으니 없는 것 없는 만찬이 되었다. 갓 따온 무화과 열매며, 지난 가을에 저장해 얼려 놓았던 반시며, 짙은 쑥 송편이며, 녹차 인삼차 커피며, 헤아릴 수 없이 많은 간식들 앞에 세상 부러울 것 없는 이 시간에 만복(萬福)이란 단어가 어울렸다. 만남의 세상 이야기 또한 함께 하는 공부시간이었다.

문인화 수업에서 만난 사람들 중에 내가 제일 나이가 많아 큰 언니로 불리지만 나이 차이는 아무런 문제가 되지 않았다. 금요일 오후 2시를 기다리는 것도 화기애애한 분위기 속에 수업을 할 수 있기 때문이며, 나의 불교라는 냄새를 잘 소화해주기 때문에 부처님 이야기도 신나게 할 수 있는 곳이다. 나는 어디를 가도 나와 불교라는 향기만은 지울 수 없는 이야기가 따르니, 그림은 취미이지만 만난 인연 모두가 고마움이어서 이 시간마다 나는 떡을 준비하여 좋은 차담 시간이 되곤 한다.

오늘 이 산행에서 우리는 산을 더 사랑하고 아껴야 하는 마음으로 흐르는 물도 함부로 하지 말아야 함을 배우며 옛말을 떠 올린다. "나무를 아끼면 산신이 돌보고, 물을 아끼면 용왕이 돌본다"는 우리의 교훈이다. 따뜻하고 넉넉한 산의 모습처럼 우리도 더 평안한 가슴이 되어야 겠다. 하늘 향해 쭉쭉 뻗어 서 있는 편백의 숲이 곧 다가올 가을을 말해 주고 있었다.

만남

만나고 싶었던 류지장화 보살님이 오늘 전화를 주셨다. 점심을 함께 하기로 약속하고 그댁으로 갔다.

현관문을 열고 들어서는 순간 코끝에 스며드는 진한 향기, 그건 바로 백합의 향과 동양란의 향기가 함께 어우러진 귀한 향기였다. 숙희와 나는 보살님의 제안으로 집에서 공양을 하게 되었다. 잠시도 쉬지 않고 무엇이든 다 주고만 싶어 하시는 보살님을 잘 알기에 내심 부담이 되었지만 오늘만은 맘에 드는 일로 평소와 달리 짜장면을 먹으며 따뜻한 차도 마시고 오랜 시간 법담으로 시간가는 줄 모르고 행복한 대화를 하게 되었다.

사람과 사람끼리 만나 무얼 먹느냐 보다 어떤 마음으로 어떤 대화를 하느냐가 더 중요한 일이기에 오늘의 이 만남이 집안의 꽃향기만큼이나 향기로운 사람과의 만남이 되었다. 내겐 큰 언니 뻘의 연세이지만 매사에 인정 많고 사려 깊어 누구에게나 어머니의 마음으로 두루 보살피시고 베푸는 삶이 몸에 배인 보살님이시니, 나는 감히 어떤 이름으로 불러야 할 지 정하지를 못하고 있다.

아무리 어린 사람에게도 깍듯한 예를 다해 대하시고 함부로 보지 않으며 하심(下心)하시니 뵐 적마다 배움이 있고 감동이 있어, 나는 이 향기로운 사람의 모습에 존경하는 마음으로 나를 돌아보게 되니 인연에 절절히 감사하고 고마워하고 있다.

류지장화 보살님!

당신께선 누구도 흉내낼 수 없는 거룩한 뜻과 정성으로 보살행을 실천하시니 어쩌면 관음 지장보살의 화현이 아닐까 싶다. 사람마다 부족한 부분을 다 채워 주시는 자비보살로 타고난 원력 가족임을 느끼게 된다.

나는 작은 영험이나마 진심으로 기도하게 된다. 오래오래 우리 곁에 함께 해 주시기를…

회요법회 도반들과

오늘은 남천동 보리성 댁을 방문하는 날이다. 오래 전부터 집에서 이웃과 주변의 지인들을 모아 공부하는 날이라고 초대를 받아 갔다.

벌써 많은 사람들이 모였고 매사에 적극적이고 열심인 보리성은 자기 스스로 배우면서 또 아는 만큼 전하는 노력을 하고 있었다. 배우려는 사람들도 모두가 진지하게 필기도 하며 귀 기울여 듣는 모습이 참으로 보기가 좋았다.

내가 옛날 우리 집에서 마을 법회를 했을 때는 큰스님은 법문을 하시고 신도는 밀고 들어와 스님 턱밑까지 꼼짝 할 수 없이 가득히 앉아 법문을 들었고, 나는 차를 우려내고 과일을 깎으며 손님 맞이에만 바빠 법문은 오가며 잠시잠시 들었을 뿐이었는데, 오늘 이곳에서 나는 손님이다.

어느 정도 강의가 끝나고 신행 생활인으로 나를 소개하여 준비도 없는 이야기지만 평소의 기도와 불자로서의 인연과 삶을 이야기 했을 때, 그 신기한 눈빛들이 나를 바라보며 즐겨 들어주었다.

절이 아닌 집에서도 기도하고 좌선한다는 말에 그렇게 집에서 해도 되느냐는 의문으로 많은 질문을 했다.

나는 "부처님은 이 우주법계 어디서라도 만날 수 있으며 아니 계신 곳 없으시니, 사회인으로 살면서 매일 절에 갈 수 없는 일이니 집집마다 부처님의 형상을 모시거나 부처 불(佛)자 액자 하나 걸어두고 매일 예배하는 생활 불교에 대해 이야기 해 주었다. 아이들의 교육에도 큰 도움이 되는 신행 생활을 함께 하길 바라니, 모두의 얼굴이 고마움으로 가득함을 보고 나도 보람을 얻게 되었다.

기독교 천주교를 거쳐 불교로 온 보리성은 그곳에서 익힌 열정으로 열심히 포교하니 서로가 본받을 일이고 배우는 자세 또한 그러한 열성이 필요하리라 믿는다.

내가 준비해 간 한글 천수경과 금강경 사경 책을 한 권씩 법보시로 나누어주면서 사경의 공덕과 수행을 말해 주기도 했다. 곳곳에서 이런 정성으로 발심하게 된다면 주변이 점점 불자로 여울져가게 될 것이니, 나의 발심이 곧 이웃으로 전법되어 이웃과 나라가 불국토로 이루어지리라 믿는다.

더불어 산다고 하지만

세상의 삶이란 그리 만만한 것이 아니지요. 말로서 남의 아픔을 위로하고 가슴으로 슬퍼해주지만 과연 얼마만한 도움이 될까요? 우리들이 자주 쓰는 말, 너와 나, 이 말이 얼마나 냉정한 정답인가.

상대를 위한다는 마음으로 밥을 대신 먹어줄 수 있나요?

대신 아파줄 수 있나요?

대 소변을 대신 해줄 수 있나요?

이 모든 것이 스스로 자기만이 할 수 있는 일이기에 그저 가까이 바라만 보고 있어야 하는 그것이 가슴 아플 뿐입니다.

늘 병문안이란 이런 일로 갈 때 보다 돌아오는 걸음이 더 무겁고 쓰린 입맛을 안고 오지요.

그것도 잠시 다친 환자라면 기다리는 마음이 있어 웃지만 중환자의 기대할 수 없는 인생의 귀로에 무슨 방법으로 도움이 된단 말인가?

병문안을 다녀오면서 아름다운 죽음을 갖기 위해 기도해야 하리라. 늘 죽음 문전에서 회향하는 마음으로 오늘을 살아야 함을, 또 깨어 살아야 함을 느껴본다.

누구에게 마지막 작별 인사를 할 것인가

형제보다 더 가까운 친구가 있었다. 87살의 나이로 숨을 거두기 전에 "친구야 나 먼저 간다"하고 거동이 불편한 친구에게 전화를 하고 한 시간 후 숨을 거두었다. 친구는 아무 말도 못하고 눈물만 뚝뚝 흘렸다. 저 세상에서 다시 만나게 될 것을 바라는 말이었으리라.

내가 갈 때가 되었다고 생각이 드는 순간, 나는 누구에게 작별 인사를 할 수 있을까를 생각하게 하는 글이다. 한 사람이라도 내 곁에 이런 사람 있다면 잘 살아온 삶일 것이다.

혹시 너무 많다고 믿고 있는가?
너무 없다고 생각 할까?
지금까지 내 곁을 지켜 주었던 사람

앞으로도 오래오래 나를 지켜줄 사람

모두가 소중한 사람이다.

깊이 생각하고 진실해야 한다.

나보다 못한 사람을 보고 무시하거나 핍박 하지 말고

나보다 잘난 사람에게 시기하거나 질투하지 말아야 한다.

오늘도 꼭 해야 할 말은

힘내고 걱정하지 마세요 하는 위로와 격려여야 한다.

자신의 장단점은 업과 업보가 되어 영원히 내 곁에 있다.

인생이란 농사를 짓는 일과 같아서 심고 거두는 것이다 .

항상 감사하고 사랑하는 마음을 심어야 한다.

누군가가 나를 미워함은 그 사람의 문제일 뿐이다.

남을 가르치려 하지 말고 진심으로 대하라.

난 진짜 내 주변의 모두가 행복하길 기도하고 있다.

덕 높은 사람의 겸손을 보며

나는 불교 인연으로 알게 된 고등법원장을 지내신 안석태 변호사님을 세상의 존귀한 인연으로 생각하고 있다. 팔순의 연세에도 몸에 배인 겸손과 하심으로 어느 누구에게도 하대하지 않으시고 따뜻한 이웃 할아버지 같은 어른이시다.

흔히들 고위직의 사람들과 법조인들은 이상이 높아 함부로 가까이 하기도 어렵고 남을 배려함에도 인색하다고 들어왔는데, 이분의 경우는 생활자체 모두가 수행의 연속이어서 작은 허물도 만들지 않은 훌륭한 인격인이시니, 자주 뵙지는 않지만 생각만으로도 기쁨이며 손 모아 축원이 되는 거룩하신 분이다.

아들 3형제 모두도 아버지와 같은 길을 걷고 있는 자랑스러운 법조인 가족이지만 한 번도 남들 앞에 내세우지 않으시고, 심지어 일

흔이 넘은 그 연세에도 어린 비구니스님께 삼배의 절을 올리며 깍듯이 대하시는 모습을 보고 나는 감동하고 감탄하였다.

어떤 행사장에서라도 절대 앞자리를 고집하지 않으시고 조용히 뒷전에서 식을 지켜보고 계시는 모습은 일반 사람들도 할 수 없는 아름다운 모습이지 않은가.

또 남들이 깊이 잠든 새벽에 일어나시어 조용히 참선으로 하루를 시작하신다는 부인의 말을 듣고 보니 어찌 절만 수행의 터일까. 공양도 오신채를 절대 멀리하시고 육식이나 생선류를 드시지 않으시니, 부인께서 마른 체구에 몸 생각 않는다고 안타까워하며 오죽하면 불교에 유감이 많다고 하셨을까 싶다.

그렇게 평생을 신심과 정진으로 사셨으니 아마도 법조인으로서의 정도(正道)를 지킬 수 있었으리라 믿는다. 나는 참으로 귀한 수행인을 만나는 마음으로 그를 흠모하고 감사하며 닮고 싶은 실천의 모습이다.

논산훈련소 군법당을 다녀와서

말로만 들어오던 논산훈련소 대중공양을 간다. 꼭 한번 가보고 싶었던 곳이어서 밤잠을 설치고 일어나 8년 전 내가 만든 공림공양모임에 동참하여 가게 되었다.

오늘은 운문사 명성 스님께서 수계를 주시는 날이라고 하여 스님과 시간을 맞추어 가게 되었다. 꼭 한번은 가보고 싶었던 이유는 아들이 한 명 있지만 카이스트 박사과정이어서 훈련만 받고 군복무를 하지 않았고, 아들의 친한 친구가 경기도 파주의 한 부대에 근무할 때 있었던 사연 때문이었다.

부대장님이 "여기 있는 사람 중에 불교 믿는 사람 손들어보라"고 했을 때 아들 친구 인호가 손을 번쩍 들었다고 한다. "오늘부터 여기 법당을 책임지고 관리하며 법사가 되라"는 명령을 받고부터 고민을 했다고 한다.

인호라는 친구는 아들 영준이와 연세대 불교동아리를 함께 한 것 말고는 불교에 대해 아는 것이라곤 없는데 ,이런 중요한 책임을 맡게 되니 부산에 살고 있는 내게까지 전화를 걸어 하소연을 하기도 하였다.

듣고 보면 참 딱하고 어떤 도움도 줄 수가 없으니 안타깝기만 할 뿐이었다. 얼마나 답답하면 내게까지 법문을 요청할까. 멀리 있는 나도 고민을 하다 어느 날 서울에서 위빠사나 수행을 하시는 거해 스님을 만났다. 스님은 몇 십년 동안을 미얀마 태국 등지에서 수행하신지라 한국에는 별로 알고 지내는 신도도 없었고, 나와는 친정 아버지로 인하여 알게 된 스님이어서 가끔 집에도 들리시곤 하셨다. 차를 가지고 있어서 이런 사정 이야기를 하면서 부대로 무작정 가보기로 하였다.

핸드폰도 없었던 그 시절에 더구나 일요일이었는데 마침 인호가 있어 만날 수가 있었다. 부대 내에 작은 법당이 있었고, 바깥에는 청담 스님과의 관계로 부처님을 모시게 된 흔적으로 나무 팻말이 서 있었다.

인호의 말은 "한 달 내내 책을 읽고 공부를 해도 10분을 얘기해 줄 말이 없더라"는 솔직한 이야기를 했다. 인호는 이 법당 방이 사병들이 쉬는 장소라고 했다. 이유인 즉 교회나 성당은 초코파이라도 주니 그리로 몰려가고, 여긴 벽을 기대어 잠을 자거나 쉬고 싶어 온다고 한다.

이런 큰일이! 나는 거해 스님께 간곡히 부탁을 했다. 스님은 한마디로 거절하셨다. 나는 따지듯 스님이 해야 할 일이 아니냐고 대들었다.

스님은 "법문이라면 모를까 어찌 빈 손으로 와서 할 수 있는 일이냐"고 하셨다.

그렇다! 요즘 세상에 불교의 뜻도 모르는 사람에게 스님의 말씀만으로는 받아들이기가 쉽지 않겠다고 생각되어, 나는 스님의 말씀이 이해가 되었다. 하루 한 끼의 공양만 드시며 무일푼의 스님이 감당하기엔 무리가 됨은 당연한 일이기에, 나는 대뜸 매달 떡과 과일 값은 해 드리겠으니 법문을 해 주시라고 약속 드렸다. 그러나 공무원의 아내인 내가 혼자서는 할 수가 없는 일이어서 가까운 도반들을 회원으로 모아 매달 공양비를 부쳐드릴 수가 있었다.

스님은 제철의 과일이며 떡을 준비해서 그 먼 서울에서 파주까지 매달 법문을 하러 가셨다. 차츰 이 소문이 퍼지면서 이웃 부대에서도 법문을 듣기 위해 모여들었다고 했다.

그러다 인호는 제대를 했고 결혼도 했다. 나는 그래도 계속 지원을 했었다. 지금은 거해 스님도 미국에 가셨고 우리도 늙어 16년의 후원을 회향하기로 하고, 각자의 인연으로 종단에서 하는 군법당 후원으로 동참하게 되었다. 몇년 전 논산 법당 건립 때도 동참하며 군법당에 관한 관심만은 끊을 수가 없어 지금도 매달 작지만 자동이체

거해 스님과 함께 한 인도 여행.

를 하고 있다. 이런 연유로 오늘 이 방문은 내겐 특별한 행사였다

버스는 부대 법당 앞까지 들어갈 수가 있었고 일주문을 지나 웅장하고 잘 지어진 큰법당이 눈앞에 보일 때엔 벅찬 감격으로 눈물이 왈칵 솟아질 것만 같았다. 큰 체구의 불상은 호국의 염원을 안고 계신 듯 두루 살피며 내려 보고 계셨다.

오후 2시 장병들 수계식이 있어 법당으로 함께 들었을 땐 이미 가득 찬 우리 국군 장병들의 우렁찬 목소리가 들렸다. 생전 처음 깨알같이 많은 장병들을 보는 순간 놀란 토끼처럼 내 가슴이 뛰기 시작했다.

보배다! 보배다! 이 많은 보배들을 한 자리에서 만날 볼 수 있다니, 감동과 감격으로 할 말을 잃었다. 우리가 한없는 박수를 쳐 주고 싶은데 우리를 환영해 주는 국군들이 우렁찬 박수로 우리를 맞이해 주었다. 벅찬 행복을 억누르며 자리에 앉았다.

명성 큰스님이 단상으로 등단하시고 뒤따라 함께 오신 비구니 학인스님들이 차례로 오르셔서 단상에는 장엄하기 이를 데 없는 수계의식이 시작되었다. 마치 부처님의 설법을 듣기 위해 1,200 제자들이 영산회상에 모여 있는 듯, 붉은 가사자락이 법당을 빛나게 했다.

오계 법문을 내리시고 계를 지키겠다는 맹세의 약속을 받는 자리! 거룩하고 거룩하여라 스스로 계를 받겠다고 모인 장병은 자그만치 3,400명! 이 모두가 부처님의 가르침을 따라 믿고 행하겠다는 약속으로 불자가 된 것이다. 든든하고 자랑스러운 이 불자 장병들을 영

원히 잊을 수 없을 것이다.

똑같은 군복에 똑같은 모자! 모두가 참 멋있다. 한 사람 한 사람이 나라의 보배이며 소중한 재산이다. 우리 모두의 아들들! 건강하고 씩씩하게 군 복무 잘하길 빌고 또 빌었다.

앞으로도 더 많은 불자 아들들이 부처님께 귀의할 수 있도록 정성을 모아야 겠기에 우리 모두는 가족 원불(願佛)을 모시기로 접수하고 돌아오는 길, 아주 행복한 하루였다고 입 모아 말을 하며 환히 밝은 얼굴들 보람으로 빛이 났다.

사람들의 입이 비석이다

우리 절에 오시는 모든 신도님께 선물을 드리고 싶다. 생각한 끝에 내가 만든 글귀로 아침마다 한 번씩 염송하는 그림과 글이 있어, 이것을 공유하고 또 기원의 뜻으로 나눠 드리기로 했다.

내용은 이러하다.

"하늘에는 밝은 광명이 두루 비추이고, 흰 구름은 두둥실 떠있으며, 마하 만수사 꽃비가 내리고, 새들은 자유로이 나르며, 땅에는 연꽃이 솟아올라 부처님을 받들어 모시고, 물에는 고기들이 유유히 노니누나."

이 그림의 내용은 너무도 평온하여 걱정과 두려움이 없는 자연 그대로 모두 자기 자리로 행복한 삶을 누리는 뜻으로 나만의 기원을 함께 나누고 싶은 마음에서이다.

우리 신도님들은 얼마나 공감할 지 모르겠지만, 평안은 노래와 같은 것이라 믿고 있다.

언젠가 책에서 본 글귀가 생각난다.

일수확자곡야(一樹穫者穀也) 한번 심어 한번 거두는 곡식이 있나 하면, 일수십확자목야(一樹十穫者木也) 한번 심은 나무에 열 번 거두는 나무가 있고, 일수백확자인야(一樹百穫者人也) 한번 심어 백번 거두는 것이 있는데, 그건 곧 사람이라고 했다.

그 무엇보다 인간을 가장 크게 비중을 두고 한 말일 것이다. 한 사람이 뛰어나면 그 가문을 밝히고 명문가(家)를 만든다. 옛 성인의 말에 "이름 석자를 남기려고 비석을 세우지 마라. 거리에 오가는 사람들의 입이 모두 비석이다"라고 했다. 바로 내 가족의 칭찬과 이웃 친지들의 칭찬이 있을 때, 또는 내 집에 일을 도와주고 허드렛일을 하는 사람으로부터 존경 받는 삶이면 충분히 존경받을 만한 사람이라고 말할 수 있으리라. 사람들 모두가 나의 스승이 됨은 그들의 좋은 점과 허물에서 보고 배우고 느낄 것이 있기 때문이다. 때로는 거울 속의 내 모습도 스승이 될 수가 있다.

오늘도 연꽃모임 법회날! 서로 반갑게 만나고 있는데 유독 큰 소리로 반가워하며 서로 얼싸안은 모습이 눈에 띈다. 이유인 즉, 미국에 여행을 따로 갔었는데 그곳에서 약속도 없이 만나게 되었다니 얼마나 반가웠을까. 눈물을 흘리며 반가운 마음 어쩔 줄을 몰라 했다고 한다. 그럴 수밖에… 36년이란 긴 세월을 연꽃모임 회원으로 함께 지냈으니… 그러나 평소에 서로가 불편했거나 서운한 사이였다면 또 어떠했을까?

사람은 언제 어디서 어떻게 만날지 모르는 일이다. 하물며 이 다음 세상에서 또 만난다면 지금의 좋은 모습이라면 모를까 원망의 관계로 다시 만난다면 생각만 해도 끔찍한 일일 것이다. 맺힌 것이 있으면 풀어야 하고 뜻이 맞고 서로 좋아하는 마음이라면 더욱 좋은 인연으로 이어가야 할 것이다.

오늘 우리 회원들, 이 모습 보고 잘 살아보세~ 노래도 불렀다. 우리 서로 수희 찬탄의 공덕으로 탑을 쌓아야 겠다.

내가 나를 사랑할 수 있는 삶

나는 언제나 나를 데리고 살면서 정신없는 시간을 살고 있지 않는지 살펴보아야 할 것 같다. 날마다 내가 하고 싶은 일과, 내가 가지고 싶은 것과, 내가 먹고 싶어 하는 일로 분주하다 못해 전쟁 같은 삶을 살아가지 않는지…

늘 하는 일이지만 거울 앞에 앉아 나를 보면서 이런 내 모습은 어떤 생각을 담고 있는지 나를 살펴본다. 굳이 대중 선방에서만 느끼는 것이 아닌 나만의 시간에서 나를 들여다보며 지나온 많은 날들을 어떻게 살아왔는지…

옥에도 티가 있다는 말이 있다. 그러나 내가 살아온 숱한 삶 속에는 어쩌다 발견한 옥구슬 같은 믿음, 그건 부처님과의 만남이 있었으니 그야말로 보배로운 삶이 되었다고 믿는다. 부처님과의 만남은 세상 그 무엇과도 바꿀 수 없는 귀한 인연으로 은혜로운 삶 그 자체인 것이다.

본시 착한 성품으로 바르게 사는 사람도 많지만, 스스로 믿음의 가치를 바로 알아 행하고 실천함은 어둠을 뚫고 밝아오는 새벽의 공기와 같은 상쾌함일 것이다. 문득 문득 부처님 회상에서 배우고 느낀, 그리고 소중한 가르침이나 법문을 되새길 때마다 내가 가진 욕심에서 아름다운 꽃으로 피어나는 향기로움을 느껴 볼 때가 있다. 이것은 생활의 여유로움보다 더 값진 향기일 것이다.

남을 사랑하기에 앞서 내 자신이 바른 인격과 바른 성품으로 진실해야만 남에게도 부처님의 향기를 바로 전할 수 있기에 자주 내 자신의 몸과 마음의 청소를 하는 것이다.

설거지를 하다보면 하수구가 고장날 때가 있다. 상수도가 고장이 나면 음식을 사 먹을 수도 있지만 하수구가 고장이 나면 악취와 큰 불편을 겪게 되는 것. 이처럼 우리가 무엇이든 취하기보다 버릴 준비, 아니 나누는 연습으로 향기로워져야 하리라.

"내게 이익이 없는 사람과 길동무도 하지 말라. 차라리 혼자서 갈지라도"라는 말이 있다.

이익이 무엇이겠는가? 쓸데없는 말로서 자기에게 아무런 도움도, 배울 것도 없다면 아까운 시간을 낭비하고 만다는 이야기가 아닐까. 사람과 사람끼리 단순한 오락이나 즐기는 시간이면 내게 남는 것이 무엇이 있을까 싶다. 적어도 한 사람과의 만남이 내게 새로운 희망이며 활력이 되는 충고와 격려라면 좋은 만남이 될 것이다. 우리는 불자로서의 긍지와 이해로 정진한다면 지혜의 거름이 되어 만나면 만날수록 법향(法香)에 젖어 벌이 꽃을 떠나지 않는 것처럼 만남이 즐거우리라.

무더운 여름날, 그리고 장마에도 별 탈 없이 지낼 수 있었던 고마움 속에 또 다른 수해(水害)를 입은 안타까움도 함께 나눌 수 있음이 부처님의 가르침이며 우리가 돌보아야 할 숙제가 아닐까 싶다. 작은 마음이 하나하나 모이면 큰 사랑으로 함께 살아갈 수 있으리라.

멀쩡히 건강하던 사람이 어느 날 영정이 되어 있는 모습을 보는 요즘의 세상에서 우리는 내가 아닌 우리로 사는 법을 알아야 진정한 불자가 아닐까 싶다. 모든 음식이, 모든 과일이 풍성한 이 계절에 절마다 백중기도로 조상을 천도하며 가정이 안락하길 빌고 있다.

얼마 남지 않은 이 날까지 선방의 스님들이나 보살들도 정진하는 이때에 우리들도 참회진언이라도 부지런히 외면서 지나온 갈등이나 원망이 있다면 다 버리고 더러워진 감정들이 맑고 향기롭게 새로워져야 할 때라고 믿는다.

'아무리 아름다운 산천을 보아도 내 마음이 즐겁지 않으면 소용이 없는 것, 내가 내게 만족해야 바깥 경계가 바로 보이는 법'이니 나를 다스려 나를 행복하게 살아야 하리라.

소림의 법우님들!

우리가 부처님께 다가온 까닭은 부처님을 보고 부처님을 닮으려

는 서원을 함께 하기 위함이니 우상이 아닌 실상으로 모든 소원 다

이루시고 천년의 행복을 안으시길 축원 드리나이다.

날마다

1. 잠에서 깨어나면서 오늘을 만난 감사를 하였는가.

2. 오늘을 잘 살기 위한 기도는 했는가.

3. 음식 앞에 내게 오기까지의 공덕에 감사하고 먹었나.

4. 오늘은 어떤 일을 해야 한다는 계획은 세웠나.

5. 하루를 지내면서 남에게 이로운 말은 몇 번이나 했나.

6. 남의 허물은 몇 번이나 들추었느냐.

7. 내게 합당한 보시는 하였느냐.

7. 하룻동안 남의 마음을 아프게 한 일은 없느냐.

8. 세상이 나를 칭찬한다면 어떤 일이 있을까.

9. 친인척 아니면 친구들께 안부 전화는 몇 번이나 했나.

10. 산을 보고 자연을 보며 미묘한 감상을 해 보았느냐.

11. 아름다운 꽃모양이나 색 향기를 느껴 보았느냐.

12. 나는 어떤 사람이고 싶다는 원력은 세워 보았느냐.

13. 세상에 살면서 어떤 존재이며 어떤 이로움이 되고 있는지 생각해 보았나.

14. 나는 사람들을 대할 때 진심으로 대하고 있는가.

15. 그동안 누구로부터 도움을 받고 살았다면 무엇일까.

16. 나는 어떤 이로움을 주면서 살았는가.

17. 스스로 지옥은 가지 않을 것이라고 믿는 사람은?

18. 다시는 죄 짓지 않을 맹세를 해 보았는가.

19. 세세생생 바른 믿음과 바른 삶을 기도하고 있는가.

20. 가족을 위해 최선을 다하고 있는가.

21. 나는 부끄럽지 않은 삶을 살았다고 말할 수 있는가.

22. 밤이 되어 잠자리에 누웠을 때 후회는 없는가.

나이의 무대

내가 알고 있는 할머니 한 분의 말을 생각해 본다.

멀리 미국에서 온 친구 두 분과 놀다가 내가 방문하게 되니 "이봐 친구야 내가 물갈이 한 지가 오래네." 하신다.

어리둥절한 내 표정을 보고 또 다시 하시는 말씀이 "앉으면서 아야! 서면서 아야! 하는 저런 고물 친구들 하고 상대하지 않고 젊고 싱싱한 나이 어린 사람을 만나고 살지."

미국에서 오신 그 할머니들 역시나 멋쟁이셨다. "친구야 우리를 고물이라 부르지 말고 골동품이라 해야지"라고 답하셔서 나는 깜짝 놀랐다.

지금도 그 말씀들을 나 혼자 꺼내어 보면서 나이가 들수록 젊음의 가치가 어떤 것인지 느껴볼 때가 많다. 마음을 따르지 못하는 행동에 때론 미워지니까.

50이 되기 전엔 더 어른을 만나면 배울 점이 많고 또한 사랑 받는 일들이 많을 것이며, 그 후의 나이가 되면 아랫사람들과의 만남으로 삶이 활기차고 건강한 시간으로 더욱 행복해질 수 있으리라는 실감을 한다.

내가 아는 그 할머니 아직 건강하게 계시는데 미국의 골동품 할머니는 돌아가셨다고 한다. 그때 그 만났던 시간과 대화의 말들을 새겨본다.

나도 이제 나보다 어린 아우님들과 만나고 싶은데 누가 나랑 놀아줄까?

변하지 않는 것이 무엇일까?

변하는 자신을 잘 다스림은 파도를 잘 넘나드는 사람처럼, 꽃이 지면서 좋은 씨앗을 남기는 것처럼 이 세상에 한 사람의 존재가 어떤 역할의 삶이었을까 하는 화두를 챙겨볼 일 같다.

나의 재산은 사람과의 인연

사람으로 태어나 한 평생을 살아가면서 얼마나 많은 세상과의 인연이 얽히어 있는지 모르는 일이다.

아침마다 동쪽 하늘의 햇님이 떠오를 때마다 가슴 가득히 새로운 희망을 꿈꾸게 된다.

"오늘 하루를 또 만나게 됨에 천지만물 우주 조화 공기님께 감사 드리며, 이 우주 법계의 모든 생명들이 오늘도 건강하고 평안하게 행복하길 기원 드립니다."라는 이 마음의 축원으로 시작함이 내 삶의 기본이 된 것이다. 비록 날마다 생각지 못했던 사고들이 여기저기서 뉴스를 타고 터져 나와 속상하고 가슴 아픈 흔적들을 남기지만, 내 이 소원은 변하지 않은 숙제로 하게 된 것이다. 거미줄같이 엉킨 수많은 인연들을 끊는다고 끊길 일은 아닐 것이기에 더 좋은 관계를 이루기 위해 노력해야 할 일이라고 믿는다.

내게 행운이라면 부처님과의 인연으로 훌륭한 스님들과 사회의 귀한 사람들과의 만남이며, 그로 인해 나의 부족한 부분을 알게 됨이며, 또 많은 사랑을 받음에 감사함이니, 이 모두가 나의 소중한 재산인 것이다. 그러기에 부처님 앞에만 서면 가슴 속에 담겨있는 모두를 위해 스스로 축원하며 행복해 하고 있음이다. 그 누구도 훔치지도 뺏어도 갈 수 없는 이 귀한 인연들은 더 없는 보배이며 재산이 아닐까 싶다.

사랑이란 형체는 없지만 말하는 음성으로, 또는 눈빛으로 능히 읽을 수 있는 미묘한 향기가 있기에 웃기도 울기도 하는 것이리라.

나라에 훌륭한 업적을 남길 수는 없지만 사람의 진실한 냄새와 향기만은 작은 수행의 덕행으로 이루어지리라 믿기에, 나도 누군가에게 향기로운 사람으로 재산을 만들어 주리라 서원을 한다.

나의 유언

　언제 내 인생의 끝이 될지 모르는 일이지만, 이런 유언을 남기고 싶다. 아니 이렇게 해주길 부탁하고 싶다.

　만약 죽음을 만나면 꼭 화장을 할 것이고, 그 재는 숲이 많은 산에서 가족들의 손으로 뿌려 없앨 것이며, 재(齋)는 막 재(49일)로 한 번이면 족하고 그 대신 정성을 다해 경 한 권이라도 나를 위해 사경하여 부처님께 공양 올리고, 스님께도 예를 다하여 존경할 것과 제사는 지금까지 윗어른들의 유교적인 형식에서 벗어나 생전에 좋아하던 과일 몇 가지와 차 한 잔, 그리고 남은 가족이 즐겨 먹을 수 있는 음식을 준비하고 경 한편 읽어주는 것으로 정성을 다하고, 형제들 모여 옛 추억의 이야기며 또 생전에 들려주던 교훈 같은 이야기들을 기억하며 추모함이 더 좋을 거라는 생각이다.

꼭 참석 못해도 각자가 자기 시간을 내어 향 하나 차 한 잔으로 생전의 부모를 기리는 마음이면 제사의 의미가 될 것 같다.

초파일에도 하얀 등 하나 달아 부모의 생전 삶을 생각하고, 형편에 따라 여행 중이라면 차 한 잔 준비하면 될 일이다. 엄마 아빠가 다 세상 떠난 뒤엔 아버지 가신 날에 함께 지낼 것이며 따로 하지 않아도 된다고 일러주고 싶다. 가족이란 어떤 경우에도 말로써 시비를 만들지 말아야 하고 무조건 이해하는 습관으로 서로 사랑하고 존중해야 하는 소중한 혈육임을 명심해야 함을 당부한다.

인연이 얼마나 지중하면 형제 되었을까. 아이들이 자라면서 4촌도 6촌도 되지만 위로 거슬러 보면 한 부모 한 조상이니, 어떤 일에도 의논하고 서로 도와주며 혹시 불편한 관계가 되면 먼저 엄마의 생전 모습을 생각해서 다시 화해하는 아름다운 우애를 다지길 소원하는 부모의 마음이다.

나의 영정 사진

　남의 초상집에나 49재에 갈 때면 의례히 영정 사진을 보면서 절을 하곤 한다. 그때마다 느끼는 건 그 분의 평생 삶을 보는 마지막 모습이기에 눈여겨 보게 된다. 비록 나이가 많아 떠나셨어도 너무 초라한 모습을 보면 괜스레 마음이 더 아파지고 더 슬퍼지는 것 같아 보였다.

　얼마 전 여권 사진을 찍었다가 문득 이 사진을 조금 크게 하여 이다음 언제가 될지 모르지만 영정사진으로 해야 겠다고 생각 되어 한 장 만들어 앨범에다 넣어 두었다가 다시 그에 맞는 액자에 넣었다. 보이지 않는 곳에 두면 아무도 모르겠기에 다시 잘 보이는 곳에 놓아두었다. 이유는 언제든지 이 사진을 보면 급한 일이 생겨도 당황하지 않고 사용하게 되리라는 생각에서다.

그러나 그런 내 마음을 알리가 없는 남편은 "응 사진이 좋네"라고 한다.

이제 60을 훨씬 넘긴 나이! 스스로가 준비해야 할 일, 살아온 지난 날 보다 가야 할 시간에 더 쫓기는 지금의 삶 앞에 차곡차곡 정리되는 내가 되어야 할 것 같다.

기왕이면 한복을 입은 엄마의 모습을 기억케 하고 싶다. 이맘 때 엄마의 삶은 또 어떻게 살았을까를 생각하게 될 내 아들 딸들에게 좋은 추억을 남겨야 하겠기에 함부로 살지 않는 엄마 아빠의 시간을 보여줘야 겠다.

그래서 사진의 의미가 그리움의 추억이 되기를…

나와 이웃종교

나는 새벽 4시 20분에 일어나서 세수하고 양치하고, 우리 집 부처님 방에서 법복을 갈아입고 예불과 기도를 드린다. 경 읽고 사경도 하며 마지막엔 축원을 드린다.

"오늘도 새 아침을 다시 만나게 되어 천지만물 우주조화 공기님께 감사드립니다. 세상은 평안하고 이 우주 법계의 살아있는 모든 생명들은 모두가 두려움 없이 행복한 하루를 함께 살아가길 기원 드립니다."

축원을 마친 뒤 운전하여 롯데백화점 수영장을 향해 간다. 이 시간이면 언제나 불교 라디오에서 도림 스님의 법화경 법문이 있는 시간이고 내가 제일 좋아하는 시간이다. 어제 듣던 법문, 오늘 다시 들어도 새롭고 구구절절한 법문마다 감동과 신심이 발로하기 때문이다. 짧은 5~6분이면 도착하지만 법화경 전체를 다 듣는 기분일 정도로 스님의 원력 법문이다.

가끔은 아랫집에 살고 계시는 팔순이 넘은 노 할머니가 이른 새벽에 교회를 가시니 엘리베이터에서 만날 때가 종종 있다. 그때마다 내 차에 타게 해서 교회까지 모셔다 드리는데 이런 날은 불교 라디오를 끄고 간다. 혹시라도 할머니 마음에 부담을 느낄까 봐서이다. 체면이 많은 이 할머니는 매번 사양하시지만 기왕에 가는 길이라며 친절히 태워드린다. 하루도 빠짐없이 예배시간을 지키시는 할머니. 대단한 신앙심이 아니라면 할 수 없는 일일 것이다. 비가 오나 눈이 오나 추워도 더워도 교회 가는 일은 빠지지 않는다고 하시니 그래서일까? 따뜻하고 인자하며 누구에게나 친절하여 좋은 어른으로 알고 있다.

믿음의 기쁨과 보람은 이렇게 훌륭한 덕목을 이루는 스승일 것이니 서로가 서로의 종교를 이해하고 존중해 준다면 지금보다 훨씬 더 밝은 이웃 종교로 밝은 사회가 될 것이라 믿는다.

나를 따라온 먼 나라의 바닷가 모래알

몇 일전 말레이시아 여행으로 다녀온 코타키나발리의 휴양지 바다에서 수영도 하고 모래밭에서 놀았던 흔적으로 새하얀 모래알들이 빨래 대야에 남아 있음을 보고…

"세상에~!"

나는 나 혼자서 이렇게 감탄의 소리를 내었다. 그곳 모래는 우리 해운대의 모래와 달리 인도의 갠지스강 아니 항하 모래와 같이 아주 작은 알갱이의 떡 모래였다. 그래도 모래라는 그 무게는 있기에 물에 쓸려버리지 않고 남아있음을 보았다.

머나먼 이곳까지 그 많은 모래들 중에 이 모래들이 나를 따라왔을까?

그것도 사람이 타기도 쉽지 않은 비행기로 왔다니…

참으로 인연이란 꼭 큰 것에만 있는 것이 아니고 이 작은 먼지 같은 모래도 나의 신발에, 수영복 사이에 들어와 여기까지 왔다는 사실이니, 사람이 아닌 모든 것들도 인연 없이 만나는 것은 절대로 없음을 다시 한 번 실감한다. 무슨 일이든 함부로 해서도 아니 되지만 혼자 있어도 신들이 지켜보고 있다면 어떨까를 생각해 볼 일이다.

사람사람이 거미줄처럼 엉키어 살고 있는 이 세상에서 나 한 사람의 삶이 죄도 되고 공덕이 되는 일! 오늘은 작은 모래가 나의 스승이 되어 주었다

하늘의 햇님 하나로 세상 밝히고, 훌륭한 선인들의 일화에도 눈이 뜨이지 않던가.

나는 사람을 자랑하고 싶다

내가 알던 모르던 수많은 좋은 사람들이 세상을 빛내고 있다. 그러나 지금의 신문이나 방송에서는 칭찬이나 좋은 일을 소개하기보다는 사회의 파렴치범이나 사기 절도 강도 강간 등 수없이 터져 나오는 잘못된 사회악의 뉴스가 연일 보도 되니 세상에 좋은 일이 하나도 없는 것만 같다. 안타까운 일이다.

잘하는 일을 대서특필하여 칭찬 릴레이로 신문지상에 소개하며 방송 또한 그러하면 이런 일로 경쟁이 되어져서 아름답고 훈훈한 세상이 이루어질 텐데… 하고 생각한다.

내가 알고 있는 사람 중에 자랑하고 싶은 이런 사람이 있다.

류진수 전 부산 불교방송의 사장이셨고, 부산불교신도회장님을 역임하신 분으로 개인 사업으로는 자동차 부품공장을 여러 곳에 운영하고 있는 것으로 알고 있다. 사람들은 부자니까… 하는 말을 자주 쓰지만 부자라고 다 이웃의 아픔을 살피고 베풀지 않음을 익히 아는 일이 아닌가. 회장님을 아는 사람이라면 누구도 부인할 수 없는 실천 보살이기에 나는 이분을 자랑하고 싶다. 자기를 필요로 하면 거절함이 없으며, 조용하고 인자한 성품으로 소리 없이 실천하시는 분으로 나는 늘 존경한다.

오래 전 김해의 공장 견학을 간 일이 있었다. 그때만해도 외국인 노동자들의 실태를 방송을 통해 볼 때면 너무나 열악한 환경에서 생활하고 힘든 노동일을 하고 있을 때인데 회장님의 공장에 근무하는 외국인 노동자들은 아주 깨끗하게 잘 지어진 기숙사가 마치 호텔 같은 분위기에 감동을 했었다. 사람을 아끼고 사람을 제대로 대접하는 그 일이 아랫사람을 다스리는데 쉬운 일은 아닐텐데 회장님은 남달랐다.

집안의 도우미도 수십 년을 함께하고, 차를 운전하는 기사님도 수십 년을 함께 하며 때가 되면 진급한 칭호로 불러주며, 한 사람 한 사람을 예사롭게 보지 않음이 고마움 되어 물의 여울처럼 퍼져 회장님의 자비 실천을 보살의 화신처럼 우러러 보게 되었다.

공장 곳곳에 직원들의 휴식을 위해 마련한 여러 가지 운동기구들이며, 쉬는 시간의 산책길도 뒷동산에 꾸며 두었고, 심지어 방문하는 사람들의 운동화까지도 세심하게 마련하고 목욕 시설도 잘 갖추어진 살맛 나는 회사생활을 만들어 주셨다.

뒷산 낮은 곳에 큰 감나무 밭을 가꾸어 주렁주렁 탐스럽게 열매가 익은 가을이면 직원들 가족들을 불러 회식과 더불어 감을 마음껏 따서 가져가도록 배려하여 직원 가족들도 훌륭한 가을 나들이로 기다리게 되니, 그야말로 가족의 분위기로 남이 될 수가 없음을 보았다.

명절에는 여기 저기서 부쳐온 귀한 선물들을 포장도 뜯기 전에 누군가를 만나면 그 자리에서 나누어주는, 소유에 집착이 없고 욕심 없는 참으로 귀한 어른임을 눈여겨보았다.

신심이 지극하여 집안에도 또 공장마다에도 부처님 방을 따로 꾸며 부처님을 모시고 예배하며 생활 불교를 소리 없이 실천하시는 보살심으로 방문하는 사람마다의 손에도 정성 담긴 선물을 들려주는 보시바라밀의 선구자로 믿게 된다.

나중에 들어 알게 된 말인데, 부모님이 살아계실 때 지금의 회장님처럼 보시 하시기를 집에 참기름 한 병 남아있을 틈이 없었다고 하니, 선조부터 흘러온 보살의 가문임을 알게 되었다. 지금도 소년 소녀 가장이며 홀로 살고 있는 독거노인과 곳곳의 어려운 처지의 소식만 들으면 마음 아파하며 돕는 일 앞서 하시지만, 정작 본인에겐 검소한 생활로 필요 이상의 것을 가지지 않는 삶을 살고 있어 귀감이 되는 본보기라 믿는다.

한번은 부산불교신도회에서 고창 선운사 수련을 갔을 때 노 보살님이신 금강행 보살님이 새벽 예불을 보고 계단을 내려오시다가 발을 헛디뎌 그만 허리를 좀 다치셨다. 그때도 날마다 그 바쁜 와중에

문안 하시고 의사를 왕진케 하시고 전복이며 대구며 회복하기에 좋은 음식물과 약을 지어드리며 지극 정성을 다 하시니, 누가 그렇게 할 수 있는 일일까 싶다. 가족 모두가 이런 보살행에는 너무나 익숙한 자연 그대로이니 사회의 사표로 존경을 받아 마땅하리라.

나는 이분들을 내 가슴에 품어 있음으로써 행복한 나를 알게 되었기에 늘 고마운 마음으로 이 가족을 위한 기도는 나의 숙제처럼 축원을 하게 되었다. 영험이 있던 없던 그걸 말하고 싶진 않지만 진심의 뜻만은 거짓 없으니, 나는 사람을 사랑하는 세상이 되어 칭찬도 함께 했으면 좋겠다.

나도 어느 생에 한번이라도 보살의 서원, 이루어지길 빌어 본다.

자기의 습관이 업이 되니

불 꺼진 깜깜한 밤이라도 자기가 살고 있는 집안에는 어디에 무엇이 있는지를 잘 알기에 언제든 필요한 것을 쉽게 찾을 수가 있고, 아무리 밝은 대낮이라도 남의 집 물건은 어디에 무엇이 있는지를 알 수가 없는 법이다. 이렇듯 눈 감고도 알 수 있는 자기만의 세계는 남이 알 수 없는 자기만의 습관이며 업인 것이다.

생각도 마찬가지로 내가 기억하고 있는 이야기는 언제라도 다시 할 수 있을 것이며 나이가 많아져도 자기 속에 잠재되어 있는 과거로 자기만이 가지고 있는 업인 것이다. 업이란 금생이 아닌 다음 생까지 가져가야 할 내 몫이니, 누가 대신 할 수 있는 일이 아니지 않은가.

하루에도 몇 번씩 엘리베이터를 타고 오르고 내리는 것도 그냥 익숙한 일상일 뿐 그 자체를 느끼지 못할 때가 많은 습관이 된 일이기 때문이다. 위빠사나 수행으로 본다면 무심코 하는 일이 아닌 깨어있는 자신을 바로 보면서, 스스로의 변화를 보는 것으로 들어 알고 있다.

내가 하는 행동에 스스로 느끼기를 말해주니, 나 지금 무엇을 하고 있는지?

금강경 사경 이야기

올해 7순을 맞아 그동안 부처님의 품속에서 많은 은혜로 살아왔으니, 무엇으로 보답을 할까 고민해 보았다. 20년 전부터 금강경 한글 사경책을 수 만권 법보시를 하여 왔지만, 사경본을 낸 일은 한 번도 없었다. 그래서 이번엔 사경(寫經)본을 내어 보시하기로 했다.

누구나 따라 쓰면서 좀 더 가까이 금강경을 이해하고 쉽게 받아들이는 계기가 되었으면 하는 뜻으로 시작하였다. 한 자 한 자 쓸 때마다 다른 누군가가 더 큰 신심으로 부처님께 귀의하길 발원하였다. 뜻을 함께 한 사람들이 늘어나 천 권이 아닌 4,500권을 처음 인쇄하여 각자의 인연 따라 보시하기도 하고, 우리나라 3대 관음성지인 낙산사, 홍련암, 강화 보문사, 남해 보리암에도 부처드리고 조계사 봉은사에도 부쳤다.

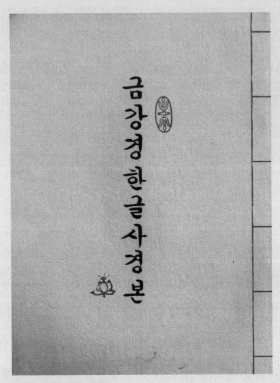

저자의 금강경 한글 사경본.

각처에서 많은 신도님들로부터 고마운 전화가 쇄도하여 다행하게 도 큰 보람을 느끼게 되었고, 사경에 대한 이해와 방법을 몰라 물어 올 때면 내가 알고 있는 만큼의 답을 하기도 했다.

아들 딸 가족들에게도 보냈더니 카카오톡에 사진이 올라 왔다. 문 자와 사진은 10살 손주와 5살 손주가 사경하는 모습이었다. 너무나 고맙고 기특하여 눈물이 날 것만 같다. 다른 손주들도 이 모습을 보 고 경쟁이라도 하듯 사경하며 자랑을 하니, 밤을 새워서라도 들어줄 수 있는 행복한 이야기가 아닌가!

"역시나 엄마의 손자답네요"라는 딸들의 문자에, 나는 "그럼 그렇 고 말고"로 답했다. 우리 가족 모두 사경하는 가족이 되어 이웃에게 도 열심히 전염시키는 불자가 되어 고마웠고 나와 함께 살고 있는 우리 거사님도 열심히 사경하는 모습이 더 없이 고마워 칭찬과 큰 박수를 드렸다.

그림자가 나를 따르듯 삶과 죽음도

건강한 몸으로 세상을 살아 갈 때와 생각지 못했던 사고나 병고를 만났을 때의 세상은 너무도 다른 경험을 얻게 된다. 나는 그동안 건강한 편으로 잘 지냈다. 그러나 2008년 12월, 갑작스런 교통사고를 만나게 되었다. 신문이나 TV에서 뉴스로 보던 그 일들이 남의 일이 아닌 나의 일이란 걸 알게 되고 뜻하지 않은 수술과 입원을 하게 되니 모든 일들이 멈추어버렸다. 그냥 환자가 된 것이다.

그러나 평소에 늘 부처님 품속에 살았던 그 삶이 예외일 순 없었다. 날마다 아침이 밝아올 때면 세수하고 양치하고 반듯이 누운 자세로 병실의 낡은 천정을 바라보며 소림사의 원만 부처님을 모시고 벽에는 '부처 불(佛)' 액자를 하나를 걸었다. 마음으로 천수경, 법화경요품, 금강경, 화엄경약찬게, 능엄신주 등등 하고 싶은 대로 읽고 마음껏 기도를 한다. 그리고 정해진 시간마다 식사를 하고 매일 소문 듣고 찾아오는 많은 방문객을 만나며 늘 죄송하고 황송하고 미안함이 은혜로 늘어나면서, 감히 함부로 살 수 없는 나의 존재를 생각해 보았다.

어찌 이런 큰 은혜를!

멈출 수 없는 은혜들을 들추며 모두를 향한 기도를 한다.

그리고 이 땅 내 나라에 감사하고

내 부모 있어 내가 있음에 감사하고

정법 알게 해 준 큰 스승들께 감사하고

먼저 깨달은 도반 만날 수 있었음에 감사하며

많고 많은 은혜를 어찌 다 나열할 수 있을까.

몸이 자유로웠던 지난날 느끼지 못했던 일들이 지금에야 또 다른 나를 볼 수 있는 기회이기도 하다. 나를 만나러 오는 모든 사람들의 옷차림으로 그날 그날의 날씨도 알고 각기 다른 취향을 보게 된다. 다들 아름답고 건강한 모습들이다.

그러나 나는 아무것도 필요치 않고 환자복 두 벌만 필요할 뿐, 잘 입어야 할 이유도, 좋은 신을 신어야 할 이유도, 또 화장을 해야 할 일조차도 없는 그야말로 수행인이 된 것 같다. 깊은 산 토굴에서 수행하는 스님들이 두 벌의 누더기와 바루 한 벌이면 족하다고 하신 말씀이 생각난다. 나도 감히 수행 중이라고 하면 맞는 말일까.

일찍이 내 아버지가 하신 말씀이 또 기억이 난다.

"손가락을 베어 피가 났을 때, 불효한 녀석 부모가 물려준 귀한 몸에 피를 흘리다니… 머리카락 하나도 함부로 버리지 말아야 하겠거늘 피를 흘리다니, 스스로 몸을 잘 보살펴 부모의 마음을 아프지 않게 해야 하며 하물며 몸에 칼을 대랴."

이렇게도 당부 하셨는데 , 지금 나는 큰 불효를 하고 있지 않는가. 그러나 업이란 자기가 만들고 자기가 받는 것, 내가 겪어야 할 운명 앞에 그나마 다행한 일이 아닌가. 그날 상황에서는 신장님의 도움이 없었다면 지금의 나는 없었을 것이다. 육신으로 살아가는 이 세상에 내가 해야 할 숙제가 너무도 많아 살아있음에 감사하지 않을 수 없다.

순간순간 아니 찰라찰라가 삶과 죽음이 늘 함께 있기에 언제나 명심해야 함은 은혜를 잊지 말아야 하고, 매 순간순간을 돌아보아 허물 없이 살며 부지런히 정진하여 눈 뜨고 볼 수 없는 세계를 눈 감고도 볼 소중한 시간이 되어야 함을 절실히 느껴본다.

오늘도 '나는 누구일까?' 거울을 보면서,

"당신! 더 잘 살아야 하는 거야 알지~ 당신은 당신답게 세상 은혜 미루지 말고 진실한 삶, 그대로 모든 사람들께 실망 없는 기쁨이 되고 빛이 되는 삶이 되어야 해."

이렇게 다짐하며 나를 격려하기도 한다.

오늘은 2월 초하루!

우리 소림의 도반 모두에게 잔잔한 솔바람의 향기 나누며 올해도 무사히 행복 나누는 아름다운 만남이 되길 빕니다. 너무도 많은 응원에 힘입어 더 따뜻한 모습으로 이 도량을 함께 채우겠습니다. 그리고 감사하는 이 마음 평생 잊지 않겠습니다. 행복하십시오.

거친 말투 마음 돌리니 더 부드러워

친구의 남편 배 선생님이 있다. 친구는 처녀 적 친구이지만 그 남편은 결혼 후 알게 된 사람으로 큰 몸집에 거친 말투로 국회에 근무한 사람이었다. 아이들 방학 때면 가끔 만나게 되니, 그때마다 내가 절에 다님을 못마땅하게 생각하여 시비를 걸곤 하였다.

하지만 마침내 8년의 세월을 보내고 나서 불자로 돌아온 사람이다. 서울에서 부산으로 직장을 옮겨 오면서부터 집이 팔릴 동안 친구는 아이들과 서울에 있어야 하고, 친구 남편은 우리 집에서 한 달을 함께 지내며 출근하게 되었다.

그는 말이 거칠 뿐만 아니라 욕이 말일 정도였다. 걸핏하면 내가 절에 다니는 것을 비방하며 "공무원인 남편의 여편네가 절에 돈이나 갖다 바치고"식의 말도 아닌 말로 무지하게 싸웠었다.

내가 심하게 화낼 때면 남편은 도리어 "탱탱 달아하니 재미로 하는 말들이니, 의연하게 받아 넘기라"고 하며 나를 달래기만 하였다.

그러다 친구도 아이들과 우리 이웃으로 집을 정해 이사를 왔다. 먼 서울의 시외전화로만 듣던 친구의 목소리를 가까이서 듣게 되어 좋았는데, 친구의 남편과는 시시때때로 종교문제로 다투기도 하여 약이 오를 때가 많았다.

그러다 해인사 지족암에 계셨던 일타 큰스님을 만난 이후부터 그는 진정 "님 을 만났다"며 존경심을 일으켜 욕이 사라지고 신심을 내기 시작하였다.

그 후 어느 때부터 내가 집에서 백팔배하는 것을 보고 자기도 매일 백팔 배를 한다고 하였다. 그러나 워낙 땀을 많이 흘리는 큰 체격 때문에 속옷 차림으로 절을 한다고 하였다. 그래도 내 귀에는 다행함과 고마움으로 우습지만 반가웠다.

그해 여름, 범어사 행사차 들리신 일타 스님, 지관 스님, 법정 스님, 혜인 스님 네 스님께서 점심 공양을 우리 집에서 하는 날이었는데, 이웃 도반들과 배 선생님도 오셨다. 공양 후 담소를 나누다 나는 자랑삼아 거칠기만 하던 배 선생님이 매일 백팔 배 절을 하는데, 속옷차림으로 절을 한다고 했더니 스님들이 큰 소리로 웃으셨다.

좀은 민망한 얼굴로 "그러면 왜 안 됩니까?" 하고 배 선생님이 물었을 때, 법정 스님이 답하시길 "그럼 어른 앞에도 그 차림으로 만날 수 있느냐?"고 물으셨다.

"내 집에서 절하는데 보는 사람도 없는데…"라고 말하니, "그럼 부처님이 보고 계신다고 절하지 못 볼 것이라고 절 하느냐?"고 되물으셨다

그 다음 날부터 출근하기 전 양복차림으로 넥타이까지 맨 상태로 절을 하려니 너무 불편하여 세 번 이상 할 수가 없어 그렇게만 한다고 했다.

백팔 배의 절을 세 번의 정성으로 담아했다면 부처님도 아실 일이라고 말해 주었다.

그리고 그때부터 우리 처사님과 같이 구도회에 나가기 시작하니 너무도 재미있게 열심히 공부하기 시작하였다. 이기영 박사님을 존경하고 학문을 익히며 매일 '願滅 四生六道法界 有情多怯生來 諸業障 我今懺悔稽首禮 願諸罪障悉消除 世世常行 菩薩道'를 백여덟 번 사경을 한다고 했다. 그래서일까 너무나 어진 마음씨로 변해갔다.

그 뒤부터는 만날 때마다 이 공덕은 대원성 것이라며 고마워하니, 내가 더 감사하게 생각 되었다. 이제 거사님이 되셔서 법복 한 벌 선물해 드렸다.

지금은 박물관에서 불교에 관한 역사며 일화를 재미있게 설명해 주는 해설사이기도 하며, 큰 소리로 염불하고 절하며 신심이 지극한 거사님으로 모든 사람들로부터 존경받는 삶을 살고 있으니, 감동이고 보람이기에 좋은 인연으로 그를 존중하게 되었다.

2013년 새해를 맞이하면서

내가 30대부터 늘 지켜온 일이 있다. 우리 내외는 어린 아이들과 12월 31일 0시가 되면 한 해를 보내는 마지막 인사와 무사히 보낸 지난날들에 감사를 드리며, 밝아오는 새날을 만나는 귀한 시간으로 우리 집 부처님 방에서 기도를 드린다.

이제는 그 아이들이 자라 가정을 꾸리고 어른이 되었으니, 각자의 집에서 같은 시간에 기도를 올리고 마치면 서로가 핸드폰 문자로 신년 인사를 나눈다. 가족들의 진심어린 축원으로 새로운 한 해에도 더욱 건강한 모습으로 행복하길 빌었다는 고마운 글들이다. 새벽의 기도 속에는 지극한 마음으로 새로운 약속을 발원하고 지난날들을 참회하는 진실한 서원이 담겨있다.

지난해에도 오늘과 같은 기도를 했었다. 그런데도 허물이 많은 날들을 안고 살았다. 지금 또 다시 참회하며 새롭게 다짐을 하고 있다. 새해가 있고 새날을 만날 수 있어 새로운 마음으로 새롭게 출발할 것을 기대하게 되니, 그나마 다행이고 고마움이다.

경 읽고 경을 쓰고 절을 하면서 정근도 하며 이때만은 내 스스로 나를 보며 나를 채운다. 기도를 마칠 때마다 지금은 이 세상에서 뵐 수 없는 지난날 스승님들을 생각하며 그 가르침을 다시금 새겨본다. 그리고 양가 조상님들께 감사와 부끄럽지 않은 삶을 약속드리는 절을 하고는 새벽잠을 자게 된다.

날이 밝아 햇님이 동쪽 산 위로 오를 때면 두 손 모아 지극한 마음으로 기도한다.

"오늘도 이렇게 세상을 밝혀주는 당신을 뵐 수 있어 감사드리며 천지 만물 우주조화 공기님께 감사드립니다. 이 우주 법계의 모든 생명이 모두가 건강한 모습으로 행복한 삶을 누리게 하소서."

이렇게 아침은 새롭고 감사하기만 하다.

우리 내외 금정산 산님께도 새해 인사를 간다.

걸어가면서 천수경을 큰 소리로 외운다.

관음정근도 하며, 맑은 공기에 마음의 향을 올린다.

싱그러운 솔의 향기가 바람결에 더욱 신선하게 코끝에 와닿는다.

거북등처럼 투박한 옷을 입고 서 있는 큰 소나무를 두 팔 벌려 안고는 나무님께 속삭여본다.

"나무님! 정말 멋지십니다. 언제나 이 자리에서 그 어떤 때라도 한결같이 청정한 바람으로 맞이해 주시는 당신이 있어 행복합니다. 나도 닮아 가겠습니다."

그러면서 천천히 산을 내려온다. 좋은 새해 새 아침이다. 종일 덕담이 담긴 메시지가 오고 가고 올해는 더욱 더 행복할 것 같다.

70세의 동창회

　오늘은 초등학교 동창회 모임 날이다. 밀양이 고향인 부산 친구들이 한 곳에서 만나 함께 가기로 했다.

　부북국민학교 28회 동창회! 너무 늦은 나이에 결성된 모임으로 몇 년 전부터 1년에 두 번씩 만나는 날을 정했다.

　우리 때는 1반뿐인 학생수로 한 교실에서 6년을 부비며 공부했다. 동창들 중엔 벌써 운명을 달리한 사람도 있고 각자의 생활 방법이 달라 다양한 이야기꺼리도 많다.

　직전 회장 조광래님은 운송업으로 성공한 사람 중에 한 사람으로 사업뿐만이 아닌 훌륭한 인격과 덕목으로 모든 사람들로부터 존경받는 우리들의 우상으로 자랑스러운 동창이다. 하우스 농사로 성공한 사람과, 자기 사업으로 나름 성공한 사람들도 있었고, 과수원을 하는 친구도 있고, 모두가 넉넉한 인심을 가진 그런대로 안정된 노후생활을 누리고 걱정 없이 살고 있어 참으로 다행한 일이며 고마운 일이다.

오늘도 전 회장님이 준비해 온 선물로 책과 타월을 나눠주었다. 책은 7순에 기념하여 그동안 살아오면서 스스로 느껴온 삶의 지침과 선인들의 글에서 귀감이 될 글들을 모아 만들었다고 했다. 우리는 모두 부러워하고 고마워하며 큰 박수로 답했다.

시골에 살고 있는 한 친구는 우리가 오면 대접할 생각으로 손수 도토리를 주워 모아 도토리묵을 만들어왔고, 또 한 친구는 매실차를 담가 두었다가 한 병씩 모두에게 선물로 주니 그 부인이 고마웠고, 과수원을 하는 친구는 배를 한 상자 가져왔다. 훈훈한 인심은 잔치가 되었고 행복한 만남이 되었다.

어린 시절 이야기들을 하나씩 기억이 나는 대로 꺼내기 시작하니 할 말도 많고 몰랐던 첫사랑 이야기도 하게 되었다. 다 늙은 이 나이에 얼굴의 주름살이 무색하리만치 많이 웃고 마냥 즐거웠고 재미있는 이야기로 별난 남자 친구들 흉보기 대회도 있었다. 그때는 놀이기구가 별로 없어 고무줄 뛰기를 하면 고무줄을 끊어버리고 돌을 차는 놀이 '말차기'를 할 때면 돌을 차버리기도 하며, 여학생들의 치마를 훌쩍 들어 올려 놀릴 때면 부끄럽고 황당하여 울기도 했던 그때의 이야기를 지금은 행복한 추억으로 말하고 있다. 나는 나보다 세 살 위의 오빠가 같은 학교 선배여서 그때마다 일러바치면 오빠가 찾아와 혼내주곤 하여 그때부터 감히 내겐 함부로 하지 못했던 그 친구들이 지금 나와 마주앉아 옛이야기를 하고 있다.

배려심이 깊고 마음씨 좋은 전 회장은 모임 때마다 모든 경비를 홀로 책임지려 한다. 우리가 극구 말리면 무상(無相)보시의 보살은 "나는 나의 수입에서 작지만 한 부분만은 우리 동창들에게 나눠 쓰기로 스스로 약속 한 일이니 미안하게 생각 할 필요가 없다."고 했다. 오랜 보살행으로 감동을 주는 말이었다.

지금의 회장님은 고교 교장을 역임했던 경력으로 지금은 장학사로 사회봉사도 많이 하는 사람이다. 그는 언제나 선생님다운 말로 "우리가 부모님의 뱃속에선 열 달 밖에 살지 않았지만 한 교실에서 6년을 함께 지낸 사이니 보통 인연이더냐? 앞으로 얼마 남지 않은 여생동안 더 열심히 만나고 사랑하는 모임이 되길 바란다"고 하며 "만나는 이 순간만은 초등학생 그 시절로 돌아가서 동심의 노래를 부르자고 한다. '학교종이 땡땡땡', '나의 살던 고향은', '검둥개야 나오너라 내 따라 가자', '산토끼 토끼야', '찌르릉 찌르릉 자전거가 나갑니다' 등 여러 가지 동요를 함께 부르면서 눈물을 글썽이기도 한다.

고향은 언제라도 그리움이고 고마운 추억이다. 비록 모습은 할매 할배지만 어린 시절의 그 음성을 지금 이렇게 마주 들을 수 있다니 신기하고 고맙지 않은가.

내년 봄 우리 다시 만나 해인사 나들이 가기로 굳게 약속하고, 오늘을 마무리하고 돌아온다.

묵은 참회

　동창회를 마치고 돌아오는 길에 오늘은 여기까지 왔던 김에 꼭 만나고 싶었던 사람이 또 한 사람 있었다. 그리 멀지 않은 동네여서 찾아가기로 마음먹고 과일 한 상자와 봉투 하나 준비했다. 물어물어 그 집을 찾아 대문을 들어섰을 때 열몇살 때의 그 소년이 너무도 늙어버린 팔순의 노인이 되어 불편한 몸으로 김장 준비를 하고 있었다. 60년도 더 된 세월이 흘러 만난 우리는 서로가 서로를 몰라 볼 정도의 모습이지만, 기억만은 또렷하여 마주 보며 손을 꼭 잡고 반가워했다. 정말 만나고 싶었고 보고 싶었던 사람이었다.

　내가 어렸을 때 철이 없어 마음을 상하게 했을 것 같아 한번은 용서를 빌고 싶었던 사람이기에 만난 사람이다. 그때 우리 집에는 대농가로 어른 머슴 두 사람과 작은 머슴으로 열 살이 겨우 지난 나이의 머슴이 있었다. 엄마는 오빠와 비슷한 나이의 작은 머슴을 자식 같이 생각하여 우리와 한 상에 밥을 차려 먹게 하였고, 그때마다 나는 짜증을 내고 싫어했으며 묻는 말에 답도 잘 하지 않았고 눈을 흘기거나 입을 삐쭉거리기도 했었다. 그랬던 일들이 나이가 들어 철이 들어 인격과 인과를 알게 되면서부터 늘 후회하고 마음 아파하며 용서를 빌고 싶었다.

엄마는 "가정 형편이 어려워 남의 집 살이 하며 고생하니, 불쌍히 생각하고 오빠처럼 잘 대해야 한다"고 했지만 나는 늘 그러지를 못했다. 우리 엄마는 지금 생각해 보아도 인자하고 자상하셨던 관음보살이었다.

내 평생에 꼭 한번이라도 만나 사과를 하고 싶었고, 우리 집 일을 도와준 고마움도 전하기를 간절히 바랐는데 오늘에야 만나게 되었다. 거칠어진 손을 잡고 너무 늦었지만 하고 싶었던 말이라며 "그때는 내가 어리고 철이 없어 마음을 상하게 했었다면 용서를 구한다"고 했다. "무슨 그런 말을" 하면서 수십 년이 지난 오늘, 아무 남김 없는 마음으로 "찾아주어 고맙다"고 했다. 나는 내 스스로 죄 지은 내 맘 때문에 괴로웠던 것이다.

하루 쉬어가라며 붙들기도 하였고 지금은 두 딸을 결혼 시켰고 아들 하나만 결혼하면 걱정 없다고 하니, 비교적 생활도 안정돼 보여 다행이었다. 젊은 시절 마음 고생, 몸 고생으로 이루어 놓은 보상이며 결실이리라. 이젠 아프지 말고 더 많이 웃을 수 있는 일들이 많아 삶이 고달프기만 한 것이 아님을 알게 되길 진심으로 축원했다. 날이 따뜻하면 부부 함께 우리 집으로 초대할 테니 부산에 꼭 한번 다녀가시라고 당부하고, 돌아오는 내내 만감이 교차하고 그래도 마음 한편 짠함을 지울 수가 없었다. 왠지 저녁노을과 같은 모습에 가슴 한편 잔잔히 아파오는 것 같았다

그래도 오늘만은 나는 내게 스스로 칭찬의 점수를 주고 싶다. 동창들과의 만남! 그리고 그토록 꼭 만나야 할 사람이라고 찾았던 사람과의 만남이 이루어졌으니 금생의 숙제와 후회를 마무리 하게 되는 것 같다.

오늘은 참 좋은 날, 잘한 날이었다.

제7장

가족이란 이름의
도반

아버지께서 명초당한약방을 운영하실 때

전국의 큰스님들이 날마다 오셔서 법담을 나누시고

또 보약을 지으실 때면 먼저 스님들께

보시하시는 모습을 보고 자랐었다.

불교와 함께 걸어온 나의 삶

나는 어릴 적부터 불교집안에서 자라 자연스레 불교를 알게 되었다.

아버지께서 신창동 대각사 뒷편에서 명초당한약방을 운영하실 때 전국의 큰스님들이 날마다 오셔서 법담을 나누시고 또 보약을 지으실 때면 먼저 스님들께 보시하시는 모습을 보고 자랐었다. 새벽마다 아버지와 함께 절에 가서 예불도 드리고 기도도 하면서 차츰 불교의 뜻을 이해하고 신심도 키워갔었다.

1966년 그해 대한불교청년회 대각사지부에 가입하여 불교 활동을 하기 시작했다. 해인사에서 수련대회를 마치고 전 종정 고암 스님으로부터 오계를 받게 되면서부터 이정옥이란 이름대신 대원성이란 법명으로 다시 태어나, 오로지 불교와 함께 한 삶이 시작되었고 다음 해에 일타 큰스님으로부터 보살계를 받았다.

1969년 같은 불교청년회 회원인 노재섭과 결혼을 하고 단칸방에서부터 작은 부처님을 모시고 하루도 빠짐없이 백팔배를 하며 경을 읽고 쓰며 네 아이들을 키우게 되었다.

아이들이 자라면서 누구 하나 잘못 있으면 매대신 백팔배 하는 것으로서 단체 벌을 주곤 했었다. 새로 지은 밥이면 하루 두 번이고 세 번이고 부처님께 공양 올리었고, 아이들이 과자를 먹을 때도 부처님께 절 한 후에 먹게 하여 우리 집은 언제나 부처님을 큰 어른으로 섬기며 살아왔다.

1977년 1월 백일기도 회향을 맞아 이웃과 친구들 128명을 모아 연꽃모임을 만들게 되었다. 그때는 젊은 아낙네들이 절에 잘 가지 않을 때여서 매달 한번씩 절에 가서 큰스님들 법문도 듣고 기도도 하면서 참 불자가 되는 좋은 도반이 되자고 하여 발심의 동기를 열었다. 그로부터 우리 집은 매일 점심을 해 먹이면서 부처님 이야기, 절 이야기, 스님들 이야기로 시간 가는 줄을 몰랐다.

큰스님들이 오실 때면 자연스레 마을 법회를 하게 된다. 좁은 집에 너무나 많은 사람들이 와서 늘 잔치 집 같이 집이 아닌 절이며 법당이었다. 때로는 지나는 스님들이 골목을 서성이면 이웃 사람들은 곧장 우리 집으로 안내하여 황당한 일도 자주 일어나기도 했다.

지금 생각해보니 우리 집엔 고암 전 종정스님, 자운 대 율사스님, 일타 큰스님, 법정 스님, 지관 스님, 혜암 스님, 보성 스님, 혜정 스

1966년 11월, 해인사 수련회에서 일타, 성철, 보성 큰스님(사진 오른쪽부터)과 함께.

님, 정관 스님, 혜인 스님, 혜국 스님 등 수 많은 스님들이 다녀가신 거룩한 도량이 되었던 것이다. 지금은 그 집이 아파트 단지로 변해 추억만 남게 되었다.

1980년 전 교육감이셨던 이윤근 회장님이 부산불교신도회 회장님이실 때 나는 젊은 나이로 부회장직을 맡아 함께 16년을 하게 되었고, 각종 세미나며 수련회의 동참으로 나의 미진한 신심을 점검하며 사회에 보탬이 되는 불자가 되기로 서원하였다.

1983년 초파일 연등 행사 때 부산에선 최초로 내가 만든 연꽃모임에서 단체복으로 파란 깔깔이 한복을 입게 하였다. 1986년에는 부산불교합창단을 연꽃모임에서 처음 결성하였는데, 지금은 사찰마다 단체복을 입은 합창단이 구성된 것을 볼 때 나로서는 한없는 기쁨이며 보람된 일이다.

그리고 뜻있는 회원들을 모아 작은 장학회도 만들어 스님과 대학생들에게 지급하였는데 지금 그 학생들이 유능한 사회인으로 자리하게 되었으니, 감사한 일이다.

1994년부터 보현봉사회를 결성하여 지금까지 어렵고 힘든 가정에 작은 관심이나마 나눌 수 있게 된 것과 같은 해, 군법당후원회를 조직하여 지난 2010년까지 16년간 매월 후원금을 지급하게 되어 작지만 큰 보람을 느끼게 되었다.

이러한 나의 생활은 온통 불교라는 밑바탕으로 할 수 있었던 일이었으며, 함께 해준 많은 인연에 항상 감사하고 있다. 돌이켜 보건대

감히 함께 할 수 없는 훌륭한 지도자들과의 만남이 부처님의 품속에서 이루어졌음도 내겐 큰 영광이며 복이라 믿어 의심치 않는다.

부산불교신도회로 인한 인연 중 이윤근 회장님의 훌륭한 인격과 인품은 곧 부처님과 같이 거룩하게만 생각 되어 걸음걸음 뒤따라 걸으며 닮은 삶을 살고 싶어했다. 그리고 정금강행 보살님의 관음선행회 활동과 운영을 보면서 원력과 신심이 참으로 부산을 대표할 불자의 삶이시기에, 항상 우리의 선배로 많은 배움이 되어주셨다고 생각했다. 그야말로 관음보살행을 실천하는 삶이셨다. 그 후 류진수 회장님은 열악한 부산불교 활동에 큰 빛이었고 희망이셨다. 언제나 본인 자신의 삶이 아닌 남을 위해 두루 살피시며 곳곳마다 아낌없이 나누시는 보시 행을 실천하시는 보현의 삶을 사시니 참으로 존경과 존중으로 본받아야 할 불자의 삶이기에, 나는 그를 우러러 합장하게 되고 또 하심하는 모습은 거룩한 스승처럼 느껴졌다.

다음 회장님으로 강선태 회장님은 쉬지 않는 열정으로 부산불교의 신행 바람을 더 크게 일으키려는 원을 세웠던 것으로 기억된다. 또 공병수 회장님께서는 거사림에 대한 남다른 애착으로 오랫동안 회장직을 맡으셨고 부산불교신도회에도, 또 법학 대학생들에게도 많은 관심과 헌신으로 가진 것을 나누면서 기도처로 손잡고 안내하여 훌륭한 법조인으로 탄생시키는 모습은 누구나 할 수 있는 일이 아님을 나는 알고 있다.

하도명화 보살님 또한 이미 일찍부터 불심홍법원 창건이란 큰 서원을 발하여 바라밀의 실천행과 신심을 보인 남다른 원력으로 부산의 대 가람, 거룩한 부처님도량 홍법사가 탄생된 것에 큰 감동을 받게 된다. 좋은 인연 발굴하여 살아생전 불가에 회향하는 멋진 소신이 고맙기도 부럽기도 하다. 주변에 이렇게 다 말할 수 없는 좋은 어른들이 이보다도 더 많이 있으니 나는 평생 마음부자일 수밖에 없다. 정말 감사하고 기쁜 일이 아닐 수 없음에 나는 나에게도 박수를 보내고 싶다.

'사람이 재산이다'라는 나의 소신이 거짓 아님을 실감하며, 재물보다 소중한 인연으로 내 가슴은 부처님 은혜 충만하여 세세생생 더 큰 서원과 원력으로 불자의 삶을 이루길 발원하게 된다.

부산불교에서 활동한 나의 행적을 적어보면 이러하다.

- 연꽃모임 창립
- 부산불교신도회 부회장 16년
- 소림사신도회 회장 6년
- 보현봉사회 회장 20년
- 군법당후원회장 16년
- 연꽃장학회장 10년
- 연등축제 단체복 착용
- 부산불교합창단 창립
- 공림공양회장 8년째 등.

• 불기 2534년 한글 천수경, 금강경 책을 사경하여 지금까지 5만여 권 동참 법보시.

• 불기 2539년 한글 부모은중경 사경으로 2만여 권 보시.

• 불기 2555년 정월 대불정능엄신주 사경책 2,500부 보시.

• 불기 2557년 정월 금강경 한글 번역 사경본 초판 4,500부 보시.

이런 일들이 가장 보람있는 순간이었다고 생각된다.

재개발 과정에 옛집이 절이 되다

콩~ 콩~! 소리가 우렁차게 들려 아파트 뒷문을 열고 바라보니, 드디어 그 오랜 세월을 감내하고 재개발의 활력이 붙었다.

옹기종기 작은 집들이 모여 오랜 동네 이야기가 많았던 곳. 나도 바로 지금의 이웃이지만 그 동네 이사 와서 살았던 기간이 34년 전에 와서 22년을 살았으니, 정도 들었고 수많은 큰스님들이 다녀가신 추억과 행복을 알게 하였던 복스러운 집이었다.

그러나 그 동네에서 또 많은 어려움은 좁은 골목길을 조금이라도 넓히고자 한 이웃과의 의논에는 늘 속 좁은 의견으로 말이 먹히질 않았었다. 그 말도 많고 탈도 많은 재개발의 성사가 이제야 이뤄진 셈이니 그동안 고생 많았을 것이다.

오늘은 그 일대가 다 헐리고 내가 살던 우리 집만 혜림사라는 현판이 붙은 채 남아있고 집들이 하나 둘 없어지고 있다. 이웃의 임선생 집과 영자씨 집, 장씨 집 모두가 없어졌다. 그 골목사이로 수많은 사람들이 오고 가던 길, 이젠 길이 아닌 한 덩어리의 땅일 뿐이다.

그렇다! 본시 땅은 하나로 되어 있었지만 여기에 내 집, 네 집을 지으면서 그만 이웃으로 동네로 살아온 것이다. 이제 이렇게 헐렁하게 빈 땅 위에 또 다른 아파트가 높이높이 솟아나면 많은 사람들로 채워져 살게 될 것이다.

옛날의 그 모습은 이제 사라져 찾을 수가 없다. 이렇게 변화함이 어찌 동네 모습뿐이겠는가. 우리네 인생도 이렇도록 또 사라지고 다시 오고 가는 것인데… 추억은 마음속에 있는 것. 나는 옛집을 바라보며 그 옛날 고마웠던 일에 감사하고 그 아름다운 꿈을 주신 도량 신(神)에 합장을 드렸다. 부디 평안으로 헤어지고 거듭나는 복(福) 도량이 되시라고. 내 아이들 어린 시절을 이곳에서 마음껏 뛰어놀 수 있었고 건강하게 자라 주었다. 그리고 어려운 학업을 마칠 수 있도록 보살펴주신 그 도량을 어찌 잊을 수 있을까. 또 많은 사람들이 그 문 안에 들 때마다 환희로운 신심을 안고 갔었고, 스님들이 마음 편히 들려주시던 그야말로 우리에게 감사함이 배어있는 집이었다.

우리가 이사한 후 그 집에 스님이 오셔서 혜림사의 현판을 달았고, 염불 도량이 되어 얼마나 고마웠는지, 소원대로 되었던 터전이라 믿었다. 우리 손으로 새로 지었던 2층집, 그래서 더 애정이 담겼는지도 모른다. 이젠 영원히 못 볼 그 집을 향해 삼배 합장을 올린다.

예감

　사람의 마음이 어떻게 생겼는지, 길이 없어도 당장에 만날 수도 있고 또 당장에 멀어질 수도 있는 것일까? 2013년 11월 15일, 이 날은 우리 부부에게 특별한 날이었다. 결혼 45주년이 되는 기념일이어서 아침 공양을 하면서 약속을 했다. 통도사 절에를 다녀오고 외식도 하면서 저녁엔 영화도 보기로 했다.

　그런데 아침 설거지를 마치고 차를 마시다 갑자기 현대불교신문 편집이사 최정희님이 생각나 문득 스쳐가듯 예감이 이상하여 전화를 들었다. 어쩌다가 한 번씩 통화 할 때면 그때마다 오래도록 어머님이 편찮으셔서 걱정하던 말이 생각나서 본인에게 묻기보다 가까운 기자님께 전화를 걸어 "혹시 그 댁에 초상이…" 했을 때, "예 오늘 아침 어머니께서 돌아가셔서 지금 영단을 꾸미는 중입니다."라고 했다. 나는 내 예감에 너무 놀라서 "세상에 이런 일이…"를 되뇌었다.

우리 내외는 의논을 다시 했다. 아무리 멀어도 꼭 조문을 가야 할 사람이라고 생각되었기 때문에 당장 KTX를 타고 서울로 가기로 했다. 생전에 뵌 적은 없지만 오래 편찮으셔서 늘 걱정하던, 효심 가득한 이야기를 들을 때마다 나는 많이 부러워했었는데, 기어이 세연을 마치셨다니 너무 슬퍼하고 있을 모습을 생각하니 지금부터 내 가슴도 아파온다.

우리 내외 병원에 도착하였을 때, 영안실 입구부터 줄지어 서 있는 꽃길로 안내 받아 어머님을 영정 사진으로 처음 만나 뵙게 되었다. 생전의 곱디 고운 모습과 어질고 인자하신 성품을 보는 듯이 단아하고 아름다우셨던 모습은 딸의 말대로 자랑스러운 어머니 모습이었다. 상주가 된 그녀는 너무 먼 곳이라 연락하지 않을 생각이었는데 어찌 알고 왔느냐며 나무랐지만, 나는 그 어머니의 영전에 향 하나 올리고 반야심경 한 편이라도 올려야겠다는 마음으로 왔다고 했다. 경 한편 외우면서 부디 아픈 몸 벗어놓고 극락에 드시옵고 남은 가족 모두 건강하고 행복하게 잘 살기를 축원도 하였다.

신문에서 보아왔던 거룩한 사람들이 문상객으로 모두 다 모여 있어서 낯설지가 않았고 일일이 인사를 나누게 되니, 오히려 귀한 자리에 온 것만 같은 착각이 되기도 했다. 상주 최정희님의 얼굴은 많이 지쳐 있었고 더는 울리고 싶지 않아 애서 태연하려 했지만 왜 내 가슴이 먹먹해지는지, 누구나 이별은 아프고 슬픈 일로 지금 이 상황이 지나고 나면 앉았던 자리마다 그리움이고 외로움으로 더욱 공허하여 한동안 더 힘들어 할 것을 나는 잘 알고 있다. 그래도 살아생전 후회 없는 효를 했으니, 이제 힘내라고 했다.

오늘 내 예감 덕택에 문상을 할 수 있었으니, 사람의 마음이 이렇게 열고 보면 이심전심으로 열리는 세계가 있나 보다.

어머님 영전에 올리는 글

어머님! 어머님이 세상을 떠나신지 벌써 네 번째의 재(濟)를 맞이 하였습니다. 제겐 시어머님이시지만 6남매를 잘 키워주신 장한 어머님이셨습니다. 얼마 전까지만 해도 저희와 함께 이야기하며 식사도 함께 했었는데, 이렇게 홀연히 떠나 영전에 드시니 지금 저희들 가슴은 생전에 느끼지 못했던 불효가 후회로 밀려와 날이 갈수록 참담한 슬픔이 되어 황망하기 그지 없나이다.

사람은 언제나 이별 후에야 철이 드나 봅니다. 세연(世緣)을 다해 떠나셨다 해도 어머님의 빈 자리는 무엇으로도 메울 수 없는 이별이란 슬픈 두 글자만 남아 가슴이 저려 옵니다.

어머님! 생전에 많은 자녀를 키우시느라 누리지 못했던 삶을 이생에서 회향하시고 좋은 극락세계 아미타부처님 친견하옵고 새로운 세상 만나 행복 하옵소서.

남은 저희 가족 모두는 평소의 어머님과 함께 했던 시간들을 소중한 추억으로 간직하고 서로 사랑하며 살겠습니다.

여기 정성으로 차려진 공양 많이 드시옵고 스님들의 지극한 축원 들으시며 저희 걱정들은 다 놓아두시고 훨~ 훨~ 왕생극락 하옵소서.

나무아미타불 나무아미타불 나무아미타불

2011. 09. 초하루. 큰 며느리 이 대원성 올림

어른 대접

추석이 되어 멀리 서울에 살고 있는 아들 딸 가족 모두가 시댁이 있는 곳으로 아이들을 데리고 가고 오곤 한다. 장남인 우리 집에서 제사를 지내게 된 지는 이미 오래 전부터 해온 일이기도 하지만, 제사 일만은 한 번도 투정하지 않고 감사하는 마음으로 하고 있다. 5형제의 남편 형제와 여러 명의 손자들까지 차례를 지내는 모습은 참으로 든든하고 자랑스러운 대 가족이다.

그 여러 형제 중 유난히 정이 많고 사려 깊은 넷째 시동생이 있어 내겐 언제나 든든한 믿음이며 사랑으로 자랑하게 된다. 내가 시집와서 살아온 지난 많은 날들 중에 어찌 좋은 일만 있었을까. 어렵고 힘들고 괴로울 때도 있었다. 그럴 때마다 말수가 별로 없는 이 시동생의 진심어린 위로와 격려는 내게 맺힌 마음들까지도 다 풀어주었다.

그 고마움을 나는 잊지 못한다. 마음이라는 모습은 없지만 진심으로, 따뜻한 가슴으로 이해하고 격려해 주는 모습은 이심전심으로 읽을 수 있는 고마움을 넘어 은혜이기도 하다.

사람은 누구나 등받이 의자처럼 기댈 수 있는 마음의 의지처가 필요해서일까. 내 곁에 삼촌이 있다는 사실만으로도 행복한 일이며 가족이라는 큰 울타리로 믿게 되니 낳아주신 어머님께 고마움을 드리기도 한다.

시댁에서 차례를 지내고 친정인 우리 집으로 온 딸과 사위 손자 손녀들과 아들 가족 모두 둘러앉아 윷놀이도 하고 영화도 보며 한가위의 분위기를 마음껏 즐긴 추석이 되었다. 그러나 각각 자기 집으로 돌아가야 하는 날이 되어 차례대로 역까지 배웅 하고 돌아오니, 우리는 또 본시대로 둘이만 덩그러니 남았다.

동서들과 함께 북적이던 부엌의 수저를 삶으면서 느낀 것은 식구가 많은 것은 결코 귀찮은 존재이기보다 사랑을 굴려 눈사람처럼 더 키울 수 있는 행복이란 것이다. 쑥쑥 커진 조카들의 키가 천정까지 닿을 것만 같고, 가끔 만나는 손자 손녀들도 점점 철이 들어 할아버지 할머니와의 관계를 알게 되면서부터 더 사랑스럽게 재롱을 부린다.

모두가 고마움이고 행복이니 이 사랑으로 허공을 다 채운다 해도 무겁지 않은 아름다움이 되리라 믿는다.

아픈 고통을 보면서

아프면 죽음을 생각한다. 그 고통을 곁에서 보는 사람은 가슴이 아프다. 아프면 죽을 것 같다는 말을 하지만 얼마나 아파야 죽을까. 무서운 투쟁을 보는 슬픈 시간이다.

평소에 건강하던 모습은 어디 가고 주렁주렁 달린 치료기구며 주사기, 이 모두가 가슴 아픈 마음으로 지켜보고만 있어야 한다. 사랑하던 마음도 미워하던 마음도 모두 다 놓아버린 지금의 아픔만 붙들고 괴로워하는 모습을 보고 살아날 수 없는 안타까움에 차라리 이 고통에서 회향이 되었으면 싶다.

평소에 그 강한 자존심 어디 두고 온 몸 다 들어내어 호흡기에 의지한 지금의 이 모습을 보면서 평소 건강할 때 자주 해 왔던 말이 생각이 난다. 어떤 일이 있어도 호흡기에 의존하지 않도록 당부했었다.

　세상 분별이 끊어지고 무거운 침묵만 가득한 병실에서 나는 조용히 부처님을 향해 기도 하고 있다. 지금의 이 고통에서 벗어나 부처님 회상에 갈 수 있기를 간절한 마음으로 기원 드리면서도 흐르는 눈물은 어쩔 수 없는 슬픔으로 가슴 가득 채워지고 있었다.

　이별이 이렇게도 아픈 것은 단지 내 오빠라는 인연 때문일까? 며칠 후 어디로 가셨을까 홀연히 세연(世緣)을 놓으셨다. 남은 가족들은 마지막 49재로 극락왕생을 빌었다.

　　　　　　　　　　　　　　　　　　　　큰 오빠의 병실에서

남편과의 아침 산행

아침 산책을 하려고 집을 나섰다. 가까운 뒷산 금정산을 한 바퀴 돌아오려면 한 시간쯤 걸린다. 천천히 걸으면서 그동안 나누지 못했던 이야기도 하면서 산을 오른다. 산은 언제나 묵묵히 반겨주는 것만 같은 느낌이다.

모든 사람들이 이 산을 오르면서 "우리가 이 산과 가까이에 살 수 있어 얼마나 큰 복이냐"라는 말을 하며 산에 대한 고마움을 나누고 있음을 본다. 도심의 피로를 잊게 해 주는 신선함과 사람 냄새에서 벗어나 자연의 품에 안길 수 있는 곳이기에 소중한 휴식처로 생각하고 있다. 오늘도 우리 내외는 이 아침이 주는 새로운 메시지를 숲에서 들으며 경을 외우고 길을 걷고 있다.

케이블카 아래 보리밥집에서 우리는 누가 먼저랄 것 없이 예전처럼 아침밥을 먹는다. 보리밥의 구수한 숭늉까지 먹고 나면 든든한 아침식사가 된다. 남편이 밥값을 치루고 마주 보며 싱긋 웃었다. 내가 할 일을 하나 덜어준 셈이다. 아침밥을 차릴 일도 설거지를 해야 할 일도 없으니 오전 시간이 제법 더 길어질 것 같다.

추운 겨울에도 양지는 있다

매주 수요일이면 산행을 하는 남편의 도시락을 싸드리고 차도 한 통 담아 드린다.

오늘도 등산 준비가 되어 가방을 매면서 하는 말이, "아무리 추운 겨울 날씨에도 산을 오를라 치면 꼭 따뜻한 양지는 있다"고 한다.

이 말을 듣는 순간 내게는 법문 같은 말이 되어 '그렇다! 세찬 바람도 따스한 햇살을 막지는 못하는 법'이니, 큰 바위 아래 넓은 자리를 만들어 일행들과 오순도순 마주 보며 도시락을 함께하는 그 행복이 있기에 절대로 빠지지 않고 오르는 산길일 것이다.

오늘 이 한 마디가 내 가슴에 희망과 같은 법문이었다. 아무리 힘들고 어려운 일에도 이와 같이 따뜻한 양지의 시간도 있는 법이다. 누구나 좌절하지 않고 절망을 뛰어넘을 노력과 기다림이 있다면 반드시 빛을 만날 수 있으리라.

마음의 어둠이 걷히는 이 한 마디로 오늘 하루가 염념보리심(念念
菩利心)으로 자신을 만난 것이다.

실배짱이

홀연히 어디서 왔을까 실배짱이 한 마리. 내 나이 70을 바라보아도 여치라고만 알았는데,

7살 손자 사나가 와서 "할머니! 이건 여치가 아니고 실배짱이야!" 하는 말을 듣고 깜짝 놀랐다.

어느 날 작은 곤충 한 마리가 우리 집 배란다 분재 나뭇잎에 앉아 있는 걸 그냥 예사로 보았는데, 며칠이 지난 다음 문득 보니 훨씬 큰 덩치로 자라나 있었다. 게다가 이 나무에서 저 나무로 옮겨 다니며 뭔가를 열심히 찾으면서 살고 있었다.

어느새 약간의 정이 든 나머지 나는 식구를 대하듯 외출에서 돌아올 때면 이야기상대인 양 마음속으로 인사를 하며 지내는 사이가 되었다. 아침엔 "잘 잤어?", 나갈 땐 "갔다 올게", 왔을 땐 "잘 있었

어?"하면서 대화를 나누기도 했다.

그렇게 몇 달을 지난 어느 날, 밖에서 들어오자마자 배란다로 인사를 갔더니 갑자기 배짱이가 사라지고 없었다.

처음엔 어디 숨었으려니 하고 대수롭지 않게 생각했는데 계속 보이지 않자 궁금한 차원을 넘어 아쉬운 정이 들어서 한참 동안을 매일 찾아 보았지만 영영 나타나지 않아 모습을 볼 수가 없었다.

어떤 인연으로 왔다가 어떤 이연으로 우리 곁을 떠난 걸까? 다시는 못 만나는 걸까? 서운하고 쓸쓸해서 한동안 가슴앓이를 했었다.

정이란 이런 것. 만남보다 이별이 더 큰 아픔을 안게 되니… 하물며 사람과 사람끼리란 더 많은 추억 때문에 아플 것 같다.

성재 이야기

　성재는 우리 외손자로 처음 만난 아기다. 또 사돈댁에서도 첫 손주라 여간 사랑스럽지가 않고 온통 이 아기에게 운명처럼 마음을 다하게 되었다. 사돈끼리 안부에도 성재 이야기 뿐이었고, 너무 많은 사랑을 안게 된 고마운 인연이었다.

　성재는 아기 때부터 아기 같지가 않고 철이 든 큰 아이 같았다. 첫 돌이 지났을 무렵에도 영광 할머니 집이나 우리 집인 부산 할머니 집에도 가끔 떨어져 있을 때가 있었는데, 그때에도 울거나 보채는 일 없이 잘 참아준 착한 아기였다.

　4살이 되던 어린이날 부산에 있을 때 이야기다. 이웃의 김교수 내외랑 농장에 가는 차 안에서 "김교수 아저씨, 이 옷 색이 참 예쁘지요?" 하고 물었다. "그래 참 예쁘다"고 답 해 주자, "응, 그래. 김교

수 아저씨가 좋아하는 색으로 입고 왔어"하는 말로 어른들을 놀라게 하기도 했다.

그해 여름 엄마 아빠가 이사를 한다기에 가게 되었다. 아기 성재를 데리고 동네 아이들이 놀고 있는 놀이터에 갔을 때, 큰 아이들이 같이 놀아주지 않아 할머니인 내가 같이 놀아라 고 하니, 그 아이들이 "우리는 6살인데요" 한다. 그 말을 들은 성재가 "응 나도 생일이 빨라 6살이랑 같아"하면서 같이 놀고 싶어 했으나, 그 아이들 눈엔 어리다며 놀아주지 않는다. 그래 사실은 4살이니 어릴 수밖에…

새로운 어린이집에 가서도 큰 아이 민규란 친구가 날마다 때리고 괴롭힌다고 할머니인 내게 하소연 전화를 걸어왔다. 듣다 못해 사실 속상하기도하고 해서 한번은 너도 힘내어 그 친구를 확 밀어버리라고 했더니, 놀랍게도 성재는 정색을 하면서 "할머니 그렇게 가르치면 어떻게 돼. 그러면 민규 엄마랑 우리 엄마랑 싸우게 되고 우리 아빠와 민규 아빠랑 싸우면 어떻게 돼?"하면서 내게 항의를 했다. 순간 내가 아찔하고 부끄러운 할머니가 되어 말을 이어 할 수가 없었다.

참 고맙고 기특한 생각을 가진 아이가 아닌가! 그 어린아이가 그런 말을 하다니, 이러한 등등의 수많은 이야기들로 성재에 관한 추억이 할머니에게는 큰 감동과 사랑으로 남았다. 후에 우리 성재의 깊은 뜻이 이어져 끝없이 행복한 삶이 있을 거라고 믿게 되었다. 성재 화이 팅!

생활 속의 수행

세상을 살다 보면 언제나 나를 주인으로 생각하고 살게 마련이다. 무슨 일이든 '나는'이라는 말을 가장 많이 쓰기도 한다. 좋을 때에도, 또 좋지 못한 일에도, 누구와 말을 할 때면 어김없이 '나'로 시작하니, 어쩌면 '내'라는 이름에 갇히어 바른 생각을 일으키지 못할 수도 있을 것이다.

어항의 고기를 보면서 고기의 심정을 알 수가 없고, 나무를 키우면서 나무의 심정을 알 수가 없고, 사람과 사람 사이에도 다 알 수 없는 나만의 아집을 고집하게 되니, 오해와 허물이 생기게 되는 것이리라.

그래서 언제나 새로운 날 새로운 다짐을 하게 되는 것으로, 설이나 초하루가 되면 '지금부터'라는 다짐의 말을 많이 쓰게 된다. 이젠 그 어떤 기대보다 내 속에 있는 나를 수행의 세계로 데려가 진정한 나를 만나야 한다고 서원하고 있다.

사람들은 세월이 흐른다고 말들 하지만 세월은 언제나 가만히 서 있는데 우리가 흘러가고 있을 뿐이다. 삼천 년 전에도 오늘과 같이 우리의 조상들이 살아 있었고, 또 내가 없는 먼 훗날 삼천년 후에도 우리들의 후손들이 살아가고 있을 이 세상인데, 세월은 나이가 없고 우린 나이로 저물어가고 있으니 우리가 흘러가고 또 흘러오고 있다.

지금 고통이 있다면 새로운 신심과 반성으로 나를 돌아보며 '내가 누구인가?'를 주제로 명상에 들어야 겠고, 어려운 결정으로 남의 잘못 용서해야 할 때면 스스로 자유인이 되는 것, 적대감 없는 친구를 가까이하여 바른 믿음의 도반이 되면 진심이란 단어를 목에 걸고 보석과도 같은 한결같은 기쁨이 될 것이다. 눈에 보이는 것은 있는 그대로 보탬이 없는 말이어야 하고 분노를 일으키지 말아야 할 것이다.

하늘을 보라. 해도 달도 별도 차별 없이 비추고 있으니 누구의 편이 되지 않는 것, 내 가슴에 편견 없이 다 놓아버리고 오직 나를 다스리는 수행으로 영글어야 겠다. 내가 나에게 칭찬할 수 있으면 수많은 조상님들께 욕되지 않는 삶이 되리라. 나를 위하고 나를 잘 살펴서 나 또한 조상이 되어야 할 것이다.

삶과 죽음

이렇게 무더운 삼복 더위에 오래도록 몸져 누웠던 여동생의 남편 제부가 운명을 달리 했다는 소식이 왔다. 10여년 전부터 뇌경색으로 쓰러져 병원을 전전하며 일어나지 못해 전화만 와도 늘 걱정 했는데, 오늘 기어이 소식을 접하고 말았다. 우리 내외는 함께 서울로 갔다.

동생 내외는 어른께서 교회에 다니게 되면서부터 가족 모두가 교회에 다니게 되었다. 형제로 자랐지만 인연이란 이렇게도 묘한, 길이 다름을 보면서 서로의 종교적인 문제만은 들먹이지 않고 지냈다.

장례식을 우리와 다른 기독교식으로 치르는데, 교회의 신자들이 차례로 와서 함께 예배하고 찬송가를 부르는 모습은 참 보기 좋은 모습이나, 영가 전에 차 한 잔 올리지 않고 밥 한 그릇 올리지 않는 것은 우리와 너무 달라 간결하기 보다 야속한 생각마저 들었다.

죽음이 무엇이냐로 본다면 그 육신은 아무것도 볼 수도 없고 말할 수도 없으며 들을 수도 없음이니 차와 음식을 올리는 것이 무슨 의미가 있을 것인가. 하지만, 마지막 사람의 몸으로 이 세상을 떠나지 않은 상태이니 우리와 함께 먹던 그 음식으로 산 사람들의 정성과 마음을 담아 차 한 잔이라도 올리고 과일 한 접시, 밥 한 그릇 올리며 추모함이 도리라 알고 있었는데, 이렇게 빈 영전에 꽃 한 송이씩만 올리고 묵념 하니 마음 한편 서운함을 지울 수가 없었다. 차린다고 음식이 줄지도 않고 먹은 흔적도 없겠지만 그래도 가족으로 함께 살아왔던 사람이었는데 어디로 가고 있는지… 가슴 깊은 곳에서부터 솟아나는 눈물을 삼키면서 삶과 죽음에 관한 숙제 속에 잠겼다.

언젠가 나도, 또 나를 에워싼 모든 인연들도 이렇게 이별을 해야 할 텐데, 어떤 회향을 하게 될까. 돌아와 한번 불입한 불국토상조회의 증서를 휴가 온 아들 내외에게 건네며 "만약에 우리 내외 무슨 일이 생기면 놀라지 말고 이곳에 연락해서 일을 치르라"고 했더니, 아들은 "이런 것 준비한 일이 더 놀라게 하는 일인데요." 라고 했다.

나를 행복하게 하는 사빈이의 말

손자들 목소리가 그리워 전화를 한다.

똑똑하고 귀여운 사빈이의 목소리다.

나는 큰소리로 힘차게 사빈이를 부른다.

"노사빈! 보고 싶구나."로 시작하여 안부를 묻곤 한다.

그때마다 사빈이는 "보러 오면 되지 왜 자꾸 말만 해~ 할머니! 우리 집에 놀러와~."라고 답한다.

얼마나 귀엽고 사랑스러운지 나는 행복 100점이다. 마음이 좀 편치 않을 때도 사빈이 목소리만 들으면 활짝 개인다. 위의 손자 손녀 다섯이 있고 그 아이들마다 이렇게 귀염둥이였는데, 지금은 사빈이가 제일 어리니까 사빈이의 재롱 섞인 목소리가 제일 귀엽다. 때로는 TV를 본다고 전화를 재미없게 받을 때면 괜히 섭섭해지기도 한다.

　사랑은 내리사랑이라고 하는 옛말 그대로, 옛날 내가 우리 아이들 키울 때는 이런 사랑을 못해 준 것만 같아 미안한 마음이기도 하다. 그때가 그리워지는 것도 이 때문이리라. 지금이라면 더 사랑하고 더 열심히 돌봐주어 더 좋은 엄마가 되어 주었을 것 같은데…

　그래도 우리 아이들이 어른이 되고 또 자녀들을 낳아 잘 키우고 있는 모습에 늘 감사하고 칭찬을 하게 된다. 멀리 있어 자주는 볼 수 없지만 매일 새벽마다 정성으로 기도하는 엄마의 마음만은 내가 해야 할 숙제다.

사빈이 첫돌을 축하하며

    사빈아! 네가 태어난지 벌써 일 년이 되었구나. 우리 모두는 "벌써"라는 말을 하지만 너의 엄마 아빠는 너를 키우면서 밤잠을 설치며 고생이 많았단다. 그래도 한 번도 힘 든다는 말을 하지 않고 정성 다해 안아주고 업어주는 너희 엄마와 아빠의 사랑이 얼마나 고마운지 모른단다.

    사빈아!

    아프지 말고 슬프지 말고 괴롭지 않은 세상을 살아가길 할머니는 늘 기도한단다. 지혜가 총명하고 수명이 장원하고 복덕이 구족하여 삶이 아름답고 행복해야 하는 것을 크면 알겠지만 너를 알고 있는 가족들의 한결같은 축원이란다.

    사빈아! 이 다음 잘 자라서 이 세상의 복덩이로, 또 보배로 맑은 정신과 건강한 몸으로 만인의 스승이 되고 부모형제 화목한 가정으로 네 곁에는 언제나 향기로운 이야기만 가득 하길 거듭 축원하며 기원드린다.

세상 모두를 네 것으로 맘껏 누리고 즐기며 살아가거라.

사람이 어찌 사람만의 정일까?

　오늘은 기쁨과 섭섭함이 함께함을 느끼게 된 날이다. 그동안 10 여년 우리 가족의 발이 되어준 차(車)님과 헤어져야 하는 날이다. 우리와 인연이 되면서부터 가장 많이 태워간 곳은 절이었고 타는 손님도 우리 가족 외엔 절의 도반들이었다. 오늘 마지막 날에도 우리를 태워 통도사를 다녀왔다.

　헤어지게 되지만 기름을 새로 담고 한 번도 사진에 담아보지 않았던 우리 차 앞에서 기념사진도 찍었다. 차 안을 치우면서 마음 한편 미안하기도 하고 고마움도 느끼며 이곳저곳을 쓰다듬기도 했다. 정갈하게 사용하여 모습은 새 차인 듯 깨끗하지만 차도 나이가 있어 새로 바꾸기로 했다.

　새로운 차가 도착했다. 그동안의 차와는 내용이 다르고 새 차여서 신경이 많이 쓰여 우선 한 바퀴 연습을 했다. 설명을 듣고 난 후 새로 오신 차님께 "고맙습니다. 환영합니다. 우리의 새 가족으로 맞이합니다."로 인사를 했다. 보내는 차에게도 그동안의 수고에 감사하고 새로운 가족을 만나 행복한 나들이가 되길 바라는 축원을 함께 실어 보냈다. 뒷모습이 보이지 않을 때까지 손 흔들어 이별을 했다.

내일 새벽부터 새로운 차님과 수영장을 제일 먼저 나들이 하게 될 것이고 앞으로 평생을 함께하리라 믿으며 제일 먼저 부처님께 고하옵고 이 글을 쓴다. 좋은 인연으로 나의 애마(愛馬)로 소중히 잘 지켜주면서 우리 가족으로 함께하길 약속하며 멋진 차님이라 이름 지었다. 우리 가족 차님! "사랑해요~"를 노래하며.

병원을 다녀오는 길에

혼자 차를 운전하다 갑자기 울 아버지 생각이 나서 "아버지~" 하고 불러 보았다. 이 몸을 키워주신 나의 아버지! 벌써 세상을 떠나신지 어언 36년이나 흘렀건만, 내 마음속에 아버지는 아직도 살아계신다.

아버지! 이 못난 여식이 그토록 잘 되기를 소망하시면서 손 한번 들지 않으셨는데… 내가 결혼식 하던 날도 신혼여행 떠나 보내고 예단실을 맴돌며 그렇게 눈물지으며 마음 아파하셨다던 말씀도 신혼여행에서 돌아와 시어머니 시아버님으로부터 이 말을 듣고 그때 시집 가는 길에서 그리도 많이 울었었다.

그리운 아버지, 아버지를 불러본다. 갑자기 눈물이 앞을 가려 운전을 할 수가 없다. 두 무릎 수술 한 뒤여서 더욱 내 마음이 아픈 이유는 평소에도 손가락에 피가 한 방울이라도 보일 때면 불효라고 하셨는데, 하물며 수술한 내 다리를 보셨다면 아버지의 심정은 무너져 내리셨을 것이다.

아버지는 늘 "부모님의 귀한 몸 받아 몸에 피를 보여도 안 되고 칼을 대는 일은 더더욱 안 될 말이니 절대 조심하고 살아야 한다."고 하시던 생전의 목소리가 귓가에 맴돌고 있다.

아버지~ 울 아버지~ 어느 세상에서 다시 뵈올까? 동사무소에 들려 두 다리 수술로 장애인증을 받아 오면서 아버지께 너무 죄송하여 서러워지는 이 마음도 내 아버지와의 영혼이 통하는 것인지도 모른다.

"아버지! 나 다리 오래 아파 괴로웠는데 이제 수리하여 더 좋은 새 다리로 잘 걷게 되었으니, 이젠 걱정하지 마세요."라고 말씀 드린다

아버지를 그리워하지만 한 번도 효도 못한 용서를 빌면서 아버지 딸답게 욕되지 않는 삶을 살기를 약속드리며 평안의 세계에 드시옵길 비옵니다.

무한한 세상에 유한한 인생을 살면서

　살면서 늘 세월이 빠르다는 말을 많이 듣기도 하고 또 하기도 했었는데, 요즘 들어 더더욱 실감을 하게 되는 것 같다. 월요일이다 했는데 어느새 일요일이 되니 너무 빠른 속도로 요일이 바뀌고 있어, 세상 무상을 말하나 보다. 한 달도 금방 스쳐가는 바람처럼 느껴지기도 한다.

　며칠 전 남편과 대수롭지 않은 일이지만 서로의 생각이 달라 다투게 되었다. 나도 남편도 서로의 자존심이 상할 말들을 많이 하게 되어 불편한 심기가 되고 말았다. 일이 재미가 없었던 날이었다. 싸우지 않고 사는 사람이 어디 있을까 싶지만, 이웃이나 우리를 알고 있는 모든 사람들은 우리 부부만큼의 좋은 사이도 없다고 말들을 해왔는데, 부부란 부부만이 알고 있는 서로의 감정이 있는 법이다.

하루 종일 집에서 생각을 해 보았다. 지금 7순의 나이에 인생의 회향을 눈앞에 두고 지금의 내 모습은 이건 아닌 것 같아, 저녁시간에 TV를 끄고 진지한 이야기를 하기로 했다. 내가 먼저 남편을 향해 절을 했다. 결혼식 때 상견례의 절을 하고 난 그 후, 절을 해야 할 이유도 할 생각도 못했는데, 오늘은 내가 먼저 앉아있는 남편을 향해 절을 하고 자리에 앉았다. 평소에 하지 않던 행동에 놀라면서 무슨 일이냐고 물었다.

나는 분명히 내가 잘못이 있어 사과한다는 뜻이기 보다, 남은 우리의 삶이 언제일지는 모르지만 헤어지고야 말 인생임을 알기에 내 가족이란 울타리를 내 소유로 생각하진 않았는지, 그래서 모든 것이 내 뜻으로만 고집하지 않았는지를 생각해 보았다. 이제 이 마음에서 나도, 우리 가족도 좀 더 자유로워야 겠다고 생각하니, 우선 내 맘부터 내려놓아야 겠다고 생각되었다.

그래서 남편께 "이제부터 나는 내가 후회하는 일을 남기지 않기 위해 오늘 당신으로부터 해방되는 내 집착을 다 놓아버리고 당신의 뜻대로 그 어떤 일에도 간섭 않기를, 그리고 욕심 부리지 않을 것을 약속한다."며 내 스스로의 약속을 말했다.

그동안 함께 살아온 많은 세월, 40여년 흘러 이제 얼마나 더 함께 살아갈지는 아무도 모르는 것, 그때서야 오늘과 같은 일들로 후회할까봐 오늘 이 말을 하게 된 것이다. 당신의 잘하는 일, 못하는 일은 당신 스스로에게 맡기고 내 스스로 후회를 만드는 일은 없을 것

남편의 그림을 가운데 두고 기념촬영 한 저자 내외.

화목한 저자의 가족 사진.

을 선언하며 허물 없는 자신으로 꾸려 갈 것을 약속했다.

　이 마음에서 벗어나니 한결 홀가분해졌다. 남편도 이런 상황의 내 뜻을 알았는지 진심으로 격려하며 잘 살아가도록 노력하자고 했다. 무거운 짐을 들고 있다가 놓아버린 듯 내가 편해 졌다. 내 삶 속에 갇혀있던 남편을 방생했다고 하면 맞는 말일까? 우린 지금부터 헤어질 준비가 필요한 시간이다. 내가 후회할 일을 만들지 않는다면 언제인지 모르는 이별 앞에 웃으며 손 흔들어 줄 수 있을 것 같다. 10년이 될지 아닐지 모르겠지만 그동안 가족 위해 헌신한 보람만은 안겨주고 싶다.

　주변의 모든 사람들도 또한 그러하다. 먼저 내 맘부터 내려놓는 연습으로 옳고 그름을 논하지 않아야 이별 후에 그리움이 자리할 수 있기 때문이다. 비온 뒤에 땅이 굳어지듯 오늘 우리 내외는 좋은 결과를 이루게 된 계기가 되었다.

　내가 이 세상에 오기 전에도, 또 내가 세상을 떠난 뒤에도 이 세상은 그대로 여여할 것인데, 내가 오고 가면서 어떤 발자취를 남기느냐 라는 숙제는 내가 해야 하는 몫이라 생각된다.

말이 많다는 것

사람들과 어울리다 보면 말이 많다는 말을 듣게도 되고 하게도 된다. 그러나 말을 많이 해야 할 사람이 있고 또 말을 많이 하지 말아야 할 사람이 있는 것이다. 예를 들어 스님이나 목사님, 신부님 그리고 교수님, 학교 선생님이 직업인 사람들은 말을 많이 할수록 남들이 공감하고 배울 것이 있다. 하지만 아무런 영양가도 없는 일상에서 남의 허물이나 들추고 사회의 도움도 안 되는 비판을 하며 열을 올리는 사람들이 있으니, 이런 사람들을 말이 많다고 할 수 밖에.

그러나 말을 많이 하며 남을 즐겁게도 하고 웃게도 하며 기쁘게도 한다면 그를 일러 재미있는 사람이라며 좋아하고, 그의 인기 속에는 말이 주는 행복이 있다.

그런데 말에도 뼈가 있다는 말이 있다. 어떤 말이던 의미심상한 말을 한다거나 독소가 있는 말을 하여 듣는 이에게 불쾌감을 준다거나 상처를 주는 말이 있을 때 쓰는 말이다.

조용하면서도 다정한 목소리로 항상 가까이서 걱정해 주며 격려해 주는 친구의 말은 꿈에서도 반갑고 고마움이지만, 곁에서 늘 보는 사이이면서도 삐죽이며 일일이 간섭하며 돌아서 흉을 보는 좋지 못한 성격의 사람과 함께 할 때면 피곤하고 괴로운 일일 것이다.

우리가 만약에 말을 할 수 없다면 어떠할까? 말만 할 수 있다면 세상에 제일 좋은 말로 남들과 대화하고 칭찬도 해 주고 싶을 것이다. 말을 할 수 있음이 얼마나 다행하고 고마운지를 한번 생각해 본다면 말에 대한 은혜도 느껴 보아야 할 일이다.

말로써 노래도 만들고 말로써 춤을 추기도 한다. 세상에 살아있음에 감사하는 뜻으로라도 좋은 말 가려서 해야 할 것이며 흉이 아닌 칭찬을 한다면 싫어할 사람은 아무도 없을 것. 단 한 가지라도 장점에 관한 칭찬을 해야 할 것이다.

법문도 불법도 말로써 듣고 배워야 하고, 예수님도 성경도 말로써 배워야 하며, 교수님 선생님께도 말로 지식을 배우게 되는 것이니, 말을 고맙게 그리고 소중하게 사용해야 겠다.

말로 지은 죄 오늘 모두 참회하며

내가 살아오는 동안 얼마나 많은 말을 하고 살면서 또 얼마나 많은 죄를 지었을까? 가만히 나를 들여다보니 참으로 좋은 말보다 더 많은 죄를 짓지 않았나 싶다. 아마 내가 알기에도 남의 흉을 본 것과 허물을 탓했음이 더 많았으리라.

자신도 모르게 지은 죄 또한 얼마나 많을까. 오늘은 제일 먼저 말로써 지은 죄부터 참회해야 겠다. 집안을 대청소 하듯 내 마음도 활짝 열어 구석구석 덕지덕지 뭉쳐있는 먼지들을 털어내고 응어리진 번민들이 그래도 남아 있다면 걸레질로 다시 한 번 깨끗이 닦아내리라. 이젠 다시 더 더러움이 묻지 못하게 자주자주 비우며 참회의 시간을 가져야 겠다.

누구에게라도 진담이든 농담이든 말로 상처를 입히게 되면 죄가 되는 것, 아무리 뜻 없이 한 말이래도 상대가 불편한 마음이 되었다면 어떤 이유에서라도 내 잘못이 되는 것이리라. 육신의 아픔보다 마음의 치유는 더 어려운 것임을 나도 경험해 본 일이다. 지난날 나의 잘못된 언행으로 마음이 아파했던 사람 있었다면 나는 오늘 모두 참회하리라.

그리고 매일 이 마음으로 나는 나를 돌아보며 다시는 용서 빌 일을 하지 않으리라 다짐해 본다. 그래서 사람과의 인연에 원결이 풀리고 편안한 가슴으로 즐겁게 살 수 있기를 기도 한다. 허튼 칭찬으로 상대를 달래기보다 진심으로 참회하는 모습이 더 아름다울 일일 것이다.

말은 소리에 불과 하지만 말 속에 독(毒)이 있어 상대를 아프게도 하고 또 칼과 같은 무서운 무기로도 변하여 살리기도 죽이기도 하는 것이니, 인자한 마음 사랑하는 목소리 부드러운 손길로 만남이 행복해야 겠다. 지금까지의 죄업과 새로운 발원을 부처님께 올리고 다시 더 부끄러운 내가 되지 않으려 다짐한다.

내 가족 내 이웃 그리고 나와 인연 있었던 모든 사람들께 내가 해왔던 말 때문에 상처를 받았거나 가슴 아픈 일이 있었다면 진심으로 참회하고 용서를 비나이다.

세상의 아름다움은 용서를 비는 모습일 것이다. 나는 지금 모든 잘못 용서를 빌며 무릎 꿇고 합장하고 있다

만약에

큰 딸이 동생네 아이들을 데리고 온다는 연락을 받고 나는 점심을 준비하고 기다렸다. 간혹 전화를 하며 어디까지 왔느냐 마중을 나가겠다고 할 때마다 그는 "다 오고 있으니 마중은 나오지 말라"고 했다. 기다려도 올 시간이 된 것 같은데 도착이 되지 않아 걱정으로 전화만 자꾸해 보았다. '이상하다 아무래도 승용차를 여기까지 운전해 오나' 싶어 화가 나기 시작했다. 그토록 먼 길 고속도로를 운전해 오는 것은 이 어미가 걱정하니 빠르고 안전한 KTX로 오라고 신신당부를 했는데도 기어이 말을 듣지 않고 온 것이다.

그토록 기다리던 손자와 귀여운 손녀를 안아 볼 겨를도 없이 만나는 순간 얼굴도 마주하지 않고 야단을 쳤다. 왜 요즘 아이들은 이런 어른의 걱정을 몰라줄까? 크게 화를 내면서도 생각해 보았다. 이 귀여운 아기들이 할머니의 무서운 얼굴을 어떻게 생각 할까를… 아이들의 손을 잡고 할머니가 화를 내는 이유를 설명했다.

"서울에서 부산까지 너무 멀리 타고 오니 힘들었지?"

고개를 끄덕이는 아이들에게 "만약에 어떤 경우에 잘못되어 다치기라도 한다면 할머니는 얼마나 놀라겠어? 그래서 할머니가 화를 내는 것이니 너희들은 걱정하지 말고 할머니를 이해해 다오."했더니 그제야 방긋이 웃는 우리 아기들! 이 소중한 생명을 태우고 겁 없이 달려온 두 딸이 괘심하기 그지없어 한참을 마주 봐 주질 않았다. 생각으로는 도로 타고 가도록 하고 싶었다. 물론 딸들은 엄마의 격한 모습을 보고 놀라며 잘못했다고 하지만 좀체 용서가 되지 않았다.

우리가 살아가면서 '만약'이라는 단어를 잊어서는 안 될 일이다. 무슨 일이던 '만약'에 오는 결과를 항상 생각해 보아야 후회도 줄어들 것이리라. 비가 오지 않는 날씨지만 우산을 준비하여 비가 온다면 얼마나 요긴하게 사용할 것이며 다행이겠는가. 그리고 지금 날씨는 따뜻하지만 밤이 되면 추울 수도 있다는 생각을 해 본다면 따뜻한 옷을 하나쯤 미리 준비할 일이다. 우리가 살아가는 세상은 마냥 안전한 곳만은 아니기에 항상 조심하고 또 조심해야 한다고 생각하기 때문이다.

돌다리도 두들겨 보고 지나가라는 당부처럼 지혜로운 생활로 살아가야 한다는 엄마의 말을 기억해주면 고맙겠다. 이렇게 자식들을 걱정하고 염려하는 부모라는 자리가 언젠가 비어지면 그때서야 알게 되는 것일까.

사랑하는 사람들아! 모두가 평안이란 글 속에 행복이 있음이니 생각하고 또 생각하여 나도 남도 걱정 없는 삶이 되면 좋겠다. 그래서 만약이라는 말을 하는 거란다.

내가 부처님을 만나지 않았더라면

내가 세상에 태어나 부처님을 만나지 않았더라면 지금 나는 어떤 삶을 살고 있을까? 불교를 만났다는 것이 가장 소중한 인연이며 최고의 값진 삶이었다고 나는 말할 수 있다. 지난 세월 내 삶을 돌아보니 내가 부처님을 믿고 수행하지 않았더라면 너무나 많은 죄를 지었을 것 같다.

나는 시골 큰 연못이 있는 동네에서 태어났고 그곳에서 자라면서, 초여름쯤엔 큰 도랑을 끼고 작은 새끼 고기들이 까맣게 몰려오고 있을 때 세 살 위의 작은 오빠와 삼베 보자기로 고기를 잡으러 다녔다. 그냥 뜨기만 하면 한 바가지씩 고기가 담겼을 정도였다. 그런 고기들을 시장이 먼 동네 사람들은 무우와 함께 넣어 반찬으로 먹었다.

또 오빠를 따라 논두렁 옆 개울에 흙으로 담을 만들고 물을 퍼내고 흙 속을 뒤져 미꾸라지도 잡았다. 그것도 아주 재미있게 많이 잡은 날은 기분이 좋았다. 엄마는 추어탕을 끓이셨고 식구들은 맛있게 먹었다.

들에 나가 버들강아지 풀을 뜯어 메뚜기를 잡아 목에 주렁주렁 꿰어 들고 오면 다음 날엔 도시락 반찬이 되었다. 그러면서도 한 번도 미안해 하거나 불쌍하게 생각하지 않았던 그 시절의 내 삶이었다. 아직 다 자라지도 않은 오이며 가지도 따먹었던 어린 시절, 시골의 아이들은 주로 이렇게 커 왔다.

나이가 들어 불교를 만나 부처님의 말씀을 접하면서부터는 아무 것도 함부로 할 수가 없었다. 모든 생명에 대한 존귀함을 알았기에 자비롭다기보다 스스로 함부로 해서는 안 되는 일이란 걸 알기 때문에 죽은 목숨마저도 마음 아파하게 되었다. 늦게나마 참회의 마음으로 물들어 있는 자신인 나를 다행으로 생각하며 부처님 은혜를 잊을 수가 없다.

이제 황혼의 나이에 지난 날 철없이 지은 죄 모두 모아두고 마른 풀을 불태우듯 다 소멸하고 싶은 심정으로 참회의 기도를 드린다. 이마저도 지금까지 불법을 몰랐다면 태산 같은 죄를 안고 인생을 회향하게 될 때면 어디로 흘러가 어디로 태어나게 될까.

그 뿐일까. 용렬한 성질을 함부로 사용하여 뒤돌아볼 줄 모른다면 얼마나 많은 사람들에게 괴로움을 주었을까도 생각해 보았다. 나만 생각하는 아만통으로 조금도 굽히지 않는 고집을 부렸을지도 모를 일이 아닌가.

지금 나는 굳이 내 잘못이 아니더라도 인연을 소중히 생각할 줄 아는 사람이 되었으니 적을 만들지 않으려 노력하고 있으며 부처님을 세세생생 믿고 따르리라는 서원을 하게 된다. 가능하면 미워하는 마음까지도 일으키지 말아야겠기에 그럴 때마다 상대를 위한 기도를 드리기도 한다.

그래서 일체 원수와 적을 만들지 말고, 기쁘고 즐거운 일은 이웃과 주변의 모든 사람들과 함께 누리기를… 부처님 가르침대로 살려고 한다.

나를 보니

얼굴은 엄마 모습이고 생각하는 모든 사고가 아버지를 빼어 닮았어라. 인정 많고 욕심 없는 우리 엄마 마음에, 말하기 좋아하고 사람 좋아하는 아버지의 성품 그대로가 우리 아버지 딸이네.

엄마는 내가 중학교 다닐 때 아침밥을 먹지 않고 가는 날이면 밥 그릇을 들고 따라다니며 한 숟가락이라도 먹여 보내려 애원도 했었는데, 무정한 나는 그냥 엄마를 속상하게 했다. 지금도 그때를 생각할 때면 왜 그리도 철이 없었는지 세월을 되돌려 보고 싶은 심정이다.

내 나이 24살 때 일이다. 아버지가 책상에서 부지런히 무언가를 쓰고 계시더니 문발을 들고 밖으로 나가시며 "지금 네 명함을 찍으러 가니 집을 잘 보고 있어라"고 하셨다. "무슨 명함을?"하면서 꼭 쥐고 계시는 손을 억지로 벌리고 빼앗아 보니 정말이었다.

아버지는 "이 다음에 너는 이 이름으로 큰사람이 될 터이니, 지금 바뀐 이름 정옥이가 아닌 이정욱으로 친구들께 알려야 한다."고 하셨다

국제시장 길거리에서 나는 "그런 걸 왜 하느냐?"며 아버지를 잡아 당겼고, 아버지는 한사코 해야 한다고 실랑이를 하다가, 결국은 내 강력한 반대로 명함은 찍지 않았다. 하지만 아버지는 작은 나를 왜 그렇게 크게 생각하셨던지 지금도 궁금한 일이었다.

새벽마다 대각사 종소리가 덩~ 하고 울리면 "풋 보살아 절에 가자"며, 꼭 나를 깨워서 아침 예불을 드리러 나를 데리고 다니셨다.

이렇듯 좋은 부모님을 그때는 왜 몰랐을까. 다시 만날 수 없는 그 시절의 우리 엄마 아버지를 생각 할 때면 언제나 바보같이 모자라는 내가 원망스럽고 가슴이 아파 눈물이 나곤 한다. 꿈에서라도 만나고 싶은 우리 엄마 아버지! 정말 보고 싶다. 단 한 번이라도 효도를 해 보았다면 이만큼 한이 되지는 않을 텐데… 지금 이렇게 흔한 사진도 없으니 기억 속에 있는 추억뿐이다. 참 안타까움이고 함께 여행도 해 본 일이 없었음이 너무 미안하고 그리울 뿐이다.

나이가 들 수록 인연이라는 말이 더욱 절실하게 느껴진다. 지금 같은 세상에 살게 되었다면 한번이라도 부모님을 위해 행복한 시간을 만들어 드릴 수 있었을 텐데, 어찌 이리도 후회가 되는지 가슴이 저린다. 또 언니도 오빠도 다 떠나고 지금은 여동생과 나 둘이만 엄

마 아버지 흔적으로 남았는데, 우리마저도 벌써 늙어 이 세상 마치면 다시 만날 수 있을까?

맛있는 음식을 먹어도, 좋은 차를 타고 나들이 할 때도, 재미있는 영화를 보아도 우리 아이들하고 행복한 시간에도 나는 내 부모가 보고 싶다. 지금 내가 할 수 있는 일이라면 절에 가서 영가 위패를 모시고 경 읽으며 축원 드리는 것 밖에 아무것도 부모를 위해 할 수 있는 일이 없으니, 오늘도 먼 하늘을 보며 광명진언을 외우고 있다.

[광명진언] 옴아모카 바이로차나 마하 무드라 마니 파드마 즈바라 프라바 를타야 훔…

사랑하는 나의 엄마 아버지! 극락에서 누리고 또 행복하소서.

내가 고마워하는 까닭은

　오빠의 49재를 어렵사리 올리게 되었다. 본시 큰 올케는 별로 종교를 가지려고 하지 않았다. 친정 가족 모두는 우리와 다른 종교인이고, 올케 자신이 무신론자로 종교엔 늘 비판적이었다. 내가 다니는 소림사에서 스님들이 차례로 오셔서 영전에 지극한 기원을 해도 반응을 하지 못할 정도 였으니…

　장례를 치르는 날, 여러 차례 설득 끝에 재를 올리게 되었다. 나는 오빠의 왕생극락도 중요 하지만 남은 가족들이 이 기회에 발심하고 부처님 품 속에 안겨지길 진심으로 바라기 때문에 더 적극적으로 권했다. 아직도 올케는 어색한 절이며 불편한 의식이라 느끼지만 한 번 두 번, 조금씩 익숙해지면 영가의 인연으로 좋은 불자가 되리라 믿는다.

지금은 여기 절에까지 와 준 그것만으로도 고맙게 생각 한다. 듬직한 조카들의 합장이 자랑스럽고 꼬마 손자들의 귀여운 합장과 올케의 어색한 합장, 모두가 감사하기만 하다.

부디 初發心時便正覺(초발심시변정각)의 성취를 빌면서, 오빠의 가족 모두가 한 마음으로 일심정례(一心頂禮)의 합장이 익어지길 또한 바란다.

오빠의 첫 재를 올리고 와서

불자의 행동

부부동반 모임이 있어 함께 길을 나섰다. 마침 길 건널목을 지나는데, 저만치서부터 젊은 여인이 웃으며 다가오고 있었다. 이곳은 전철을 이용하는 역 입구여서 많은 사람들이 한꺼번에 길을 건너다 보니 내가 아닌 다른 사람들도 나와 함께 가고 있어, 나를 보고 미소 짓는다고 생각하지 않았다. 물론 내가 잘 모르는 얼굴이어서 더욱 그랬다.

그는 가까이 와서 내 손을 잡으면서 반가운 얼굴로 인사하며 내가 다니는 절 신도라고 했다. 나는 그때서야 "아! 예 안녕하세요?"라며 길 중간이어서 그냥 지나치게 되었다.

이 광경을 본 남편은 인사를 왜 그렇게 하느냐며 나무라셨다. 저만치서부터 반가워하고 웃으며 다가오는데 무심한 나를 보고 얼마나 실망했겠느냐고 했다. 그래 이렇게 해서 오해가 생기겠구나. 회장이란 이름으로 남 앞에 서서 이런저런 말을 해야 할 때가 많다 보니 그는 나를 알았지만 내가 그를 자주 보지 못해 미처 몰라본 일이었다.

남편의 말을 듣고 마음이 좀 편치 않았다. 자칫 거만한 모습으로 비춰졌다면 그 혼자만의 이야기가 아닐 것이다. 굳이 애써 좋은 모습만을 보일 것까지는 없지만 웃는 얼굴 환한 미소로 누구에게나 좋은 모습일 때 부처님 도량에서 만나는 인연답지 않을까 하는 생각이다.

좀 일찍, 부처님 앞에 왔다는 의미로 세상 모두에게 공유할 수 있는 선배로서, 지도자로서의 모습으로 행동해야 함이 행복한 정 나눔이며, 불자의 자세일 것이다.

남이 나를 몰라볼 때 나는 자유로웠다. 그러나 많은 세월을 살아오면서 인연은 인연으로 이어져 너무나 많은 사람들과의 관계가 나와 상관이 있든 없든 이루어져 가고 있으니, 작은 행동 하나에도 누구의 엄마, 누구의 아내, 누구의 도반으로 주변을 아름답게도 하고 욕되게도 될 수가 있으니 어찌 함부로 살 수 있으랴. 오늘과 같은 작은 이야기도 오해가 되었다면 괜스레 상(相) 높은 회장으로 인식 되어 질 일, 그 어떤 말로도 변명 될 수 없는 사실이다.

이웃에도 동창회에서도, 그 어떤 모임에서도 나는 오직 '불자'로만 통한다. 그래서 항상 진실이란 단어를 가슴에 품고 살아오면서 친절과 조심을 생활신조로 삼아왔다. 아이들에게도 '생각하는 사람이 되자'라는 가훈을 일러 주었다. 무슨 일이든 생각하고 말할 것이며 생각하고 행동해야 한다고 했다. 높이 뛰고 멀리 날기 위해서라면 뒤로 물러설 줄도 알아야 하고 정직함이 재산이라는 뜻도 일러 주었다.

발원문 중 내가 제일 좋아하는 대목이 "아이로서 출가하여 귀와 눈이 총명하고 말과 뜻이 진실 하며 세상 일에 물 안 들고 청정범행 닦고 닦아 서리같이 엄한 계율 털끝인들 범하리까"와 "모진 질병 돌적에는 약풀 되어 치료하고 흉년 드는 세상에는 쌀이 되어 구제하되 여러 중생 이익한 일 한 가진들 빼오리까"이다. 항상 이 대목을 외면서 보살마음 더욱 견고하길 발원하곤 한다.

내 집 것도 훔쳐서 남 주면 죄가 될까

내 나이 21살에 어머니가 돌아가시고 한의원을 하는 큰 오빠와 갓 시집 온 올케랑 내 동생이 함께 살았다.

내 동생이 여고를 다닐 때였는데, 매일 도시락 두 개를 싸달라고 했다. 이유는 아침밥도 학교에서 먹겠다며 밥을 먹지 않았다.

어느 날, 왜 아침밥을 집에서 먹지 않고 귀찮게 도시락을 두 개씩 이나 싸가지고 가느냐며 짜증으로 나무라니, 그때야 "사실은 농구 선수를 하는 친구가 있는데 가정형편이 너무 어려워 거의 굶다시피 하며 돼지 피를 끓여 먹을 정도야. 부모님도 두 분 다 돌아가시고 오 빠만 둘 있는데 아직은 직장이 없는 상태로 겨우 살아가고 있어 하 나는 그 친구에게 주기 위해 그랬다"고 했다. 나는 그 말을 듣고 너 무나 마음이 아파 한참 동안 울었다.

"세상에 밥을 굶는다고?" 이런 엄청난 말에 나는 큰 충격을 받았다. 아무리 생각해도 내가 도와줄 것이라곤 우리 집 쌀독에 든 쌀을 조금씩 퍼주는 일밖에 없어 올케언니가 모르도록 몰래 담아 두었다가 동생 편에 보내어 죽이라도 먹게 하였다. 그래도 동생의 친구는 집과 학교 사이가 먼 길도 차를 탈 수 없으니 새벽 같이 걸어서 학교에 와서는 자주 어지러움을 호소하기도 한다고 했다. 그런데도 키가 크고 신체조건이 좋아 농구선수로 또 필드하키 선수로서 학교 대표로 나가기도 하였다.

이후 나이가 들어 심성이 착한 이 친구는 직장에 다니다 좋은 인연 만나 결혼을 하고 삶의 길이 탄탄하여졌고, 네 아이의 엄마가 되었다. 지금은 사업도 하며 불우이웃도 도와주는 60대 후반의 아름다운 삶을 살고 있다.

어쩌다 시간이 있어 만날 때면 "언니! 그때의 고마움은 한시도 잊을 수 없는 은혜였습니다. 정말 감사했습니다."라고 회상하며 우리는 손을 마주잡고 눈물을 흘린다. 사실 나는 지난날 그런 일조차 다 잊고 있었는데, 이 말을 들으니 "참 그랬었지?"라는 말을 하게 된다.

이렇게 세월 속에 묻힌 아픈 추억이 있었기에 지금의 삶에 누구보다 더 알뜰하게 더 감사하는 마음으로 살아가고 있는 것이다. 지금에 생각해보니 그때 몰래 퍼준 쌀이 바로 내 집 것이지만 가족 모르게 준 것이니 죄가 될까 하는 생각이 들기도 하였다.

그러나 지금 이 순간에도 굶는 사람이 내 곁에 있다면 그냥 보고

만 있을 수 없는 일이 아닐까 싶다. 그 옛날 묻혀 있었던 이 비밀을 오늘에야 고백하게 되었다.

그 무렵, 또 이런 일도 있었다. 바로 뒷집에 작은 방들이 많아 여고생이 세를 들어 자취를 하고 있었다. 엄마 아빠가 이불가게를 하다가 서울로 이사를 가면서 졸업반인 딸 혼자 남게 되었다. 학교 공부는 장학생일 정도로 잘 하지만 음식은 아무것도 할 줄 몰라 밥 대신 빵이며 과자류로 대신하는 일이 많았다. 동생과 같은 나이의 학생인지라 보고만 있을 수 없어 끼니때마다 밥과 반찬을 주면서 먹게 하였다. 엄마가 곁에 안 계시니 내게 의지하던 이 학생은 졸업을 하고 서울로 가게 되어 우린 슬픈 이별을 해야 했다.

지금처럼 전화가 흔하지 않아 손으로 쓴 편지를 자주 주고 받으며, 늘 보고 싶어 했고 좋은 인연으로 지냈다. 서울에서 은행근무를 하다 남편을 만나 결혼식을 하고 신혼여행도 우리 집으로 왔다. 쌍둥이 아들을 낳아 잘 키워서 카이스트 대학에 나란히 1~2등으로 합격하여 신문에도 크게 보도되었다. 석사 박사도 카이스트에서 마치고 보배로운 국민으로 살고 있으니 얼마나 고맙고 대견한지 모른다. 지금은 내가 그들을 알고 있는 것만으로도 자랑이다.

세월은 이렇게 많은 변화를 이루고 있다. 사람이 재산이고 사람이 귀한 존재로 좋은 인연 되어야 한다고 믿기에 주변의 사람들은 모두가 내 형제며 내 가족일 뿐이다. 나는 이렇게 멋진 인연들이 있어 인연에 감사하고 있다.

내 삶의 행복은

신심이 돈독한 불교 집안의 부모를 만났고, 세상에서 가장 존귀한 스승을 만났으며, 좋은 도반을 만났고, 착한 가족을 이루고 살아감이 가장 큰 행운이며 행복이라 믿고 있다. 나의 빈약한 지혜에 햇빛 같은 진리의 가르침을 온몸 가득히 담을 수 있음이 더 할 나위 없이 감사한 일이기에 새벽이면 감사예경 드림을 가장 중요한 일과로 실천하고 있다.

가끔은 내가 부처님을 믿지 않았다면 지금 무엇으로 살아가고 있을까를 생각해 보기도 한다. 지금도 지나고 보면 잘한 일보다 잘못된 일들이 더 많은데 만약 부처님을 믿지 않았다면 더 많은 실수와 잘못이 쌓여 자칫 죄를 짓지 않았을까 반조해 보곤 한다. 그때마다 나는 엄청난 행운으로 불교를 만났음이니 신비롭기도 하고 나를 더욱 사랑해야겠다고 생각하게 된다.

옛날 아버지께서 한약방을 하실 때 언제나 보약으로 환을 짓거나 경옥고를 지을 때마다 그 당시의 큰스님들께 먼저 공양 올렸던 모습을 본 것이 훗날 내가 살면서 부처님 방 하나 만들어 언제나 공양 올리고 예경하는 일상이 기쁨이며 부처님 품 속에서 살 수 있는 본보기가 되었다.

뿐만 아니라 아버지와의 인연으로 전 종정이신 고암 큰스님과 구산 스님, 경봉 스님, 월하 스님, 일타 스님, 법정 스님 등 수많은 스님들과의 만남이 철없던 나와의 인연으로 이어져 불교청년회에도 가입 하게 되니, 각종 수련대회며 불교 행사마다 빠짐없이 동참하는 열정도 가졌었다.

아버지가 안 계신 후에도 어른 스님들의 보살핌으로 연꽃모임이란 모임도 만들었고, 해마다 초파일이면 버스를 내어 부부동반 함께 등을 달기 위해 해인사로 가기를 20여 년 동안 게을리 하지 않았다. 밤 세워 밥이며 찬을 만들어 부처님 회상으로 많은 사람들을 데리고 갈 수 있다는 그 기쁨으로 굳건한 신심을 유지하기도 했었다. 한번 나들이 갈 때마다 부처님께 기도하고 스님들의 법문을 청해 들은 것은 큰 활력이었으며 서원으로 영글어가니 그때마다 나는 너무도 행복한 사람일 수밖에 없었다. 일상생활 속에서 잡다한 어려움이야 누구나 있는 일, 그 일조차 없을 수는 없겠지만 그럴 때마다 인연에 충실함을 잊지 않기에 능히 이겨낼 수 있는 결과를 이루곤 하였다.

조상님이 있어 내가 있으며 스승님이 있어 불법을 바로 배우고 익힐 수 있었으니, 어찌 감사하지 않을까. 또한 내 가족 있음에 함부로 살 수 없음이니, 세상의 묘한 인연관계로 오늘도 함께하는 숙제가 나를 기다리고 있다.

사랑도 미움도 형체는 없지만 작은 이 가슴은 그로 인해 웃고 또 울게 됨을 알기에 나로 인한 모든 인연들이 모두모두 행복하기만 바라고 기원드리게 된다. 정말 부처님을 믿게 됨이 내 일생의 가장 큰 행운이며 스스로에게 칭찬을 해도 부끄럽지 않은 좋은 인연이었다.

내 남편 노재섭은

내 남편 노재섭은 본시 가난을 만나 가난을 두려워했고 타고난 소
박함이 때로는 아픔을 느낄 정도로 괴로움을 안고 살아온 것 같다.
한창 젊은 나이에 연년생 아이들 넷을 키울 때는 공무원이란 그 한
계에서 아주 힘들어 했었다. 세 아이가 집을 떠나 대학을 가게 될 때
는 합격마저도 기뻐할 수 없었던 처지였으니, 그때의 가장이란 무거
운 책임은 말하지 않아도 짐작이 되는 일이리라.

아내인 나는 가사만 전담하는 아낙이 아닌 불교 활동으로 바깥일
이 많았고 집안엔 언제나 손님맞이 하기에 바빴다. 온순한 성품의
남편이지만 언제나 6남매의 장남이며 네 자녀의 아버지라는 무거운
마음 때문에 편한 생활을 할 수가 없었다.

그런 세월 다 지나 현재를 잘 살고 있는 남편은 월요일은 일본어

를 배우고 화요일엔 그림을 그린다. 수요일엔 산행을 하고 목요일엔 구도회 법회에 간다. 경전 공부도 하고 강의를 들으며 열심히 도반들도 만난다. 금요일엔 작은 바둑 대회에도 참여하고, 토요일 일요일이면 각종 모임과 길흉사 참여로 바쁜 나날이자 행복한 시간이기도 하다.

모든 일에 적극적이고 열심이니 그림은 수준급이고 바둑 또한 즐김을 넘어 프로급이 될 정도이다. 화장실을 갈 때도 일본어 메모를 손에 들고 있으니, 시간을 함부로 허비하지 않음에 존경스럽기까지 하여 자주 자랑을 하기도 한다. 또한 술 담배를 하지 않아 집안의 공기도 청정하고 건강한 생활을 하니 고맙기만 하다.

이제 우리 내외 60이 넘은 칠순의 나이를 바라보는 인생의 황혼기로 이별이란 숙제가 눈앞에 서 있다. 세상 살아오는 동안 내가 남편에게 다하지 못한 사랑과 배려가 가슴 깊이 미안하고 죄송함이 자리하니, 남은 생을 빚 갚는 마음으로 위로하고 응원하며 회향을 맞아야겠다. 지난 모든 일들은 은혜로 알고 또 감사하고 있다.

나를 보고 나를 격려한다면

요즘에는 핸드폰으로 사진도 찍고 편지도 쓸 수 있으니, 옛날 우리들처럼 정식으로 편지지에 글을 쓸 필요가 없어졌다. 모든 분야에서 디지털 시대에 살고 있는 지금이지만 우리 생활에 더 진지해야 할 일에도 쉽게 생각하고 쉽게 받아들이는 인성으로 바뀌게 되니, 조금은 아쉽기도 하고 씁쓸함을 느끼게도 된다.

옛날에는 긴 편지 속에 마음이 담긴 글을 쓰며 몇 번이고 다시 쓰고 또다시 써서 정성스런 글로 연인끼리의 사랑도 키우고 가족들과의 안부도 가슴 속에 간직할 말들을 글로써 표현 했었다. 그런 글들은 오래도록 보관되어 때때로 다시 꺼내보는 글이 되고, 좋은 추억으로 정겨웠다. 그런데 지금은 손끝의 문자로 말을 하고 또 문자로 만남을 약속하게 되니, 조금 후에는 지워버려 흔적도 없게 된다.

그래서 일까? 만남도 헤어짐도 쉬워졌다고 생각이 된다.

내가 젊어 신혼일 때, 어느 날 우리 부부가 심하게 다툰 일이 있었다. 그 순간 주고 받았던 편지들을 모두 태워버리겠다고 꺼내 놓고는 그냥 한 장 한 장 다시 읽다가 그 글속에서 아름다웠던 추억으로 빠져 들어, 지금 화가 난 사실마저 잊어버리고 있었다. 퇴근해서 돌아온 남편은 너무도 아무렇지 않은 나를 보고 도리어 놀란 표정을 지으며 고마워했던 그 모습이 지금도 눈에 선하다.

말은 내뱉고 나면 흔적이 없지만 글이란 이렇게도 마음 아픔마저도 다시 치유해주니 좋은 물건으로 선물하기보다 진심어린 마음의 글을 쓴다면, 그건 가슴에 담기는 선물이 될 것이다.

이젠 어린아이들까지도 모두가 컴퓨터에 워드를 치고 공책에 글을 쓰는 일이 줄어드니 글씨마저도 옛날 만년필의 정성을 볼 수가 없다. 심지어 사진도 핸드폰으로 찍었다가 맘에 들지 않으면 곧 바로 지워버리니 어쩌면 몹시도 편리한 세상에 살고 있지만, 정작 맺힌 마음을 지우거나 풀지 못해 원망과 원한은 더 큰 화를 불러 뉴스로 흘러나오고 있음을 보게 된다.

서로가 용서라는 단어도 없이 용서할 수 있는 넉넉한 마음이면 세상이 아름답고 행복할 것이라 믿는다. 날마다 나를 향한 글도 쓰면서…

가족끼리

한 사람씩 꿈을 적어 아름다운 것을 내 것으로 만들자.

아이들에게 날개를 달아 주자.

눈동자에 희망을 담고 더 멀리 바라보자.

눈이 맑은 사람은 내면이 아름다운 사람이다.

웃는 얼굴로 서로에게 용기를 불어넣어 주자.

꽃망울 피어오르듯 꿈과 희망을 가지자.

가족의 건강은 내일의 희망이다.

씨앗을 심는 마음으로 복을 짓고

가족에게 정성 다해 자신감이 충만하게 하자.

TV를 끄고 컴퓨터 플로그를 뽑아

사람과의 대화로 어려움도 풀어가는 가족이 되자.

사람마다 가지고 있는 장점만 보고 칭찬하자.

남과 비교해서 말하지 말자.

무조건 "너는 안돼"라는 말은 꼭 삼가야 한다.

공부가 다가 아님을 알고 어떤 재능이 있는지를 보라.

내가 속상할 때 자녀에게 함부로 대하지 말아라.

윽박 지르고 소리 지르는 말투는 절대 삼가라.

어른과 식사할 때는 어른에 대한 예를 갖게 하라.

놀 때는 충분히 놀게 하라.

아이에게 잘못이 있으면 부모도 함께 반성하라.

꾸지람 뒤엔 꼭 안아 주어라.

아이들과의 시간을 황금 같은 마음으로 돌보아라.

아이들에게 충분한 시간을 주어 스스로 깨닫게 하라.

체험 학습으로 견문을 넓혀라.

혼자 생각할 수 있는 시간을 주어라.

박물관이나 미술관 등 무료공연의 학습도 큰 효과가 있다.

농장이나 숲속 산림으로부터 자연의 고마움을 알게 하라.

믿을 수 있는 농산물로 건강을 지키고

여행에서 좋은 재충전의 기회가 되게 하라.

정기적인 적금으로 내일을 풍요롭게 준비하라.

서로의 축일을 챙겨 마음속 감사함을 심어라.

모든 만남에는 진심으로 그리고 정성으로 대하라.

내 삶의 모습이 바로 내 자녀에게 삶의 표본이 된다.

순간 순간 조심하고 참회하고 기도하라.

작은 돌 하나에도 아무렇게나 발길질 하지 말라.

모든 생명을 귀히 인정하고 사랑하라.

미운 생각 일어나면 맑은 하늘을 보고 지워라.

천지 만물이 나와 함께 존재함을 알면 나 자신도 귀하다.

지식을 배우기보다 지혜로운 사람이 되어라.

때로는 지는 것이 이기는 것임을 명심하라.

내가 양보했다고 바보가 되지는 않는다.

이길 수 있는 일에 져주면 언젠가 상대는 무릎을 끊는다.

시비 없는 참 사랑으로 세상을 살아라.

훌륭한 자식이 되는 것 보다

훌륭한 부모가 되어야 함을 알아야 한다.

효는 위로하고 사랑은 내리사랑으로

이웃과의 화목도 나를 지켜주는 신장님이다.

가족이란

가족이란 함께 있어도 따로 살아도 남다른 애정으로 연결돼 있다. 날마다 부처님 앞에만 서면 아이들 가족 순서대로 각기 가정마다 평안과 행복을 기원하게 된다. 이 모든 일들을 불가에선 집착이라고 하지만, 가족이란 편견된 사랑일지라도 어쩔 수 없는 인연들이기 때문이다.

날마다 전화 목소리를 들어야만 편해지는 마음이며 기쁨이다. 우리 아이들 모두가 나에게 큰 걱정 끼치지 않고 잘 자라 또 오손도손 잘 지내니 이 모두 부처님께 감사드리며 살고 있다.

며칠 전 사돈의 전화에 며느리 은진이가 몸이 아파 부산에 오고 있다는 말에 놀랐었다. 아이를 안았다가 허리를 다친 것 같다는 말에 너무 걱정 되었다. 우리와 인연이 된 지는 아직 삼년이 되지 않았지만 분명 내 가족이기 때문이다. 이 와중에 두 돌도 안 된 손자 사나가 밤 사이 열이 나고 칭얼댄다니 여간 걱정이 아니다.

그래서 부처님도 자식이 있으면 자식 걱정, 소가 있으면 소 걱정을 한다고 했던가? 하나면 하나 걱정 둘이면 둘 걱정이랬지.

그러면서도 곁에 와 있는 외손주의 재롱이 귀여워 웃기도 한다. 이제 막 말을 재미있게 만들어 하는 놀라움이 기적 같기도 하다.

오늘도 "할머니가 참 좋아요" 해서 왜냐고 물어 보니, 그냥~ 그냥~ 그냥이라며 노래로 부른다. 그래서 인생은 행복과 불행이 항상 내 곁에 있음이니, 누굴 데리고 노느냐에 따라 그날 그날이 다른 것이리라.

늘 행복할 수만은 없겠지만, 행복과 친하게 지내고 가끔은 불행도 행복과 같이 챙겨서 서로 잘 조화를 이루며 화내지 않고 살기를 빌어본다.

가족이란

서로 믿어야 하고 이해해야 하며

사랑하고 존중해야 하며

흉보지 않고 미워하지 않으며

서로가 허물치 않고 용서하며

기쁜 일 슬픈 일 제일 먼저 알아야 하고

가족이란

경쟁의 대상이 아닌

내 몸의 일부임을…

그리고

세상에서 제일 귀한

인연임을 알아야 하는 것.

제8장

세상이라는
마음거울

비록 이 꽃뿐일까.
우리 주변에 사람의 정이 그리워
목마른 이웃이 또한 얼마나 많은가.
사랑과 자비심으로 함께 흘러가길 소원해 본다.

TV 연기대상 시상식을 보며

우연히 TV를 보게 되었다. 연기자들의 시상 장면이다. 모두가 화려하고 아름다운 의상에 예쁜 얼굴들을 한 자리에서 보는 시간으로 한 해를 마무리하는 명장면들도 볼 수 있어서 채널을 고정하고 있었다. 그런데 시상식에 나온 연예인마다 한결같이 두고 쓰는 문자인 것처럼 눈물과 동시에 "하나님께 감사드리고 하나님 은혜에 이 상을 드린다"는 말들!

나는 이 장면을 보면서 '왜 한 사람도 불자가 없다는 말인가, 아니면 불자임을 숨기는 것일까?'하고 생각했다. 어쩌면 이 모습에 대해 내가 시샘을 내고 있음일까? 우리 불자 연예인이 없는 탓일까? 우리도 부처님께 감사드린다는 말 좀 했으면 좋겠다. 우리나라엔 모든 종교가 운집해 있는데, 왜 유독 기독교만이 존재하는 양 좀 속상하기도 하다. 곳곳에 우리 불자들을 잘 키워 우리 불교의 위상도 함께 이루어졌으면 한다.

지금 그 많던 청년회가 자리를 잃고 학생회가 자꾸만 무너지고 있으니 걱정이다. 절마다 어린 학생들을 키우는 법회를 했으면 좋겠는데, 지금 골짝마다 절의 모습은 최고라고 할 수 있을 만큼 아름답게 잘 꾸며져 있다. 그런데 50년 후 그곳의 주인이 누구일지 한번쯤 고민이 있어야 할 것 같다.

집착과 인과

　며칠 전 늦은 밤 시간에 우연히 본 TV 속의 이야기, sos란 프로를 보게 되었다.

　내용은 팔순의 한 할머니가 서울의 한 시장 근처에 비닐 움막을 만들어 놓고 겨우 꾸부려 들어간 자리에는 스치로폼 한 장이 깔려 있었다. 그 안에는 각종 생필품과 옷가지들이 어지럽게 쌓여 있었고, 보기만 해도 버려진 창고보다 쓰레기 더미로 보인다. 이렇게 할머니의 보금자리만으로도 고생을 한 눈에 볼 수 있는 최악의 삶이어서 보는 사람들의 가슴을 아프게 했다.

　할머니는 쓰레기를 뒤져 먹을 것을 찾고 매일 빈 박스를 주워 돈을 모은다. 할머니가 왜 이렇게 사는지 담당 PD가 알아보려고 형편 없는 식사에 마음이 아파 김밥을 사드렸다. 김밥을 반쯤 드시고 남겨두셔서 왜 다 잡숫지 않느냐고 물으니, 내일 아침에 한 끼를 더 먹기 위해서라고 하신다. 요즘엔 노숙인도 이렇게는 살지 않는데… 그보다 더 놀라운 일은 이 할머니 가슴에서 나온 아들들의 전화번호였다. 아들들이 몇 명이 있어 전화번호가 빼곡히 적혀 있었다.

무슨 일일까? 큰아들 집으로 전화를 했을 때 며느님이 전화를 받고 답하기를 "미치겠어요, 아무리 오시래도 오지 않으시고 그런다"는 답이다.

할머니는 이렇게 사는 것이 어디가 더 편했을까. 그 마음은 알 수 없지만 그 아들 가족들이 따뜻한 방에서 잠들 때마다 어머니의 이런 모습을 잊을 수 있었을까? 그리고 편히 잠들 수가 있었을까? 아니면 이 어머니가 춥고 배고픈 밤을 지낼 때마다 자식에 대한 원망이나 슬픔은 또 없었을까? 이유를 막론하고 이해할 수 없고 용서할 수 없는 이 현실을 보고 있으려니, 내 가슴이 무거운 돌을 안고 있는 것 같다.

허리는 굽고 손은 마디마디 성하지 못해 감각도 없다고 했다. 그러면서 또 놀라운 말씀은 돈을 벌어서 무엇에 쓰느냐고 묻는 질문에 답은 간단했다.

"자식에게 주려고…"

아니! 자식이 길거리 비닐 움막에 살고 있는 이 엄마보다 형편이 어렵다는 말인가? 아니! 아니! 이건 업보일까? 전생에 얼마나 이 아들들에게 빚을 졌으면 이 상황에서도 먹지 않고 쓰지 않으면서 쓰레기통을 뒤져가며 늙은 몸을 겨우 지탱하면서 아직도 못다 갚은 빚이 있단 말인가? 무슨 인과이기에…

할머니가 그 무거운 그 업을 다 벗어버리고 이제 새로운 세상에서 아름답고 행복한 삶을 맞이하시길 마음으로 빌면서 잠자리에 누웠지만 도저히 잠이 오지 않는다. 그 할머니가 이런 집착으로 다시 그들을 만난다면 또 어쩌나 걱정이 되기에 답답해지기도 한다.

서울이면 높은 빌딩이 하늘을 닿을 듯한 도시이며 화려한 생활을 보고 살았을 텐데도 남과의 비교도, 남들의 생활을 바라볼 여유조차도 해 보지 않았던 할머니의 인생이 어쩌면 오래전에 세상을 떠나고 안 계신 내 어머니의 모습일 것만 같아 쓰리고 괴로운, 그리고 그리움을 안고 밤을 보냈다.

그 할머니가 다시 어머니로 할머니로 가정으로 돌아가시고, 그 아들들은 어서 어머니가 영원한 잠에 들기 전에 모시고 돌아가 진정 낳아주고 키워주고 걱정해 주신 은혜를 기억하며 따뜻한 방으로 들게 하소서… 그리고 깨끗하고 맛난 음식을 마음껏 드시게 하소서. 나는 지금 부처님께 기도하는 마음으로 할머니의 아들들에게 간절히 빌고 있다. 아마도 이 프로그램을 본 사람이면 누구나 나와 같은 마음이었을 것이다.

우리 다 같이 행복할 수는 없을까?

점점 인간성이 매말라지는 이유

전철을 타도 버스를 타도 기차를 타도 어른 아이 할 것 없이 모두가 손이 바쁘고 혼자서 낄낄 웃기도 한다. 곁에 앉은 친구도 보지 않고 혼자 스마트폰으로 마치 경쟁이라도 하듯이 열심히 문자를 보내고 게임도 한다.

사람은 사람과 놀며 대화해야 서로가 소통하며 또 이해하게 되고 함께 즐길 수가 있는데, 어쩌다 요즘은 아파트 내 어린이 놀이터에까지도 아이들을 볼 수가 없다. 특히 어린아이를 태우고 엄마가 운전을 할 때에도 우는 아이 달래는 방법의 하나로 엄마의 스마트폰을 손에 쥐어주면 금방 울음을 그치고 웃는 얼굴로 손을 빠르게 움직이며 게임에 몰두하는 것을 보게 된다. 우선 달래는 수단이지만 곧바로 중독이 되어가는 우리 아이들이 어떻게 바뀌어 갈지 엄마들은 느끼지 않는 것 같다. 가족이 한 집에 있어도 대화가 되지 않고 각자의 방에서 홀로 놀고 겨우 식사시간에만 얼굴을 볼 수 있다는 이야기를 많이 듣게 된다.

너무 쉬운 생각만으로 쉽게 살려고만 하고 있다. 어려움도 경험하고 기쁜 일도 함께 하며 괴로울 때 하소연도 하며 가족과 친구의 관계가 원만해야만 사회가 아프지 않고 서로의 믿음이 자랄 수 있을 것이다. 깊은 우물 맛도 두레박으로 떠서 먹어야만 알 수 있듯이 노력이라는 아름다운 단어를 자주 떠올려 본다면 내 삶의 지표가 달라질 것이다.

요즘 욕도 폰으로 하고 싸움도 폰으로 하는 세상이 되니 너무 즉흥적이고 다듬어지지 않은 인성이 되어가는 것 같아 걱정이다. 폰의 편리하고 좋은 점이 너무 많다는 것도 잘 알고 있다. 옛날에 우리 시절에는 만남의 장소마저도 어떤 건물 앞에서 시간을 정해 만났지만 지금은 무엇이든 폰으로 다 하니 어려움이 없다. 하루에도 몇 번씩 안부도 물을 수 있어 더 궁금할 것도 없으니 이보다 더 편리하고 고마울 수가 또 있을까 싶다.

그러나 사람들과의 관계는 말로도 글로도 표현할 때가 있다. 그럴 때마다 손으로 펜으로 내 손으로 편지를 써보면 잘못된 글은 읽어보고 또 읽어보면서 상대방에게 좋은 의미의 마음을 담아 보내게 되니, 글 속에도 마음이 있어 받는 사람에겐 반가움이고 기쁨이 되어 가슴이 행복해질 것 같다.

이제 수제(手製)의 제품은 모두 고급스러움으로 통하고 있다. 수제라면 사람의 손으로(手) 만드는 것을 말하는데, 기계로 수놓은 것 보다 사람의 손으로 정성이 들은 수가 훨씬 값진 것처럼 옷도 수제라는 말을 많이 하게 된다. 스님들이 입는 겨울옷에도 기계 누빔보다 손으로 누빈 것이 몇 배의 가치를 가지는 것도 바로 정성 때문인 것이다. 흔하지 않은 귀한 것으로 바른 교육이 되었으면 싶다. 옛날엔 옷도 양말도 엄마가 기워서 입혔는데 지금 우리는 복(福)을 가불해 쓰고 있지 않은지 한번쯤 생각해 보아야 할 것 같다.

목욕탕의 물도 우리 것이라고 생각하면 조금이라도 아낄 것인데 남의 것이라고 생각하니 그 뜨거운 물을 계속 틀어놓고 함부로 흘려보내는 사람들을 볼 때마다 나는 왜 내 가슴이 아픈지 모르겠다. 옛 선인들은 흐르는 물도 아껴 쓰라고 했는데, 물 부족인 우리나라에서 '한 방울의 물이라도 함께'라는 표어를 생각한다면 아낄 것이다.

우리 집 베란다 화분에 박을 심지 않았는데 어쩌다 씨앗 하나 싹이 터서 자라고 있다. 생명인지라 물을 주고 키웠더니, 제법 빨래 줄을 따라 올라가 오늘 아침에는 세 번째 하얀 꽃을 피웠다. 철이 아닌 이 겨울에 하얀 박꽃이 핀 것을 보고 무척 아름다워서 폰으로 찍어 귀한 꽃이라며 여기저기 보냈더니, 모두가 신기하다며 고마운 뜻 담아 답해 왔다. 이렇게 따뜻하고 평안한 사람의 냄새로 가득 채워져 함께 하는 세상이 된다면 얼마나 좋을까.

전라도와 경상도 사돈 이야기

경상도 부산에 살고있는 우리는 16년 전 둘째 딸의 사위로 전라도 영광 사람을 맞이하면서부터 사돈관계가 이루어졌다.

우리가 살아감에는 다양한 국적과 또 많은 고향이 있는 법이지만, 언제부터인가 우리 사회에 있어서는 안 될 말들을 아주 흔히 사용함을 보게 되니 참으로 안타까운 일이다. 전라도니 경상도니 하는 말로서 서로가 상처를 일으키고 있지만 정작 우리 사돈관계는 정말로 좋은 인연으로 서로가 감사하고 있다.

옛 부터 들어오던 '양반'이라는 말이 바로 우리 사돈가를 두고 하는 말같다. 훌륭한 가문을 이루고 있어, 존경하는 마음으로 한 번도 허물을 들춰 본 일이 없다.

사돈 가족들도 "부산 사돈이 제일이라"며 자랑하고 칭찬하니, 마치 우리는 사돈관계가 아닌 한 가족 같이 서로 만나고 싶어하며 자주 문안 전화를 하게 된다. 사돈은 음식 솜씨가 뛰어나 16년 동안 내내 김장을 부쳐와 해마다 하던 김장을 하지 않은지 오래돼, 이웃의 부러움을 받기도 했다. 이렇게 좋은 인연에 우리 서로 은혜롭게 생각하며 진심으로 감사하고 있다. 어진 부모님의 교육으로 사위 또한 나무랄 데 없이 든든해서 요즘 보기 드문 젊은 사람으로서의 인성이 자랑스럽기도 하다.

요즘은 세계가 한 지붕으로 살고 있는 이때, 우리가 지역적인 말을 들먹여 사람을 평가하는 일은 없어져야 할 것이다. 국적이 다른 외국 사람과도 결혼을 하는 세상에 우리가 사는 곳이 미국이면 미국 사람이고, 중국에 살면 중국 사람이 되는 것임을 알아 서로가 옳지 못한 말과 행동을 삼가 하여 평화로운 사회를 만들어 간다면, 얼마나 아름답고 화합이 되는 세상이 될까 싶다.

나는 우리 사돈 덕택에 전라도를 사랑하고 전라도 사람들을 좋은 사람으로 생각하게 되었다. 우리 딸의 부족한 부분까지도 채워서 보시는 두 어른 덕택에 5남매의 장남 며느리로 별 탈 없이 잘 지내고 있으니, 친정 엄마인 나는 그저 고맙다는 말밖에 더 할 말이 없다.

어떤 나라 사람이건 어떤 지역의 사람이건 개인의 인격을 인정하며 서로 배려하는 삶이 익숙해진다면 살맛 나는 세상이 아닐까 싶다.

욕도 아까운 사람들

　스님들의 법문을 들을 때마다 늘 좋은 말 하고 남을 비방하지 말라는 말만 들어왔다. 그러나 요즘 신문이나 방송 그리고 정치인이나 많은 사람들이 대놓고 다 잘난 사람들이어서인지 왜 이렇게 화합하지 못하고 냉정하지 못하고 그냥 큰 소리로만 남을 딛고 이기려 하는지 답답하고, 안타깝다. 사회의 모든 일들이 숨이 막힐 것만 같아 나도 욕을 하고 싶다.

　"좋은 말이 좋다"는 일상어가 이해할 수 없는 지경에 이르고 있으니 나랏님을 믿고 또 국정을 운영하는 국회의원을 믿어야 함에도, 우린 마치 싸움 선수들만 뽑아 국회의원을 만들어 놓은 것만 같다.

　왜 이러지요? 언제까지 이 나라 이 국토를 똥바가지를 덮어쓴 것처럼 서로 찌푸리고 상대를 헐뜯고 아무 일도 하지 않으면서 국민의 세금으로 자기들의 가족까지 먹여 살려야 하는지, 이런 양심에 없는 행동으로 국민에게 무슨 염치로 표를 달라 했는지 따져보고 싶은 심정이다. 아니 분노를 느낄 정도이고, 언제까지 이 나라를 좀먹는 행위를 할 것인지 욕이나 실컷 해주고 싶다.

욕도 글이니 못할 것도 없고 욕도 말이니 못할 것도 없건만 생각하면 할수록 욕도 아까워서 못 하겠으니 어쩌면 좋으냐. 우리나라 좋은 나라 아름답고 정 많은 나라였는데, 정치로 더럽혀진 지금의 이 땅 이 나라에 더 무슨 말을 할까. 이 나쁜 사람들~~~!

세월호, 오늘은 나도 한마디 하고 싶다

도대체 어째서 세월호 사고가 생겼고 또 어째서 이렇게 많은 시간 동안 온통 슬픔에서 벗어나지 못하고 있는 것일까. 실로 통탄하리만치 슬프고 아픈 일이기에 전 국민이 안타까워 발을 동동 구르며 슬퍼했다. 나도 국민의 한 사람으로 그 아까운 생명을 잃은 슬픔 때문에 두 달 동안이나 목이 잠겨 말이 나오지 않을 정도로 울고 또 울었다. 그 뿐 아니라 그 차가운 바다를 뒤지며 한 명이라도 더 찾아보겠다고 물에 뛰어든 구조대원들을 보면서, 또 싸늘한 죽음이 되었을 때마다 또 울고 울었다. 모두가 소중한 우리의 가족이며 국민이기 때문이다. 그 많은 실종자들을 찾았을 때마다 살리지 못한 시신을 보고 내가 죄책감이 들어 꿈속에서도 울고 있었다.

그러나 지금 이 시간, 우리는 과거에만 얽매여 있을 수만은 없는 일이 아닌가! 살아 있는 사람들이 살아가야 할 사명감이나 또 책임 있는 일들을 해야 하기에 이젠 훌훌 털고 일어나 다시는 그런 일이 없도록 교훈 삼아 점검하고 살펴보며 거울이 되어야 할 일이다.

어제의 일은 이미 지나간 일이고 내일은 아직 오지 않았으니, 오직 지금 우리의 삶을 잘 판단하여 옳고 그름을 알면 후회를 만들지 않을 것이다. 비 온 다음 땅이 굳어진다는 속담처럼 더욱 탄탄한 믿음의 사회가 될 것이라 생각된다.

연일 TV에 보도 되고 있는 세월호의 이야기, 이젠 좀 접었으면 좋겠다. 날마다 스트레스를 증장시키는 사회의 병이 되어 나라 전체가 건강할 수 없는 뉴스일 뿐이다.

정치인은 아무나 될 수 있는 일이 아니라고 생각했는데, 요즘은 아무나 정치를 하는 세상이 된 것 같다. 까다로운 법리를 공부하여 정치인이 되었을 텐데, 지금은 아무나 사건만 일어나면 정치적인 발언을 마구 쏟아내고 심지어 정치인도 그를 따라 움직이니, 이 나라 정치인은 과연 누구란 말인지 묻고 싶다. 그래서 오늘은 7순이 넘은 나도 한마디 하고 있는 것이다. 제발 국민을 위한 정치인이 되고 '지금'이라는 시간에 투자하여 무엇이 나라에 이익이 되는지를 살펴보는 본연의 자리로 돌아가길 간절히 바라고 있다.

정치인이 나라를 잘 운영하여야 국민들이 힘을 내고 살기 좋은 사회를 이루겠거늘, 걸핏하면 뛰쳐나와 순진한 국민들을 선동하고 불안한 행동으로 정치를 하고 있으니, 실로 믿음이 아닌 슬픈 분노를 느낀다.

그토록 함께 슬퍼했던 세월호 사건이지만 그 한 가지 일에만 매달려 다른 일들을 돌보지 않고 정쟁으로만 허비하는 국회의원들을 보면서, 주변의 많은 사람들이 다음 선거에는 투표 기권할 것이라 벼르고 있으니, 귀담아 들어야 할 것이다.

특별법을 요구하는 유가족들도 이젠 국회법에 따라 협조하고 온 국민들의 슬픔이 함께 있었음을 잊지 말았으면 고맙겠다. 그래야만 정치인들도 정쟁에서 벗어나 국민을 위한 새 지표를 열어 갈 수 있기 때문이다.

그리고 제각기 자기 자리가 어디인지를 알았으면 좋겠다. 농부는 농사일, 사업가는 사업, 상업자는 상업, 주부는 주부로 자기 일에 충실함이 애국이며, 서로 상생하는 행복일 것이다.

역시나 불자라는 믿음이

결혼식이 있어 서울로 가게 되었다. 급히 집을 나서면서 깜빡 휴대폰을 두고 갔다. 역에서 만나기로 한 사람이 있어 둘러보아도 복잡한 부산역사에서 만날 수가 없었다. 전화를 해야겠는데 큰일이다.

자리를 옮겨 다니다가는 도리어 못 만날까봐 그 자리에서 두리번거리다 지나는 사람의 손에 핸드폰을 보고 염치 불구하고 "그 폰 한 번만 빌려 쓰면 안 될까요?" 하고 물었다. 그 사람은 아무런 반응도 없이 지나가 버렸고 가까이서 내 말을 들은 젊은 새댁이 "이 전화를 쓰세요." 하기에 미안하고 고마웠다. 얼른 통화부터 하려는데 "편안히 생각하시고 천천히 사용하세요."라고 해서 고맙게도 연결할 수가 있었다. 기차가 떠날 시간에 얼마나 요긴 했는지 모른다

나는 이럴 때마다 물어보는 말이 있다.

"혹시 종교는?"

"불교예요."

하는 말에 우리는 처음 만난 사이가 아닌 오래 전부터 친히 지내왔던 인연처럼 편안한 마음으로 서로 반갑게 손을 잡았다. "역시나 불자는 달라요" 하면서 작은 호신의 그림을 하나 건넸더니, 그분도 좋아하는 얼굴로 밝은 미소를 남기고 눈에서 멀어졌다.

서울에 도착할 때 까지 그 미소를 생각하며 부처님의 품이 이렇게 소중하고 행복한 것임을 느끼면서 그분의 가슴이 따뜻했다고 칭찬해 주고 싶었다. 작은 배려에 큰 감동을 심은 오늘처럼 나도 참 불자의 모습으로 누구에게나 행복을 전달할 수 있기를 다짐하게 되었다.

여행으로 다져지는 우정이란

아들 친구들의 인연으로 엄마들의 모임이 있다. 고3 때부터 이어진 오랜 친분의 사이로 이번 4월에는 우리 아들의 근무처인 LG 직원들의 연수원이 있는 백암에 가기로 했다.

경주에서부터 LG의 후덕한 인심으로, 베푸는 공덕으로 우린 편히 갈 수가 있다. 차비는 물론이고 온천도 요금을 받지 않으며 여러 가지 편의시설도 공짜다. 우리 일행 모두 이미 노년의 몸으로 여기 저기 고장 난 소리를 내곤 하지만 모처럼의 나들이에 아이처럼 행복해하고 들뜬 기분으로 쉽게 잠들지 않아 늦게까지 윷도 놀고 쌓인 이야기들을 풀어놓았다.

사람이 재산이다! 그때 그 학생들이 지금은 곳곳에서 나름 사회의 일원으로 필요한 사람이 되어 각기 가정을 이루고 가장이 되어 있으니, 세월의 무상함은 우리 엄마들의 주름진 할머니 모습이 말해 준다. 2박 3일이란 짧은 일정을 정말로 재미있게 서로가 서로를 이해하고 아껴주며 마음 듬뿍 정이 들었다.

새벽부터 길가에 늘어선 이웃 마을에서 가져 온 각종 채소며 나물들, 엉게, 가죽나무순, 그리고 취나물, 도라지, 고사리, 더덕, 수많은 재료들의 반찬거리가 손님맞이를 하고 있었다. 모두가 외지에서 온 손님들로 연일 북적이고 있는 이곳 시골이 LG 창업자 구인회 회장님의 큰 서원으로 이곳의 생활 터전도 윤택하게 된 것이다.

연수원 로비에 살아생전 나라 발전에 크게 기여한 그분의 동상이 있어 나는 합장하고 감사의 뜻을 올렸다. 당신께선 등불 같은 존재로 세계만방에 기리 남을 역사가 되었다고 말씀 드렸다. 우리는 무엇으로 세상의 보람을 남길까. 숙제 같은 화두를 안고 돌아와 내내 감사하고 있다.

어찌 전생이 없을까

    얼마 전 병문안을 갔을 때, 중환자실에서 생사를 넘나드는 고통과 괴로움이 내게도 전해졌다. 주렁주렁 달린 여러 가지 주사액이며 기구들, 그리고 산소 호흡기며 보는 것만으로도 희망이 없었다. 그런 시간이 한 달 하고도 보름이 지나 조금씩 의식이 돌아왔다고 들었다.

    그런데 깨어나면서부터 제일 먼저 평소에 즐겨 피운 담배를 달라고 조른다고 한다. 의식 없이 오래 지났으면 담배 생각도 잊었을 법한데, 이것이 바로 자기가 익혀온 습이 아니던가.

    내 친구 중에 남편이 급성 맹장으로 수술을 했는데 수면에서 의식이 살아나면서 제일 먼저 하는 말이 눈을 감은 채로 "고(go)!"라고 했단다. 평소에 고스톱을 무척이나 즐겨 했던 학교 선생님이신데,

아내인 내 친구가 의사 선생님 보기가 민망하여 흔들어 깨우면서 "뭐라고 하노?"하니까 "투~고라니까!"하고 한 수 더 위의 말을 해서 부끄러웠다고 했다.

  듣고 있던 우리는 그날 너무 많이 웃었지만 사람은 혼수상태에도 평소에 즐겨하던 자기의 그 정신만은 가지고 있는 걸 보니, 이 모두가 습관에서 오는 자기 업이 아닐까 싶다. 지금 좋은 습관으로 살아 좋은 과보를 이루어야 한다고 생각하니 날마다 아니, 순간순간 자신을 살피고 새로운 각오로 후회 없는 삶이 되길 다짐하게 된다.

약이 아닌 것 없는데

요즘 TV에 천기누설이란 프로그램이 있다.

세상에 약이 아닌 풀도 없고 약이 아닌 나무도 없다. 잎이며 가지며 뿌리까지 모두가 약이 되어 그 무서운 암에서 새 생명을 얻었다는 반가운 이야기들이다. 심지어 병원의 처방으로는 불가능 하다는 환자가 먹고 나았다니 더더욱 신기하고 고마운 일이 아닐 수 없다.

이름을 다 들먹일 수도 없는 그 수많은 약초들이 우리와 같은 세상에서 살고 있으며 우리 인간에게 삶의 희망과 용기를 주고 있으니, 어찌 말로서 감사함을 표할 수 있겠는가?

발 아래 밟히는 풀이라고 함부로 대할 것이며, 머리 위에 거추장스런 나뭇가지라고 함부로 잘라 내거나 꺾을 수 있단 말인가.

급하지 않으면 구할 마음이 없지만 막상 생명과의 관계라면 온갖 벌레도 약으로 쓰지 않던가. 만 가지의 색으로, 만 가지의 맛으로, 없는 것 없는 이 세상에서 우리가 사람이라는 조건으로 너무 함부로 생각하고 아무렇지 않게 사용하고 있는 모든 것에 한번쯤은 반성해 볼 필요가 있을 것 같다.

작은 나무 큰 나무들이 산을 지키고 맑은 공기를 만들어 우리 삶을 지켜 준다고 생각하면 산을 오르고 내리며 쓰레기 하나인들 아무렇게나 버리지 못할 것이며, 딛고 다니는 땅에게도 걸음걸음 감사하지 않을 수 없는 일이다.

내 삶도 누군가에게 약이 되는 삶이어야 겠다는 생각을 해 보았다. 누군가에게 내가 필요했으면 좋겠고, 누군가 내 말이 기쁜 약이 되었으면 좋겠고, 그 어떤 일에도 내가 도움이 될 수 있는 사람이면 좋겠다.

흔하디 흔한 사랑타령만이 우리 사회를 아름답게 만들 수만은 없다. 작은 것 하나에도 또 유정 무정에도 소중히 아끼고 고마움을 느낄 때 스스로 행복할 수 있고 믿음이 동참 되는 세상의 동반자가 될 것 같다.

알면서도 당할 뻔 했던 보이스피싱

　요즘 자주 듣게 되는 갖가지 수단의 보이스 피싱의 이야기가 남의 이야기가 아님을 실감하게 되었다.

　아침에 전화가 걸려와 "이름이 이정옥씨냐?"고 물어, 그렇다고 답했다.

　"여기는 서울 여의도 농협지점인데 방금 정수만이란 사람이 당신의 주민등록증과 통장을 가져와 돈을 찾으러 왔는데, 조금은 의심스러워 확인한다"고 했다. 그리고는 전화번호, 주민등록번호, 주소지의 아파트 동 호수까지를 차례로 물으면서 맞느냐고 했다.

　당연히 맞는 말이라 의심하지 않고 그렇다고 답했다.

　"요즘 불법체류자가 이렇게 활개를 치고 사기 행각을 하니 은행으로서도 하루에 몇 건씩 보게 되는 일이라 확인을 한다"기에, 묻는 말에 꼬박꼬박 답을 해 주었다.

"지금 돈을 인출하려는 사람은 거짓이니 그 사람을 잡아라."는 말소리가 분명 내 귀에도 들렸다. 그리고는 지나가는 순찰 경찰을 부르는 소리를 내더니, 여의도 경찰 수사계 아무개라는 사람이 조금 전과 같이 나의 모든 신상을 다시 묻고는 빈번한 일이니 수사에 도움을 달라며 신고 절차를 밟는다고 했다.

나는 답을 하면서 나에 관한 모든 것이 하나도 틀리지 않아 조금도 의심치 않았다. 통장 모두를 지금 동결하지 않으면 모두 잃게 되니, 신고하라고 했다.

나는 직접 은행에 가서 신고하겠다고 했다.

그때 답은 "대한민국 경찰을 믿지 못하면 누굴 믿느냐."고 했다.

이렇게 감쪽같이 당할 뻔한 일이 내게도 있었던 것이다. 늘 모임이나 이웃에서 들어왔던 사기 이야기는 누구나 당할 수 있는 지능적인 방법을 사용하니, 정신 차리지 않으면 큰일 날 일이다.

지난 후에 생각하니 자기들이 사기를 치면서 사기를 막아준다니 너무 웃기는 일이다. 점점 더 인간을 믿지 못하는 세상이 되어가니, 이럴 때 부처님의 바른 계율이 그들에게도 감화 될 수 있으면 좋겠다는 발원을 해 보았다.

아이 사랑이 나라 사랑 되길

요즘 맑은 날씨를 만나기가 어려워졌다. 황사가 하늘을 뒤덮고 있기 때문에 연일 뿌연 날씨로 상쾌한 기분이 될 수가 없다.

좀 오래 전 이야기다. 우리나라에도 황사가 심해서 학교까지 휴교를 할 정도로 심한 황사가 몰려왔을 그때 나는 중국 여행 중이었다. 집에 돌아와서 들은 이야기다.

딸 셋이 모여 "이렇게 황사가 심한데 엄마는 중국에 갔으니 얼마나 고생이 심할까?"라고 걱정을 했을 때, 곁에서 듣고 있던 어린 손자가 "중국의 황사가 우리나라로 다 날아왔으니 할머니는 괜찮을 거예요"라고 했단다.

이렇게 순수한 아이들의 마음이 맞았던지 내가 있었던 그곳의 하늘은 맑고 평안하여 불편이 없었던 기억이 난다. 때 묻지 않은 어린 동심의 마음들이 아주 아주 천진하여 보석처럼 아름답게 느껴질 때마다, 어른들의 보살핌으로 잘 자라나서 이 나라의 굳건한 국민으로 당당히 살아갈 수 있게 되기를 진심으로 축원하게 된다. 사람 사람마다 어린이들을 사랑하고 나쁜 생각 들어내지 않아 밝은 사회 이룬다면 믿음의 행복이 되지 않을까 싶다.

옛날 어른들이 하던 말이 생각난다. 부모 없는 설움보다 배고픈 설움이 더 크고 배고픈 설움보다 나라 없는 설움이 더 크다고 했던 말이다.

요즘 외국인과의 혼인으로 먼 나라 사람들이 문화도 말도 다른 우리나라에 살고 있다. 서로가 사랑으로 만나 결혼한다면 몰라도 삶이 어려워 어쩔 수 없는 결혼이라면 슬픈 일일 것이다. 우리 아이들에게 우리나라 만세로 살게 해주면 좋겠다.

아버지의 말씀이

지금 내 나이에도 가끔은 아버지의 말씀이 생각난다.

"남의 허물 앞에 내 허물을 살펴보라."

"한쪽 다리가 짧아 절룩이면 한 다리가 길어서라"고, "남의 약점을 보지 말고 그 사람의 장점을 살펴보라. 키가 큰 사람은 훤출해서 보기가 좋고 키가 작은 사람에겐 아담해서 보기가 좋구나 라고 생각하며 말을 하라"고 하셨다.

"모든 일에 그 사람의 상처가 될 말은 하지 말라"는 뜻이었다. "사람이 어떤 환경에서 살아왔는지는 그 사람의 말에서부터 그리고 보는 눈빛에서 알아 볼 수가 있음을 느끼게 된다"고 하셨다. 그래서 옛 어른들은 근본이라는 말씀을 하셨으리라. 어릴 적부터 어른들의 말씨나 교육을 잘 받고 자란 사람은 어른이 되어도 말을 함부로 하지 않으니 실수가 없고 점잖은 거동으로 타이르며 훌륭한 덕목 앞에 절로 고개 숙여지기도 하는 것이다.

지금은 집집마다 자녀들이 한 명 내지 두 명이니 옛날 우리가 자랄 때와는 환경이 너무 달라 무조건적인 사랑으로 꾸중도 없이 귀하게만 자라 배려심이 없고 이기심으로만 가득하여 어른도 몰라보는, 실로 안타까운 현실이다. 물론 아이는 사랑으로 키워야 하고 잘 보살펴야 하지만 기본적인 예의는 바르게 가르쳐야 한다고 생각된다.

어제 TV에서 청학동의 김봉곤 훈장의 집안 아이들을 보게 되었다. 어쩌면 너무도 옛 풍습을 고집하여 흰 바지 저고리에 두건 쓰고 수염도 기른 그 아빠를 원망도 할만한 이 시대의 아이들이건만 너무도 반듯하게 잘 배운 말씨며 행동이며 불만이라곤 찾아볼 수 없이 그 아버지를 따랐다. 매를 맞아도 맞을 만한 잘못이 있어 맞는 일이니 원망이 될 수가 없고 모든 일들이 "우리 잘되라고 혼내시니 감사하며 당연히 받아야 한다"는 말을 듣고 눈물겹도록 고맙고 감사하고 대견하여 부럽기도 했다.

4남매 모두가 같은 생각으로 바른 교육에 어른을 공경하며 농촌 생활에도 잘 적응하여 쉬지 않고 일하며 어느 가정에서도 볼 수 없는 특별한 교육법이지만 감사하는 마음으로 일을 하니, 마치 옥수수알이 탐스럽게 잘 익은 모습이랄까? 고마움이다. 그리고 감동이다.

흔히 말하는 아빠, 엄마라는 칭호를 쓰지 않고 아버님, 어머님으로 부르며 흐트러짐이 없는 양반의 인성과 예의는 우리 모두의 귀감이며 효심이다. 이 아이들이 우리들의 보배로 잘 커서 주변을 밝혀 주길 바라고 싶다.

아무리 훌륭한 의사도

갑상선 치료를 받기 위해 병원엘 갔다. 나만이 아닌 너무 많은 사람들이 차례를 기다리고 짧은 의사와의 면담으로 처방전을 받는다.

병원 이곳저곳을 둘러보니 군데군데 놓여있는 작은 화분들에 심어져 있는 꽃과 식물들을 보게 되었다. 실내에서 오래오래 햇빛을 보지 못하고 사람들의 훈기에 맥이 빠져 목이 길게 드리워져 죽지 못해 겨우 살아있는 그 모습들이 몹시 불쌍해 보였다.

간호원은 손님맞이에 최선을 다하고 의사 선생님은 한 사람이라도 사람의 병을 낫게 하는 의무와 책임으로 열심히 하지만 아무도 그 식물들이 아파함을 보지 못하고 있다. 그저 날마다 물만 주면 되는 것으로만 알고 있을 뿐이다. 내가 오래도록 꽃을 키우고 사랑하는 사람이기에 그 꽃이 얼마만큼이나 아파하고 괴로워하는지를 알고 있다. 시원한 바람과 햇빛이 그리운 꽃과 나무들을 내가 어찌 해 주지를 못하고 돌아오는 길에 그 화분들이 눈에서 사라지지 않아 편치 않은 가슴이었다.

비록 이 꽃뿐일까. 우리 주변에 사람의 정이 그리워 목마른 이웃이 또한 얼마나 많은가. 세상이 점점 더 가파른 인심으로 목이 길어진 작은 삶들을 우리가 보살펴 안아주고 격려해야 하는데, 이웃에 대한 무관심으로 돌보지 않고 살고 있는 것 같다.

함께 사는 세상을 이루기 위해 우리는 사랑과 자비심으로 물의 흐름처럼 함께 흘러가길 소원해 본다.

통장 없는 저축을 하라

올 여름의 장마는 단순히 장마가 아닌 홍수이며 수마(水磨)로 전국이 난리를 만난 그야말로 전쟁터 같았다. 내가 살고 있는 우리 주변엔 별 피해가 없어 다행이라고만 생각 했는데, 뉴스를 보며 무척 마음이 아파 보고만 있을 수가 없었다. 내가 아무 일 없었다고 좋아만 할 일이 아닌 것이 졸지에 집을 잃고 갈 곳 없는 그 사람들이 어찌 남이라고만 생각할까. 도리어 나 혼자 편안한 것만 같아 미안함이 가슴을 파고 든다.

내 집만이 아니라 이웃과 나라, 그리고 세계가 평안했을 때 그때서야 진정 내가 행복함을 느낄 수 있는 일일 것이다.

초하루 법회가 열렸다. 마음 모아 수재민 돕기를 하였다. 제법 많은 성금이 모여 TV에 소개된 영도 복천사에 이 성금을 전하기로 했다. 현장은 참으로 막막하고 어이없는 도량이 되어 있었다. 산에서 굴러 내려온 바위는 건물을 뚫고 마당까지 차지하고 있었고, 그나마 군인들의 도움으로 치워지고 있었다. 마치 전쟁이 휩쓸고 지나간 흔적 같다. 이렇게 자연도 화가 나면 그 누구도 말릴 재간이 없다.

"저 일을 어쩌나"하고 안타까워했다가 이렇게라도 위로를 할 수 있었음이 다행이고 고마운 동참이 되었다. 지금 감당키 어려운 처지의 스님과 대중 앞에 나는 그래도 "절이 참 아름다운 곳이네요"라고 했다. 어떻게 해석이 될까.

복천사라 이름 짓기 전에는 운해사(雲海寺)였다고 한다. 이곳 복천사 복원불사가 하루빨리 이루어져 많은 신도님들의 귀의처로 평안한 기도처가 되길 기원드렸다. 사소한 일 하나라도 우리는 이웃을 외면해선 안 될 일이라는 걸 다시 한 번 느끼는 날이 되었다.

우리 신도님 중에 하신 말씀이다. 아드님들 모두에게 필요한 불사에 동참시킬 때마다 "통장 없는 저축을 하라"고 독려하신 그 말씀이 내 가슴에 큰 감동으로 남았다. 굳이 큰 금액이 아닐지라도 수희 동참하여 함께 한다면 빗물 한 방울 한 방울이 모여 홍수를 이루듯 우리의 정성정성이 모이면 불행한 이웃은 격려의 힘으로라도 다시 일어날 용기가 될 것이다.

오늘 나는 다시 또 발심하여 아름다운 세상을 위해 기도하며 정진하리라 서원해 본다. 하늘이 들려주는 광명의 법문과 허공이 들려주는 흔적 없는 법문, 그리고 산이며 나무가 들려주는 신선한 법문들,

바다의 넓고 끝없는 대해의 법문과 그 물속의 뭇 생명의 법문들도…뿐이던가? 엄마 같은 이 대지(大地)의 천만 가지 열매와 곡식 그리고 땅속의 뭇 생명들이 우리를 위해 자라고 있지 않은가. 어찌 은혜 속에 살며 은혜를 베풀지 않을까?

삼재 기도를 하면서 불의 고마움, 물의 고마움, 바람의 고마움으로 승화시키지 못한다면 그것이 바로 재앙이 아닐까 싶다. 축원처럼 가슴이 따뜻하고 아름다운 생각으로 근본 마음이 평안하길 발원하며 밤을 맞는다.

세상이 많이 변했다

옛날 우리가 젊었을 때만 해도 어린아이들이 부모를 떠나 남의 집 식모살이를 해야 하고 공장에서 밤일까지 해서 모은 돈으로 고향의 부모님께 부쳐 드리고 했던 시절이 있었다. 나 역시도 애기들을 키우면서 스무 살이 되지도 않은 소녀를 애기 보는 도우미로 데리고 있었다. 지금 생각해 보아도 마음 아픈 일이었다.

토요일, 일요일에도 쉬지 않고 일을 했던 시절이었다. 지금은 쉬는 날마다 아이들과 가족들이 집에 있지 않고 다들 야외로 또는 여행으로 여가 생활을 즐기며 살고 있으면서도 나라를 원망하고 불만을 토하며 데모를 일삼는 것을 보게 된다.

심지어 요즘은 도둑들도 주 5일 근무를 한다는 말이 있을 정도이다. 그래야만 자식들에게나 가족들로부터 의심을 받지 않고 다른 사람들과 같이 좋은 가장으로서의 모습을 보이기 때문일 것이다. 아무리 도둑이나 나쁜 짓을 하는 사람일지라도 자기 가족에게만은 최고의 가장이고 싶은 것은 사람이기 때문이다.

요즘 칭호도 바뀌어 식모가 아닌 가사도우미, 아기 돌보는 도우미등 모든 허드렛일 하는 사람이라도 도우미라는 칭호로 불리운다. 출산도우미, 간병도우미, 수도 없는 봉사의 뜻으로 도우미로 바꿔 부르니 훨씬 예쁜 말이 된 것 같다. 이런 변화는 참으로 고마운 일이라고 생각된다. 누구에게라도 사람의 인격을 저하시키지 않고 가능한 돈보이게 대한다면 미움이나 저주라는 단어가 사라질 것이다

요즘 자주 뉴스로 듣게 되는 학교 폭력이나 왕따 학생의 최후의 아픔은 우리 사회가 씻을 수 없는 괴로움일 것이다. 왕따 학생의 가슴에는 육신의 고통보다 더 큰 마음의 상처가 있을 것이기에 곁에서 살펴 안아주고 사랑과 관심으로 그를 위로해 주어야 불행한 일을 막을 수 있을 것이다. 사람은 누구나 사랑 받아야 하고 사랑 받을 일을 해야 할 것이며 사랑을 주어야 할 것이다. TV의 폭력 장면을 볼 때면 정말 마음이 아파 볼 수가 없다. 우리 가슴이 이리도 먹먹한데 그의 부모와 가족들은 또 얼마나 많은 상처로 가슴앓이를 할까 싶다.

보살계에서 들은 말 첫 구절에 "남을 상처 나게도 하지 말며 산목숨을 죽이지 말라"는 대목이 있다. 남을 상처 나지 않게 하면 죽일 일은 아예 하지 않을 것이다.

착한 사람은 자기 몸의 일부분도 떼어서 남모르게 주는 일도 하

는데, 왜 이렇게 잔인한 사건들이 생기는지 알 수가 없다. 옛날 전 깃불도 없는 깜깜한 밤에도 이웃 마을까지 심부름도 가고 놀러도 다닐 정도로 좋은 인심과 믿음의 세상에서 마음 놓고 살았다. 지금은 밝고 환한 길조차 사람을 경계해야 하고 무서움에 떨며 걸어야 하니 너무 아찔하지 않는가.

자꾸 새 스마트폰을 바꾸듯 하기보다 옛날 우리들의 바쁜 농사일 때도 밤이면 이웃과 정겨운 시간을 가졌던 그 여유로움을 생각해 보았으면 좋겠다. 전철 안 맞은편 10명 좌석에 단 한 사람만 바로 앉아 바깥풍경을 보고 있고 남은 9명은 모두가 손가락이 바쁘게 움직이고 있다. 모두 어디로 그렇게 정신없이 문자를 보내는지 목적지까지 손에서 놓질 않는다. 생각 없는 시간 때문에 생각 없는 짓을 하게 되는 것이다. 휴대폰은 꼭 필요시만 사용하면 좋을 텐데…

세상은 지금 불타는 화택인데

날마다 일어나는 세상의 슬픈 소식들 때문에 모두가 우울하다. 우리나라만이 아닌 세계가 들끓고 있는 뉴스들… 테러에 지진이며 협박이며 이 모든 것이 안전하지 못한 지구상의 아픈 상처들이다.

사람이 잘못 살아 자연이 화를 낸다고 생각된다. 불교에서 말하는 생암 지옥의 지진이며 쓰나미라면 사람의 힘으로 막을 수 없는 크나큰 재해이지만, 사람이 사람을 힘들게 하고 아프게 하고 슬프게 하는 몹쓸 짓을 함은 용서와 배려가 없이는 끊이지 않는 악몽으로 계속 될 원한이 아닐까.

나라가 달라 자기 영토를 지키기 위함은 어쩔 수 없겠지만 우린 지금 이웃마저도 믿지 못하고 문을 꽁꽁 걸어 잠그고 살아야 하는 현실이 참 안타깝다. 내가 어렸을 때만 해도 엄마가 장에 가고 안 계시면 이웃이 나를 보살피고 먹을 것도 주면 엄마는 고마운 마음에 장에서 사온 것을 나누어 주는 정겨운 모습들을 보고 자랐다. 지금은 유치원 선생님까지도 믿지 못할 지경이니 부모가 마음 놓고 아이를 맡길 곳이 없다고 하는 말들을 한다. 그러니 어찌 믿음이 있겠는가.

날마다 나는 누구로부터 얼마만한 믿음을 가졌는지, 또 나는 누구를 얼마만큼 믿고 있는지를 생각해 본다. 조금씩이나마 이웃을 믿는 습관이 되면 좋겠다. 그리고 여유 있는 차담시간도 갖고 삶의 대화도 나누어 보자. 헝클어진 머리를 빗듯이 벽이 없는 대화로 믿음과 신뢰로 내 몸 같은 이웃으로 산다면 세상이 얼마나 평화로울까 싶다.

세상에 이런 일이

어느 날 텔레비전에서 '세상에 이런 일이'라는 프로그램을 보았다. 정말! 세상에 이런 일이… 어느 시골 마을에 닭 세 마리가 다른 닭들과 어울리지도 않고 높은 나뭇가지 위에서 지내고 있음을 보았다. 다만 먹이를 구할 때만 잠시잠시 내려 왔다가는 다시 나무 위로 올라가곤 한다. 사람도 오르기 어려운 그 높은 나무 위에서 밤을 지내고 또 알을 낳는다. 주인은 곡예를 하듯 그 나무를 타고 어렵게 올라가 알을 꺼내와야 한다.

그 이유인 즉, 새끼 병아리가 태어났을 때 11마리의 형제였는데, 다른 짐승들로부터 다 잡아먹히고 세 마리의 형제만 남았다고 한다. 이때 놀란 병아리가 점점 자라면서 조금 더 높은 곳으로 자꾸만 오르다가 가장 안전하다고 생각이 된 까치집을 택하게 되었다는 주인의 설명이다.

이 광경을 직접 화면으로 보는 순간, 가슴이 찡하고 마음이 아파 한동안 마음을 떨칠 수가 없어 일이 되질 않았다. 이건 재미있는 이야기가 아닌 슬픈 일이 아닌가. 세상의 모든 생명은 죽음을 두려워하고 폭력을 싫어한다. 얼마나 놀라고 겁이 났으면 날으는 까치집에 보금자리를 택했을까. 닭이란 사람과 가까이서 모이를 먹고 밤이면 낮은 움막에 올라가 잠을 자는데… 비단 닭만의 이야기일까. 우리가 살아가는 이 사회가 밤이든 낮이든 사람을 의지하고 믿음으로 살아감이 가장 행복한 삶이 아닐까.

요즘 우리가 살고 있는 이 사회가 어떤가? 부모도 형제도 믿을 수 없는 슬픈 현실을 신문 지상에서 자주 접할 때마다 가장 소중한 것을 잃어버린 것 같아 허탈함을 느낄 때가 많지 않는가. 옛날 사람들은 이웃이 한 가족이었고 남이 아닌 우리로 살아오지 않았나. 그때는 지금처럼 많이 배우거나 많이 알고 살지 않았지만, 사람마다 가슴이 따뜻했다. 지금 우리들은 '내'라는 존재에 빠져 자신마저도 바로 볼 수 없어 타인에게 배려함이 인색하지 않는가.

그래서 우리는 종교가 세상을 정화하는데 앞장서야 한다고 생각한다. 우리 불자는 부처님의 가르침을 배우면서 육바라밀을 실천하여 밝은 사회를 만들어야 한다. 날마다 잠에서 깨어나 오늘을 만남에 감사하고 내가 남에게 이로움을 줄 하루를 만들어 보겠다는 서원을 해야 하리라. 낮이면 내가 하고 있는 일이 아침의 내 서원과 얼마나 닮았는지 생각해 보고 밤이면 조용히 눈을 감고 하루를 돌아보자. 내가 남에게 아프게 하거나 마음에 상처 준 말은 하지 않았는지, 그리고 오늘을 후회할 일은 없었는지, 또 보람있는 일은 얼마나 했는지, 이렇게 우리부터 달라져야 이웃의 평안이 나의 평안이 될 것으로 믿는다.

사람과의 사이엔 믿음이 최고이고, 사랑 받기보다 사랑 줌이 더욱 아름다운 일. 나로 인한 두려움 만들지 말고 나로 인한 행복 만듦이 불자의 삶이리라.

생명

　잠 오면 잠자고 목마르면 물을 찾고 배고프면 밥을 먹고 슬플 때 눈물을 흘림은 사람만이 하는 것이 아니라 모든 동물들도 다르지 않다네. 생명과 감정은 다 같은 법, 심지어 나뭇가지를 꺾어도 나무는 흰 피를 흘리며 아파한다. 파리나 벌레를 잡으려 해도 잡히지 않으려 도망을 간다. 명주실 같은 다리를 가진 모기도 잡으려면 어느새 사라지고 다시 나타난다.

　그래서 팔만사천의 생명보다 더 많은 천억의 생명이 존재한다 하더라도 그 삶을 아니, 그 생명을 의도적으로 해치려 하지 말아야 하며, 그런 그 모습 그대로 인정함이 바른 자비의 행이라 믿는다.

　겨울의 깡마른 나뭇가지가 잎도 없이 그 추위를 이겨 봄이 되면 어김없이 자기 옛 조상의 모습으로 다시 꽃피우니 나뭇가지만 있을 때 몰랐던 그 본시의 형형색색을 다 볼 수 있으니, 모든 것은 그 시절을 기다릴 줄 아는 인내(忍耐)도 지혜로움이다.

사람도 사람의 모습 속에 들어있는 그 마음을 알기엔 많은 시간이 필요하고 즐거울 때 함께 웃어주고 힘들 때 함께 있어주며 위로해 주는 아름다운 그 마음이 진정한 벗이며 이웃인 것이다.

우리가 배워야 하는 것도 사람만이 아닌 사계절이 일러주는 자연의 법문이 더 큰 스승이기도 하다. 흘러가는 물이 바위에 부딪칠 때 아프다고 하지 않고, 하늘에서 밝은 해는 깨끗하고 더러움을 가리지 않고 비추이며, 하늘에서 내리는 빗줄기도 장소를 가리지 않는 것처럼 불법(佛法)의 대비심도 이와 같은 뜻이리니 언제나 하심(下心)하여 자연 속에 나도 자연이 되어 살리라.

새끼 잃은 말의 슬픈 가슴

오늘은 일요일. TV를 보고 있었다. 말과 사람과의 마음을 읽고 소통하는 장면이 나왔다.

150cm 높이의 장벽도 거뜬히 넘으며 승마를 즐기는 사람에게 쾌히 등을 내밀던 말이 어느 때 부터인가 사람을 거부하고 등을 내놓지 않았다. 주인이 아무리 쓰다듬고 안아줘도 통하지가 않았다. 말의 심정을 모르는 주인은 그저 답답할 뿐 어찌 해야 할지를 몰랐다.

외국의 동물 심리 치료사가 도움을 주기 위해 찾아왔다. 놀라운 사실이 밝혀졌다. 이 말이 너무 큰 슬픔에 젖어있다는 것을 말을 안아보고 만져보면서 그 마음을 듣게 되었다고 한다. 참으로 신기한 일이 아닌가. 말은 아무도 모르게 혼자서 산고의 고통을 겪으면서 새끼를 낳았지만 아무도 돌보지 못해 그만 죽고 말았다고 한다. 어미인 이 말은 너무나 가슴에 한이 되어 그 슬픔에서 벗어나지 못하고 있다는 이야기다.

주인은 이 말이 임신 했다는 사실조차 몰랐다고 한다. 한 번도 숫컷에게 간 일이 없으므로 그러리라고는 믿지 않았던 것이다. 그냥 어느 날부터 말이 사람을 태우기 싫어하고 거부하니 알 수가 없었다고 한다. 오늘 이렇게 말과 대화할 수 있는 심리치료사를 통해 그 속내를 알고 보니 그저 미안하고 미안할 뿐이다.

심리치료사는 말의 아픈 상처를 보면서 눈물을 흘리며 아픈 마음을 대신하고 있었다. 몸에 난 상처도 새끼가 죽어있는 좁은 마구간을 드나들며 부딪친 흉터였으며 다리에 힘을 잃어 걸을 수 없었다고 한다. 주인은 눈물을 훔쳤다. 말은 치료사를 통해 대신 주인께 이해해 달라는 부탁까지 한다고 한다.

어찌 사람만이 자식 사랑일까. 모두가 미안해하는 마음을 이해했을까? 조금 후 말은 힘을 내어 주인에게 등을 내밀었다. 주인은 미안함과 사랑으로 등에 올라 탔다. 옛날처럼 서서히 걷기 시작했다. 참으로 감동이다.

우리는 이런 광경을 보고도 살아있는 모든 동물이나 생명체에 함부로 할 수 있을까. 사람이라는 월등심으로 아무렇게나 대해선 안 될 일. 오늘 나는 가슴이 미어지는 슬픔으로 말에게 인간으로서 미안함을 느끼며 어서 그 마음이 치유되어 활기찬 옛 모습의 삶이 되길 빌었다.

모든 생명을 사랑하고 인정할 때 세상은 한층 더 아름답고 평안하리라. 그 어떤 생명체도 새끼를 사랑하는 모성애는 말로 다 할 수 없는 위대한 것, 사랑하고 사랑하자.

삶의 가치

우리가 일상생활에 무심히 만져지는 물건들을 가만히 생각해 보면 하나하나가 다 소중한 인연들이 아닐까 싶다. 값이 비싼 것만이 아닌 아주 보잘 것 없는 물건이라도 내가 요긴히 사용하는 물건이라면 다 고마운 존재일 것이다.

예를 들어, 어떤 부자가 나와 좋은 관계로 알게 되어 지금의 내 어려움을 도와주겠노라며 좋은 집을 마련하여 집안의 모든 물건들과 심지어 옷과 화장품까지도 완벽하리만치 준비해 주며 아무것도 가져오지 말고 몸만 와서 이곳에 와 살라고 한다면 좋아할까?

그동안 나와 어려움을 함께 해온 손때 묻은 물건들을 미련 없이 버릴 수는 없을 것 같다. 빛바랜 사진 한 장이라도 내겐 그 무엇과도 바꿀 수 없는 소중한 추억이며 돈으로도 살 수 없는 나만의 것이니 사람과의 인연도 마찬가지. 당장에 돈이 많은 귀인을 만나서 행복하다 하더라도 어려울 때 함께 한 오랜 정으로 엮어 온 그 정만 할까?

일할 때 부담 없이 입는 옷이어야 하듯 우리 사람과의 인연도 편안한 옷과 같은 도반일 때 행복한 인연이리라.

바로 우리 소림 연화선원의 여러분이 그 무엇과도 바꿀 수 없는 소중한 인연들입니다. 늘 오늘처럼 함께 웃고 함께 행복하길 발원하나이다.

산 생명 앞에 광명진언을 외며

지난 연꽃모임 야외 법회 날, 고속도로를 달리다 휴게소에 들렀다. 화장실을 다녀오며 씻은 손을 털며 차가 있는 곳으로 향할 때 내 눈은 높은 차에 실린 수많은 닭들의 눈빛을 보았다. 서로 바깥으로 고개를 내밀고 꼬꼬 소리를 내고 있었다.

지금 죽으러 가는 길인데, 이 길이 마냥 신기한 닭들의 표정을 보면서 "자기가 자기의 맛을 알기나 할까?"를 생각하며, 사람이란 동물은 이렇게 산 목숨 앞에 한 번도 미안해하지 않고 그저 맛으로만 생각하기에 어린 영계 닭을 찾는다. 정말 미안하고 가슴이 저려 온다.

나는 마음속으로 광명진언을 외우고 있었다. 그들에게 무슨 도움이 될까만 그래도 다음 생의 생명은 적어도 닭이 아닌 인간으로 착한 삶을 만나라고… 저렇게 많은 닭들을 죽여야 하는 그 얄궂은 직업을 가진 사람은 살생을 하나의 생업으로 돈을 번다는 단순한 생각뿐, 죄를 의식하지 않을 것이다. 그래서 알고 짓는 죄와 모르고 짓는 죄의 차이가 자비와 무지이리라.

오늘도 내 몸 위해 내가 무엇을 즐겨 먹고 있는지 한번 쯤 생각해 볼 필요가 있을 것 같다.

가능하면 나 때문에 남의 생명 죽게 해선 안 될 일.

사람도 자연만큼 정직하게

사람도 자연만큼 정직하게 살았으면 좋으련만… 곁에 있으면서 친히 지내면서도 비밀이 많아 속을 알 수 없는 사람이 있는가 하면, 몇년 만에 한번 볼까 말까 하는 사이라도 가슴을 터놓고 이야기할 수 있는 사이도 있다.

양파는 벗겨도 또 벗겨도 겉과 속이 다르지 않고 그대로임을 보게 된다. 그런가 하면 밤송이는 무서운 가시로 온 몸을 감고 있어 함부로 만질 수도 없고, 그 속의 알밤에도 역시 딱딱한 껍질로 스스로를 보호하고 있다. 뿐만 아니라 그 단단함 속에 또 한 번 떫은 막으로 감싸 있어서 그마저 벗겨 내고서야 밤의 진실을 알게 하는 달콤한 맛을 느끼게 된다.

양파처럼 겉과 속이 한결같아서 더 궁금해 할 것 없는 사람과는 아무런 허물이 없는 순수한 정을 나눌 수가 있으며, 밤송이처럼 겉모습은 까칠하지만 그 속마음을 알면 알 수록 진실한 인격과 인품으로 향기로운 삶을 보게 될 때면 그를 스승으로 섬기게 된다.

벗나무는 봄이 되면 언제나 그 투박한 나뭇가지에 앙증스런 꽃망울을 힘이 부치도록 터뜨리고 있다. 뿐만 아니라 모든 자연은 거짓이 없어 해가 바뀌어도 변함 없이 제각기 자신들의 조상을 이고 나타난다.

우리 인간들도 다 부모님들의 모습과 성을 이어받아 태어나면서부터 각기 다른 또 하나의 가문을 이루어 살아간다. 그러나 우리 사회는 자식이 잘못을 저지르면 으례 그 부모에게로 흉이 돌아가고 부모는 그 욕마저 다 받아들이며 자식의 허물을 덮어준다.

부모가 자식을 사랑하는 마음은 이렇게 끝이 없지만 자식이 부모를 섬기는 마음은 어찌 부모를 따를 손가. 자식은 부모의 조그마한 허물에도 이해하려 하지 않고 부모를 외면하고 원망한다. 그러나 사랑은 내리사랑이라는 말처럼 부모에게 불효하는 사람도 자기의 자식에 대한 사랑은 또한 지극하다.

우리가 이웃과 함께 행복한 우정으로 살아가려면 첫째 나부터 달라져야 할 것이다. 내가 아닌 우리로 사는 방법이라면 우선 나보다 이웃에 대한 배려와 이해로 허물없는 '정 나눔'일 것이다. 물질의 풍요로움은 전생의 복으로 금생에 누리고 살지만 본시 내 것 없이 태어나 내 것을 만들어가며 살고 있으니, 지금 소유한 모든 것을 복되게 나누어 살 수 있음이 보살의 서원이 아닐까 싶다. 그러나 남이 소유하고 있는 것을 내 것이라 탐내어 말도 아닌 논리로 우기며, 힘으로 빼앗으려 든다면 이건 자연의 도리에 역행하는 죄를 짓는 행위일 것이다.

오늘도 신문이나 방송에서 좋은 소식 보다 사회를 어지럽히는 유쾌하지 못한 기사들을 보며 무엇을 보고 무엇을 느끼며 또 무엇을 자손들에게 가르쳐야 하는가? 우리 모두에게 공덕이 될 서로 아끼고 칭찬할 일들로 가득 채웠으면 싶다. 그리하여 우리들의 후손들에게 부끄럽지 않은 조상이 되어야 하리라.

많이 가질 만한 사람이 가짐은 지극히 당연하고 분수에 맞지 않은 것을 가지려 함은 탐욕일 뿐이다. 따라서 사람마다 자기가 할 수 있는 일을 함은 지극히 당연함이나 할 수 없는 일임을 알면서도 아무 일에나 집착을 한다면 필요 없는 간섭이며 욕심일 것이다.

우리 모두가 꽃을 심어보자. 내년에도 다시 그 꽃을 만나보자. 자연은 정직하니까 심었던 그 종자의 꽃이 그대로 피게 되리라. 우리의 삶도 그러하여 내생의 행복한 과보를 얻기 위해 미움과 원망을 만들지 말고 맑고 향기로운 마음으로 부지런히 정진해야 할 것이다.

후회하지 않을 삶을 위해

- 보고 싶은 사람 생각날 때면 미루지 말고 만나라.
- 은혜는 꿈에라도 잊지 말아야 한다.
- 주변의 어려움엔 진심으로 축원하고 기도해 주어라.

- 때때로 마음을 비워 홀가분하게 살아라.

- 미움은 빨리 비우고 고마움은 오래 가져라.

- 빚 지지 말아라. 가능하면 빨리 갚으려는 노력을 하라.

- 목마른 사람에게 물을 주고 옷 없는 사람에게 옷을 주라.

- 먼 곳의 벗에게 편지를 쓰라.

- 세상의 모든 것을 아름답게 보고 아름다운 가슴을 만들어야 한다.

- 하루에 3번 내 삶을 돌아보자.

- 생각해 보고 말하는 습관을 가지자.

- 상처 되는 말을 삼가 하자.

봄의 꽃 벚꽃

봄이라는 계절을 얼마나 기다렸을까? 모진 추위를 잘 견디어 까만 가지에 움츠려 숨어있다가 아직도 쌀쌀한 날씨이건만, 이 나무 저 나무 가지마다 무겁도록 매달려 피어있구나. 작고 앙증맞은 꽃잎 하나하나가 너무도 귀엽고 사랑스러운데 누구나 차별 없이 보여주는 법문으로 나투시니, 나는 이 매화 꽃님들께 무엇으로 보답해야 할까가 고민이다. 부처님께 올리는 공양으로 해야하지 않을까.

긴 길 끝까지 피어있는 이 꽃님들이 제일 먼저 하는 설법은 차별하지 않음이다. 좋은 사람 나쁜 사람 가리지 않고, 높은 사람 낮은 사람 구별하지 않으며, 세상을 향해 모두가 행복하라고 하하 호호 웃어주며 반겨주고 있다. 어른 아이 가리지 않고 모두 기쁘고 즐겁게 쉬어 가라 한다. 그냥 나무 아래 서 있어도 시비치 않는다.

이 아름다움에 나는 꽃이고 싶다. 꽃을 보고 느끼는 환희법문에
나 젖어들어 오늘을 잊지 않을 것이며 당신 닮아 사랑으로 차별하지
않는 평등세계로 공양 올리리라…

　연분홍 꽃잎이 허공의 꽃이 되어 나르고 있다. 우담바라 꽃비가
아낌없이 날리고 있다. 세상의 무상(無常)을 노래하며 집착 없는 세
계로 사라져 갔다.

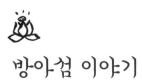

방아섬 이야기

몇몇 인연들과 경남 하동군 진교면 술상리의 방아섬엘 가게 되었다. 오래 전부터 들어오기만 했던 그곳에 벼르다 가게 된 것이다.

부산에서 진교 술상리까지는 그리 멀지 않은 곳이었다. 도착하여 다시 배를 타고 5분 정도면 작은 방아섬에 내리게 된다. 첫눈에 그림 같은 예쁜 집이 이국적인 분위기로 다가와 보인다. 파란 하늘에 푸른 바다가 마주보고 있는 이곳에서 하루를 지내게 된다고 생각하니 설레이는 가슴으로 방에 들었다.

딱 한 집뿐인 이곳! 하루 밤을 자게 되며 세 끼의 공양이 제공된다. 웰빙 음식으로 깔끔한 영양식이 끼니때마다 다른 메뉴로 정성과 사랑이 가득 담긴 좋은 휴식의 공간이었다. 우리 일행 모두가 새로운 곳에 왔음에 좋아하고 있었다. 그러나 딱히 놀이를 하거나 다른 이용 할 거리는 없다. 다만 하루 두 번 바닷물이 빠지는 시간이 있어 해변가를 이 틈에 한 바퀴 돌아 거닐 수 있는 기회가 있을 뿐이다.

우리 일행도 바닷가를 걷기로 했다. TV에서 함초의 약효를 알게 되었는데 이곳에서 흔하게 볼 수 있는 해초였으며 소라 고동과 자연산 석화가 바위마다 휴식을 즐기는 듯 널려 있었다. 물 위엔 작은 고기떼들이 하얀 비늘을 반짝이며 펄쩍펄쩍 재주로 뛰어 올라 마치 환영이라도 해주는 것 같은 착각이 되었다. 이 모두가 도회지에서는 볼 수도 느낄 수도 없는 신기함으로 시간 속에 붙들린 사람이 되었다.

한 시간 쯤 걸어 우리는 다시 숙소로 돌아와 저녁 공양을 한다. 다른 일행들과 함께 해야 하는 시간, 그 알림의 신호는 옛날 우리가 초등학교 시절의 종소리로 여러 번 울리면 사람들이 모여들어 공양을 하게 되니 참 재미있는 광경이었다. 서로 눈인사를 나누며 자리에 앉아 각처에서 온 신고랄까 주고 받는 인사가 되어 금방 이웃으로 친한 사이로 변했다. 역시나 인연이란 말이 필요 적절하게 사용되는 용어였다.

우리는 내가 준비해간 과일이며 먹을거리를 나눠 먹으면서, 또 가져간 옻으로 밤이 즐거웠다. 많이 웃고 격의 없는 소통으로 누구의 허물도 볼 수 없는 도반들로 불연(佛緣)에 감사하며 늦은 밤에야 잠이 들었다.

다음날 아침, 같은 시간에 눈을 뜨고 처음으로 황금빛 햇살을 만나게 되니 감동이며 감격으로 뛰어 나왔다. 우리가 머문 방 바로 맞은편, 너무도 가까운 곳에서 맞이한 크고 붉은 색의 해가 바다 위로 서서히 오르고 있었다. 누가 뭐라 할 것도 없이 모두가 해를 바라보며 합장하고 각기 가족들의 축원을 올리고 있었다.

나는 늘 하던 그대로 "오늘 하루 또 만날 수 있음에 천지만물 우주조화 공기님께 감사 예경 드리옵고, 이 우주 법계의 모든 생명들이 두려움에 떨지 않고 건강하고 평안하여 행복한 삶이 되길" 기원하였다. 너무 가까운 곳에서 떠오르는 이 햇님을 잊을 수 없을 것 같아 가슴에 담고 사진으로 찍어 남기기로 했다.

아름다운 방아섬! 그 옛날부터 방아 찧는 소리가 난다고 방아섬이라 이름 지어진 이 작은 섬 바로 앞에도 옆에도 더 작고 아름다운 섬들이 누가 물 위에 띄워 둔 것처럼 많이 널려있다. 모두가 무인도라고 하니 기왕이면 저기 보이는 저 작고 예쁜 섬 하나를 내 것이라 이름 지어놓고 한 번씩 꺼내보는 나만의 그리움을 가져볼까 하며 돌아왔다.

우리나라 좋은 나라 산도 들도 아름다운 우리나라 좋은 나라. 우리가 더 아끼고 사랑해야 할 보배이네.

모습은 달리도

TV에서 러브인 아시아라는 프로그램을 시청하면서 사람의 모습은 달라도 감정은 틀리지 않아 사랑하고 슬퍼하고 그리워하는 마음이 우리와 다를 리 없는 사람임을 느끼게 된다.

옛날 우리가 어릴 적엔 외국인이면 마치 하늘나라에서 온 사람처럼 이상하게도, 또 귀하게도 보았던 기억이 난다. 그러나 오늘날 세계가 한 지붕이라는 말 그대로 오고 감이 자유롭고 사는 곳도 또한 인연 따라 정착하여 살게 되니, 우리나라에 남편으로 아내로 만나 살고 있는 다문화 가족이 주변 곳곳에서 흔하게 볼 수 있는 일이기도 하다.

나라 안에 살아도 여건이 되지 않아 자주 볼 수 없는 가족들도 많은데 하물며 머나먼 이국땅에 살고 있는 사람들이 부모형제를 만나기가 쉬운 일은 아닐 터이다. 그나마 요즘 TV 프로그램에 출현한 사람들은 큰 행운으로 덕택에 가족 상봉을 하게 되는 특혜를 이룬 셈이다.

시청하는 우리들도 그들의 애환에 함께 눈물 흘리며 동조 하게 되니, 그 아픈 눈물을 이해하게 되는 참으로 고마운 프로그램이라 생각 된다. 모두가 한결같이 고향을 찾은 이들은 부모형제를 만날 때마다 한 걸음에 달려가 얼싸안고 그동안 말 못할 고생과 보고 싶었던 오랜 그리움에 피를 토하듯 눈물을 흘릴 때 가슴이 저려오는 슬픔이 내가 겪고 있는 듯 따라 눈물을 흘리게 된다.

또 일가친척들과의 만남도 감동의 드라마이다. 또는 오래 가지 못해서 뵙지 못했던 사이 할머니 할아버지가 돌아가시고 찾은 묘소에서 생전의 모습을 그리며 비석을 껴안고 우는 모습에는 어찌 우리의 심정과 다를까.

이젠 우리 주변에 많은 다문화 가족들을 우리가 보듬어 이웃이 되어주고 보살펴주어 그들이 더는 외롭지 않고 그곳의 그리움을 이곳에서 다 내려놓을 수 있으면 좋겠다.

사람은 모습만 다를 뿐 피의 색깔은 다 똑같은 인간이다. 행복하면 웃고 슬플 땐 눈물을 흘릴 줄 아는 사람이다. 말이 달라도 눈빛은 만국어가 되어 다정한 모습, 좋은 이웃으로 세계에서 제일 살기 좋은 대한민국임을 심어주었으면 싶다

그들은 지금 모든 것이 서툴고 힘들어도 어른을 공경하고 남편을

극진히 받들며 아이들도 키우며 군 말없이 농사일도 척척 해내고 있다. 틈틈이 우리말을 익히려는 노력의 모습이 대견하기도 하다.

우리는 우리나라에서 국민으로서 마음껏 누리며 불편 없이 살고 있음에 감사해야 한다. 내 곁에 있는 행복을 소중히 간직하여 그늘진 이웃도 살피며 이웃이 곧 나임을 알고 인색함이 없는 사랑으로 베풀고 아껴주는 정 나눔의 세상이 되길 바라고 있다.

모든 것은 제자리에 있어야

아무리 깨끗한 밥알이라도 밥그릇이 아닌 옷에서나 얼굴에나 머리에 붙어있다면 그건 추한 것으로 비칠 것이며 잘 입은 옷에 헤진 신발을 신었다면 또한 그 복장이 아름다울 수가 없는 것이다. 사람도 자기 모습대로 살아감이 바른 삶일 것이다.

농부가 정치를 못하며 정치인이 농사일을 할 수가 없다. 마찬가지로 누리고 사는 사람이 집안 살림에 등한할 수밖에 없고 남의 일로 생활하는 어려운 이에게는 내 일이 아닌 남의 일에도 능숙한 법. 우리는 각자가 자기의 자리, 자기의 분수를 알아야 하는 법이다.

내가 아닌 남을 비교하며 내 뜻과 다르다고 남을 함부로 헐뜯고 비방하며 마치 그 사람 때문에 내 일에 지장이 있는 것처럼 남을 의식하고 괴롭히는 사람이 있다. 모두가 내가 남이 될 수 없고, 남이 내가 되어주지 못한다. 각자가 자기의 좋은 점을 잘 살려 내 것으로 내 놓을 일이지 남을 딛고 일어서려는 어리석은 행동은 삼가 해야 한다.

요즘 정치도 마찬 가지다. 국민의 세금을 먹고 나라 살림 잘 살아 달라고 뽑힌 의원들이 맨 날 당리당략으로 마치 싸움 선수들을 뽑아 두고 링 위에 올려 복싱 선수들을 보고 있는 기분이다. 그러나 이 세상에 싸움을 즐기는 자는 극소수이고, 모두가 평화롭기를 원하고 있다.

남과 북도 화해해야 할 이 시점에 한 가족인 국민들이 패 갈림이 되어 너무도 지겨워 보는 것으로도 고통이다. 아침 동산에 해 떠오를 때 두 손 모아 오늘 하루도 이 나라 이 국토에 행복한 햇살을 비춰주시길 기도하고 있다.

만해축제에 다녀오면서

　2013년 제 17회 만해대상 시상식이 있는 만해마을에 가기로 했다. 벌써 17회가 되었는데 그동안 신문이나 방송을 통해서 매년 들어오던 만해축제에 꼭 한번 가보고 싶었다. 몇몇 도반들과 함께 가게 되었다.

　애초의 계획은 안동 용수사를 들려 그곳에서 하룻밤 기도하며 자기로 했었는데 가는 길목에 청량사 계곡에서 조금 놀다 지도를 잘못 보고 착각하여 정암사를 먼저 가게 되었다. 너무 먼 길이어서 다시 용수사로 돌아올 수 없어 정암사로 갔는데, 어둠이 짙어 절은 그야말로 조용했으며 산 위의 수마노탑에서만 목탁소리와 기도소리가 들려오고 있었다. 우리는 너무 어두워 산을 오를 수 없어 수마노탑을 행해 합장하고 내일 새벽에 다시 와야 겠다고 의논하여 가까운 거리의 장작 찜질방에서 쉬기로 했다.

　새벽 일찍 깨끗이 몸을 씻고 정암사 수마노 탑전으로 갔다. 밤 새 워 기도하시던 보살님들과 거사님들은 내려와 대기한 버스로 돌아 가고 있었다. 한적한 이 시간에 우리가 가져간 경책을 읽으며 예배 드리고 기도할 수 있어 참으로 다행이라 생각되었다. 여기 이 수마 노탑은 다른 곳의 탑과는 달리 돌을 벽돌처럼 깎고 잘라서 쌓은 7층 석탑이다. 부처님의 진신 사리를 모셨다 하여 적멸보궁 안에는 불상 을 모시지 않고 대신 산 중턱에 세워져서 예배의 대상이 되고 있다. 1972년 이 탑을 해체복원 할 때 탑의 내부에서 사리와 관련된 기록 이 발견되었다고 한다.

　귀한 이 시간에 맑고 밝은 신심으로 가슴을 적시니 더 머물고 싶 다. 그래도 우리는 또 다시 만해마을로 가야 한다. 점심 식후 식장에 갔을 때 벌써부터 많은 사람들이 행사장을 메우고 있었다. 단상에는 합창단들의 아름다운 단체복 차림과 정리된 모습이 아름다웠고 외 국인들도 많이 와서 여기저기 사진도 찍으며 축제 분위기가 한창임 을 실감하게 되었다.

　이윽고 식이 시작되었고 우리 불교를 대표하는 총무원장 스님의 축하 메시지와 도지사며 인사들의 인사말씀에 이어 차례대로 수상 을 하게 되었다. 제일 먼저 대한성공회 김성수 주교님이 상을 받고 소감을 우리 불교의 선(禪) 법문 하나를 인용하여 말하니, 참 보기가 좋았다. 이렇게 타 종교인으로 또 이웃 종교에도 이 큰 상을 줄 수 있는 여유와 덕목이 또한 좋아 보였다.

상의 제목은 만해 평화 대상이다. 수상자들은 페툴라 귤렌(터키 사상가 교육 평화운동가), 만해 실천 대상으로는 다공따야(미얀마 시인겸 소설가), 앱더라힘 엘 알람(모르코 작가, 학자, 문학 비평가), 일면 스님(생명나눔실천본부 이사장), 만해 문예대상은 잉고 슐체(독일 소설가), 콘스탄틴 케트로프(러시아 시인 철학자), 한선숙(한국예술종합학교 교수), 이렇게 사실상 나와는 아무런 관계가 없는 일이더라도 하객의 한 사람으로도 기쁜 일이라 박수를 칠 수 있었다.

상이란 그 사람의 인격과 정신적인 세계가 빛이 되어 주는 것으로 인정해 주는, 큰 뜻의 상이며 세계가 공감하는 일이기에 알려져야 하는 보람된 일이다. 그 먼 나라에서 이 산골 만해마을까지 와서 불교의 축제 만해대상 시상식에 권위 있는 상을 받게 되니, 얼마나 행복 했을까 싶다. 우리의 자랑이기도 한 일이다.

내 머리를 쓰지 않는 시대

옛날에는 그 많은 전화번호를 다 외우고 어디서나 전화를 할 수가 있었다. 그런데 지금은 자기 가족 전화도 못 외우는 시대에 살고 있음을 느낀다. 모두가 머리로 쓰지 않고 기계인 폰으로만 의지하여 쉽게 저장하고 그것도 단축번호를 사용하니 번호를 기억할 수 없을 것 같다.

집을 나설 때 까맣게 잊고 나갔거나 분실이 되면 이건 큰 낭패를 만나는 일이다. 모든 것이 하얗게 기억이 나질 않으니 그 틈에 약속을 지키지 못하거나 장소를 잘못 알아 오해가 생기기도 하니 큰일이지 않는가.

나도 일전에 한번 폰을 잊고 나가서 큰일이 될 뻔했다. 그래서 오늘은 종일 작은 수첩에 메모를 옮겨두기로 했다. 실수를 만들지 않기 위해 준비하는 것이 좋을 것 같아서이다.

모임에서 자주 듣는 아들 전화번호가 기억나지 않는다는 엄마들의 말은 건망증이라기 보다 너무 쉽게 사는 습관 때문일 것 같다.

흘러간 옛 노래를 잘 부르던 우리 거사님도 요즘은 노래방 기계를 보지 않고는 가사가 기억 나질 않는다고 한다. 오늘부터 우리 내외는 서로 전화 할 때면 번호를 손으로 꼭꼭 눌러서 기억하는 습관으로 바꾸자고 약속 했다. 물론 아이들에게도 단축 입력을 이용하기보다 번호로 눌러 통화하는 습관으로 내가 나를 의지하는 마음으로 살아야 겠다.

영화 '길 위에서'를 보면서

아주 오랜만에 신심 돈독하신 배기수 거사님 전화가 왔다. 지금 서면 롯데시네마에서 불교영화 '길 위에서'를 상영하니 보러 가자고 한다. 우리 내외와 친구 몇 사람과 함께 극장으로 갔다.

은해사 백흥암에서 4계절을 영상으로 담아낸 아름다운 풍경과 스님들의 일상을 소개한 영화였다. 그 어느 한 장면도 일부러 영화처럼 꾸민 것이 아닌 다큐로 보여주는 스님들의 일상에 애환과 고뇌 그리고 애잔한 슬픔도 있었다.

나도 그 옛날 처녀시절에 출가의 뜻으로 몰래 집을 빠져나갔다가 도중에 잡혀 집으로 돌아온 일이 있었다. 아버지는 전국의 큰스님들이 다 알아주는 신심이 지극한 분이셨고, 스님들께 쓴 소리도 농담도 잘 통하셨던 분이셨지만 딸의 출가만은 허락하지 않았다. 그 이유는 "양반집 딸이, 뼈대 있는 가문의 딸이 어찌 부모의 반대에도 출가를 한단 말이냐."하는 것이었다. 큰 딸인 내가 출가하면 두 여동생의 혼사에도 문제가 따른다고 하셨다.

내가 처음 절에 다니게 된 그때는 새벽마다 집 앞의 대각사 종소리가 들릴 때면 "풋 보살아 절에 가자"며 나를 깨워 예불을 함께 드리곤 했었다. 그러다 천수경도 반야심경도 금방 외워 아버지께 자랑했던 그때부터 아버지는 걱정하셨던 것을 나는 모르고 있었다. 절에 가는 것을 말리시며 "나이 든 처녀가 비구승의 절에 가는 것이 보기에 좋지 않아 오늘부터 나도 안 갈 테니, 너도 집에서 경이나 읽어라"고 하셨다.

그때만 해도 젊은 사람들은 별로 절에 다니지 않았을 때이긴 해도 처음엔 아버지도 나를 대견하게 생각하셔서 청담 큰스님이 대각사에 오셔서 법문하실 때도 손수 경옥고 약을 내게 들려주시면서 큰스님께 공양을 올리게 하셨다. 청담 큰스님은 나를 빤히 보시면서 누구냐고 물으셨고, 아버지는 "제 여식입니다"라고 소개해 주시곤 했었는데, 너무 열심인 내가 도리어 아버지를 걱정하게 했던 것이다. 그래도 나는 아버지 몰래 대각사 절에 새벽마다 저녁마다 하루 두 번씩 백일을 마음 먹고 백팔 배를 하였고, 그 틈에 부산불교청년회에도 가입하여 함께 법문도 들으며 활동하였다.

그 무렵 우리 집에 자주 들리셨던 진주 응석사 비구니 묘찬 스님이 오셔서 몰래 스님이 계시는 주소를 물어 두었다. 그곳에 가서

100일 동안 스님들이 하시는 법화경 번역 기도에 동참하였고, 강화 보문사에서 두 달간 기도했을 그때는 아버지를 무척 속상하게 하였다. 아버지는 눈물까지 흘리시며 아버지의 뜻을 따라 달라고 하시니, 나는 더는 저버릴 수가 없어 주저앉게 되었던 때가 있었다. 그래도 그 뜻만은 헛되지 않았기에 오늘날 재가불자로서, 또 대원성으로 살면서 주변의 사람들을 부처님 품에 안기게 하는 역할을 할 수 있었다.

오늘 이 영화의 장면마다 아련한 추억과 접목 되어 묘한 느낌으로 내내 얼굴에 뜨거운 눈물이 흐르고 있었다. 세상에는 많고 많은 인연들로 이어져 부모 형제를 떠나 수행이란 도량에 몸을 맡겨 버릴 때 피도 살도 섞이지 않은 사람들과 함께 생활하면서 그 힘든 과정을 자처하기에는 얼마나 많은 고민과 서원을 다짐했을까 싶다.

스승과 제자가 된 후 스승은 이런 말을 했다.

"제자가 몸이 아프면 내 마음이 너무 아파 잠이 오질 않으니 묘한 인연이지요."

스승님의 말에는 코끝이 찡하였고, 정이란 아름다운 것이었다. 함께 만행한 시간과 공유의 즐거움도, 또 유쾌한 장난의 행복도 다 수행의 일면 속으로 빠져 들고 착하디 착한 어린 비구니 스님은 "전생의 업보"라는 말에 상처를 받아 울었고, 위로하는 형님 스님은 "전생에 하던 공부 다시 이어서 하기 위해 지금 여기 왔노라."고 믿으라며 격려하고 안아주니, 그 마음 이 마음 모두가 짠하기도 했다.

마지막 큰스님의 밥값 이야기에는 목이 메이고 가슴이 아파온다. 치열한 자기와의 사투로 수행을 익히기까지 힘들었으면 빚진 삶이라 할까? 어찌 스님들만이겠는가. 우리 일상이 모두 내 것이 아닌, 잠시 누리고 있을 뿐인데 이 순간들을 내 것이라는 착각으로 행복과 불행을 느끼기도 한 것이다.

백흥암 절 문이 닫히고 영화는 끝이 났다. 눈물 자욱이 지워지지 않은 채 바깥으로 나왔는데 어디선가 낯익은 비구니 스님들이 신도들 속에 둘러 서 있다.

내 눈과 스님의 눈이 마주치자 미소로 인사하며 "화면에서 본 스님이네요."했더니 "네~"하고 답하신다. 스님의 눈가에도 눈물 자욱이 묻어있었다.

그때 그 아기의 울음소리가

오늘 제주도 여행을 마치고 돌아오는 비행기 안에서 어린 아기의 울음소리가 오래도록 그치질 않는다. 많은 승객을 태우고 나르는 비행기는 부산까지 길어야 한 시간이지만 그 엄마는 얼마나 당황스럽고 미안해 쩔쩔맬까를 나는 잘 알고 있다. 나도 젊은 시절 연년생 네 아이를 데리고 버스를 탈 때도 기차를 탈 때도 경험한 일이 있었기 때문이다.

그런데 문득 지난 13년 전 쯤의 일이 생각났다. 우리 내외가 미국 뉴욕으로 가기 위해 비행기를 탔을 때 일이다. 긴 시간을 가야 하는 밤이었는데 맨앞 좌석에 젊은 여인 두 사람이 똑같은 어린 아기를 안고 우유를 먹이고 업어서 얼레기도 하였다. 조금 후 두 아기가 동시에 자지러질 듯 울기 시작하였다. 오래도록 그치질 않아 내심 적정과 짜증이 나려는데, 그 옆자리에 앉은 멋진 차림의 부인을 보니 나보다도 더 괴로울 것 같아 참고 바라보게 되었다. 오히려 그 부인이 아기를 받아 업고 통로를 왔다 갔다 하면서 달래고 있지 않는가. 이 모습을 보고 깜짝 놀라게 되어 내 속에서 일어나려던 짜증이 부끄럽기 시작하였다.

"아이가 어디 불편한 건 아닌지요?"했더니, 아이를 업은 그 부인이 "이 아이들이 외국에 입양을 가는 길이랍니다."

그 말을 듣는 순간부터 내 눈에서 눈물이 펑펑 쏟아지더니, 가슴이 아려 견딜 수가 없었다. 남편에게도 이 말을 했더니 놀라면서 같이 눈물을 흘렸다. 우리는 눈을 감고 잠들 준비를 하다가, 이 상황에 잠은 달아나고 불쌍한 이 아이를 어떻게 보내야 하는가 하는 걱정과 슬픔에 뜬 눈으로 그 긴 시간을 아기들과 함께 울며 뉴욕에 도착했다.

두 여인은 아기를 입양자에게까지 인양하는 도우미로 한 번 더 다른 비행기를 타야 한다고 했다. 곁에서 짐을 찾아주고 안전히 가도록 당부하며 헤어졌다.

그 아기는 지금쯤 13세가 되었을 텐데 어떻게 크고 있을까? 늘 궁금하였고 그 잘생긴 사내 아기가 우리들의 아이들인데… 어떻게 살고 있을까? 지금도 그때 생각만 하면 가슴이 멍멍 하고 눈물이 난다. 귀하고 귀한 한 생명으로 이 땅, 대한민국의 아이로 태어나 겨우 2달만에 보내진 그 아기들, 보고 싶다. 사람을 사랑하고 사람과 사람을 귀히 알아 아픈 이별만은 인위적이지 말아야 함을 모두 지켜주길 바라고 싶다.

모습이 다르다고 우리나라에 정착해 있는 다문화가족들의 설움을 보면서 우리 그 아이들도 어떤 곳에서 설움을 겪지나 않을까? 부디 아프지 말고 잘 커서 슬픔 없고 외롭지 않기를 빌며 이 다음 좋은 모습으로 성공하여 다시 이 땅, 이 국토의 자손으로 돌아오길 축원하며 오늘 이 아기의 울음이 그때 그 아기의 눈물 같아 마음이 내내 아리고 쓰려 비행기에서 내려 집까지 와서도 그냥 슬픈 생각을 떨칠 수가 없었다.

엄마 품에서 우는 아기는 행복한 노래일 것이다.

관심

　우리 아파트 아랫층에 살고 있는 아우님이 아기를 업고 우리 집 벨을 눌렀다. 내가 쓰는 현대불교신문 연재 글을 즐겨보고 있다며, 이번엔 어떤 글이 실렸을까 궁금하여 연속극을 보는 듯 다음 글을 기다리고 있다고 했다. 물론 듣기 좋은 말이었고 위로와 격려가 되는 말이었지만, 이 말을 듣는 순간 나는 더 큰 부담이 되기도 했다.

　그동안의 내 글을 모두 스크랩으로 모아 두었다가 오늘은 그것을 정리하여 가지고 왔다. 내게 아는 사람들이 많으니 필요할 것 같아서라며… 우린 평소에도 서로 좋아하고 좋은 모습으로 만났지만 오늘은 더욱 고맙고 감사한 마음에 부처님 앞에 절할 때 방석 위에 덮개로 쓰라며 내가 물감으로 그린 깔개를 하나 선물했다.

　이렇게 관심이 만들어준 이웃 사랑과 정성을 보아 더 진실한 모습으로 살아야겠고, 나도 내가 아닌 그 누구에게 어떤 관심으로 어떤 모습으로 지켜보고 있었는지를 돌아보게 되는 계기가 되기도 했다. 더구나 기대와 기다림을 가진 독자가 있다고 생각하니, 어떤 말을 어떻게 옮겨 쓰는 글이 되어 보답이 될까 싶다. 그 뿐 아니라 나를 알고 있는 많은 사람들과 또 어떤 인연으로 만났던 사람들이 나의 글을 보고 전화를 걸어올 때면 나는 혼자의 글이 아님을 느끼게 되고, 그때마다 고마움과 미안함이 함께 가슴을 채우곤 하였다.

불교라는 틀에서 살아온 나에 대한 신행이야기며 궁금한 질문도 있었다. 어떤 공감으로 진실된 이야기를 되새기고자 하는 고마움이며 응원으로 보람을 갖게 해주는 말이기도 하기에 모두가 관심임을 알아 실망 없는 회향이 되길 바라고 다시 한 번 감사드리고 있다.

제9장

자연과 우리는
하나

진한 향기는 쟈스민 꽃의 향기였다.
언제나 그 자리에 가만히 있어도
봄의 계절은 이 화분의 나무에까지
다가와 향기로운 꽃을 피운다.

쟈스민 꽃이 피었다

　오늘 아침 거실 베란다 쪽 문을 여는 순간 코끝에 스치는 진한 향기는 쟈스민 꽃의 향기였다. 언제나 그 자리에 가만히 있어도 봄의 계절은 이 화분의 나무에까지 다가와 향기로운 꽃을 피운다.

　하얀 색과 보라색 두 가지의 색으로 한 나무에서 피어 아름답고 신기하기도 하여라. 어쩌면 한 나무에 두 가지의 색이라니!

　자연은 이렇게 알면 알수록 내가 모르는 신비로운 세계가 있어, 색에 반하고 향기에 반해 나는 자리에서 일어날 수가 없었다. 이름도 예쁜 쟈스민 향기로 오늘은 손님을 청하고 싶다.

　나무는 나무라지만 그 나무마다 아름다운 색의 꽃을 피워내는 그 나뭇가지 안에는 아무 색도 들어있지 않은데, 어떻게 그런 색을 만들어 피우는지 칭찬으로 이야기가 될까.

나도 남편도 그림을 좋아하고 그리기도 한다. 남편은 수채화를, 나는 문인화 사군자를 그린다. 우리는 전문인이 아닌 취미일 뿐이지만 그림 속에도 꽃과 자연이 함께 숨쉬고 있다. 난을 그릴 때도, 매화를 그릴 때도, 국화를 그릴 때도, 대나무를 그릴 때에도 생명 있는 그림을 그려야 한다. 비록 그림 속의 꽃이지만 아름다움과 향기를 함께 느끼려 하기 때문이다.

오늘 이 꽃이 질 때까지 더 오래 함께 있고 싶다. 창문을 열어두고 바람에 향기를 날려 주변의 이웃까지 날아가 향기로웠으면 싶다.

우리 집 베란다의 꽃들

나는 꽃과 나무를 좋아한다. 주택에 살 때는 나무를 많이 심었었다. 차(茶)나무 동백 금목수 천리향 모과나무 앵두나무 자두 등 많은 나무를 키우면서 삐죽삐죽 내 민 가지들을 짤라주고 예쁘게 손질했다.

마당엔 길게 줄을 엮어 박 넝쿨을 올려 온통 집안에는 주렁주렁 박이 열려 어둔 밤에 키가 큰 사람이 들어 올 때면 머리가 부딪치는 경우도 생기고 사진을 찍으러 오는 방문객도 있었다.

나름대로 그 즐거움이 있었지만, 세월이 흘러 북적대던 우리 아이들이 하나 둘 집을 떠나 다 자기들의 보금자리를 만들어 길을 찾아가고, 지금은 우리 내외만이 아파트로 옮겨와 조용히 살고 있다.

기다란 베란다에 내가 좋아하는 나무와 꽃을 키우면서 아침 잠에

서 깨어나면 제일먼저 이곳을 둘러봄이 나의 큰 행복이다. 그 중에
도 씨앗을 심어 나무가 된 것을 보면 그 생명의 신비가 느껴져 더욱
사랑스럽다. 어쩌면 그 가지 속에서 아름다운 꽃을 피워내는지 고맙
고 기특하여 혼자 말로 나무에게 얘기한다.

'너는 나의 친구이고 자식과 같은 사랑을 느끼게 하는 소중한 생
명'이라고…

색색이 아름다운 꽃들이 일년 내내 바꿔가며 피어 있어 참으로 고
마운 일이다.

좁은 공간이지만 차나무도 몇 그루 심었다. 아직은 어려 언제 차
꽃을 볼 수 있을지 모르지만, 나는 언젠가 피게 될 그 하얀 꽃을 지
금부터 그려본다.

어찌 사람만이 내 가족일까? 이렇게 베란다를 꽉 메운 우리 식구
가 있어 멀리 외출 할 때면 걱정 되어 이웃에게 부탁을 하기도 한다.
이 나무들도 미처 돌보지 못하면 비록 식물이지만 아프거나 삐져서
회복 하는데 꽤나 시간이 걸린다. 그리고 나는 미안하고 마음이 아
파진다.

모든 생명은 가만히 바라만 보아도 마음으로 느끼는 대화가 있는
데, 하물며 사람과의 교감을 잘 가질 때라야 세상이 한결 더 아름다
워질 것이다. 모두가 소중한 한 생명씩을 가지고 있으니 괴롭히지도
미워하지도 말며 최선을 다하여 베풀고 용서해야 할 일.

작은 화단에 고구마 싹도 버리지 않고 흙에다 묻는다. 때가 되어

절로 없어질 때까지 이 생명도 살 권리가 있지 않을까 해서…

어렵게 핀 풍란의 꽃도 잘라 주어야 그 잎이 오래 견딜 것 같지만 자를 수 없음은 일 년을 꼬박 기다려 핀 꽃인데 질 때까지 두고 보아야 겠다. 그 향기를 오래 풍겨줄 때 그의 몫도 다 하는 것이니까.

고마운 나의 가족 모두가 오늘밤도 평안히, 그리고 내일 아침에 다시 만나 목마름을 적셔주고 또 고마워하리다. 그리고 한없이 자비하신 공기님들께 고마움보다 은혜로움을 가슴에 안고 잠들겠습니다.

아~ㄴ 녕~.

후회를 스승으로 삼자

꽃은 피었다가 시들기에 더 신비롭고 더 아름답고, 젊음은 붙들수 없기에 더 소중하고, 우정은 깨어지기 쉽기에 더 귀한 것…

나무는 태풍을 만들기도 하고 맑은 공기와 그늘을 만들기도 한다. 물은 우리의 생명이고 고마움이다. 그러나 물이 화가 나면 홍수를 이루고, 집도 들도 다 삼켜 버리는 무서운 존재이기도 하다.

따스함을 주고 음식을 만들수 있는 참으로 소중한 불 역시 화가 나면 인간의 힘으로는 감당할 수 없는 위력으로 산도 집도 다 태운다.

파도는 또 어떠냐? 파도를 보면 꿈을 본다. 파도에 꿈도 마음도 다 실어 둥둥 바다를 향해 띄울 수 있는 이야기가 있지만, 파도가 성을 내면 큰 배도 삼키고 주변을 떨게 한다.

모두가 순하고 대화가 되는 착한 성품일 때 그곳엔 꿈도 있고 시(詩)도 있다.

가끔은 나의 모습이 거울에 비친 이유를 살펴보자. 거울이 나를 필요로 했나, 내가 거울을 필요로 했나? 마주 보고 있을 땐 몰라도 분명 나를 위해 존재하는 것, 그러나 거울은 언제나 나를 떠나 보낼 준비가 되어 있어 일초도 나를 더 남겨두지 않는다.

후회는
그때 내가 참을 것을
내가 좀 더 잘했더라면
그때 내가 좀 알았더라면
그때 내가 조심했더라면…
이렇게 후회는 안타까움이지만, 그 후회로 나를 더 깨닫게 하는 스승일 수도 있다.

병아리 구족(具足)이의 장례식

2013년 9월 26일 오전 10시 15분.

사랑하는 삐약(具足)이가 기어이 숨을 거두고 말았다. 머나먼 경기도 수원시에 살고 있는 아들 가족이 어린 손자의 성화에 못 이겨 유정란의 닭 알로 새 생명을 탄생 시켰다.

처음 태어났을 때는 온 가족이 엄마도 없이 태어난 새 생명이 신기하여 여기저기서 축하 메시지를 카톡으로 날리며 난리가 났었다.

세 개의 알에서 세 마리 모두 성공적으로 태어났지만, 날이 지나면서 한 마리 또 한 마리가 죽어 홀로 남은 이 한 마리를 지난 추석에 우리 집으로 데려오게 하였다. 이유는 마당이 있는 집으로 데려다 키우게 할 생각이었다.

아주 예쁜 병아리였고 강아지 못지 않게 따르며 잘 지내고 있었다. 그런데 찻상 아래 삐약이의 응가가 있어 닦으려고 밀었는데, 그 아래 삐약이가 있었던 것을 몰라 그만 다리를 다치게 되었다. 삐약이는 울고 나는 "미안해"라는 말만 되풀이 하면서 안고 달래며 마음 아파 울기도 했다. 그 후 절뚝이며 걸었지만 먹은 밥이 소화가 되지 않아서인지 자꾸만 눈을 감고 누워있기에, 안타까워 앞치마에 싸서 안고 일을 하기도 하였다. 나 때문에 다친 이 생명에게 무엇으로도 보상이 될 수 없는 일이니, 양심의 가책만 늘어나 용서를 빌며 또 어서 나아지길 기도 했다.

서울에서 KTX를 타고 부산까지 와서 자가용으로 마중을 받으며 여기까지 왔는데 또 두고 갈 때는 손자가 슬피 울면서 잘 키워 설날에 오면 또 볼 수 있게 해 달랬는데 이 일을 어쩌면 좋을지…

어제는 범어사 아래 볼 일이 있어 가면서도 차에 태우고 갔다. 생명 다 하는 날까지 그래도 세상 구경을 더 하라는 내 마음이었다.

삐약이 일생이 어떠할 지 알기에 구족(具足)이로 이름을 지었다. 다음 생에 꼭 사람이 되어 구족 신통한 인물이 되라는 뜻으로 지은 이름이다.

잠에서 깨어나지 않아 공진당 약을 꼭꼭 씹어 먹이며 살아나길 바랐지만, 오늘은 영 일어나질 못하고 떠날 것만 같아 살아생전에 부처님 전에 이별을 고했다. 다음 생엔 사람 몸으로 태어나 밝은 세상을 이루게 할 인물이 되길 축원하며 고통 없는 죽음을 빌어주었다.

구족이는 내가 준 마지막 물을 세 번 넘긴 후 죽고 말았다. 나는 우전 차를 담았던 오동나무 통으로 관을 만들고, 그 안에는 부처님 친견할 향 몇 개와 가다가 먹을 모이도 담고 난(蘭)꽃 한 송이도 담았다. 녹차를 우려 마호병에 담아 우리 내외는 뒷산 절이 있는 곳으로 가서 땅을 파고 묻어주었다.

차 한 잔 올리고 반야심경 한 편 읽으며 왕생극락을 빌었지만 어린 생명이 제대로 살아보지도 못하고 떠난 가여운 마음 때문에 가슴 깊이 슬픔이 되어 큰 소리로 울고 말았다.

주변의 사람들은 "그래도 그 병아리는 행운이다."라고 말한다. "병아리가 되기 전이었다면 누구로부터 계란 후라이로 먹히고 말았을 테고, 또 잘 자란다 한 들 결국엔 누군가가 목 졸라 죽여 맛있는 음식으로 먹혔을 것 아닙니까. 그래도 좋은 인연 만나 경 읽는 소리도 듣고 안기어 사랑도 받았으며 KTX 기차도 타보고 자가용도 타보고 다른 닭들이 누리지 못한 것을 다 해 보고 갔으니 잡아먹힐 일이 없지 않았느냐"고 한다.

하지만 내 귀에는 온통 삐약이 소리만 들리고 있었다. 시계의 재깍거림도 주변의 작은 소리 모두가 삐약이가 나를 찾는 것만 같았다.

이별은 이렇게 큰 아픔이 되니 "집착을 끊어라"는 법문을 되새겨 보아도 오늘만은 너무 슬프고 우울한 날이다.

"삐약이 구족아! 잠시 너와 함께 한 시간들! 즐거웠고 행복했단다. 귀엽고 앙증스런 네 모습을 정말 잊지 못할 것 같다. 많이 미안하고 사랑했던 마음 믿어주면 고맙겠고, 좋은 세상에 태어나 누구로 부터 먹히는 몸은 받지 말기를 빈다. 안녕~"

무심한 봄의 비바람

아파트 정원에 목련나무들이 하얀 꽃잎 곱게도 물고 있다가 한 잎 두 잎 벌어지니 우아하고 소담스레 필 것 같았다. 마당을 지날 때마다 목련의 그 꽃 자태를 보려고 기다린 내게 샘이라도 난 걸까? 활짝 피기도 전에 심술쟁이 봄바람이 거세게 불고 비 까지 내려 힘없이 떨어진 목련 꽃잎이 마당으로 쓸려 다니고 있다.

어이없는 이 상황에 가슴이 아리고 슬픈 마음은 꿈에서도 놓아버리지 못할 것 같다. 이 모든 것이 자연의 조화라고는 하지만 심술이라는 생각이 든다. 그 춥고 긴 겨울을 견디며 뿌리에서부터 끌어올린 혼신의 힘으로 듬직히 피워보려 했을텐데… 목련 나무가 허탈해 했을 아픔을 내가 아파하고 있다.

나는 알 것 같다. 나무에서 피는 연꽃 그래서 목련(木蓮)이라 부르

거늘~

이 세상에 비단 이 목련뿐이랴. 사람도 인생도 또한 이와 같이 많은 시련을 겪으면서 한 순간의 때를 기다리다 이런 좌절과 수난을 만나는 경우를 간간히 보게 되고 느낄 때도 있다. 우리는 어느 한 가지도 함부로 대해서는 아니 될 것이다.

무엇이던 소중하게 보는 마음과 행동으로 제각기 할 수 있고 쓰일 수 있음을 인정할 때 함께 살아가는 세상의 자연인일 것이다.

땅님! 미안합니다

지금 내가 살고 있는 아파트 나이가 이제 10년이 되었다. 이웃들은 24층 꽤 높은 건물 22층에 우리가 입주했을 때, 멀리까지 트여 있어서 전망이 좋아 우리 집 스카이라운지에서 "차 한 잔 하자"는 말을 해 왔다.

멀리 사면의 끝은 산봉우리들이 나름의 멋을 풍겼고 또 그렇게 높은 건물들이 흔하지 않았다. 언제부터인가 하나 둘 건물이 죽순처럼 솟아 나드니 그야말로 빽빽한 숲이 되어 시야가 달라져 버렸다.

멀리 보이던 산도 가리고 지나가는 전철도 보이지 않게 되어 섭섭하기도 하고 큰 건물로 아침 해를 가리니 그 이웃이 검게 그림자 드리움에 갑갑함마저 느낀다.

그런데, 그 보다도 수십 층의 높이로 올라간 무거운 건물을 이고 있는 땅을 생각하니 정말 미안하고 마음이 아프다. 뿐인가, 땅속을 헤집고 다니는 전철이며 차고도 얼마나 힘들까.

그래도 땅은 참아가며 다 받아준다. 고맙다는 말도 미안하고 죄송한 일이다. 조금 더 생각 있는 행정으로 좀 낮게 아름다운 도시를 만들 수 없을까?

가능한 한 땅도 덜 아프게 했으면 싶다.

땅님! 미안합니다.

나는 어떤 꽃을 피웠을까

아름다운 꽃이며 나무며 모든 생명체가 다 움직이는 신비의 세계가 아니던가? 온갖 모양의 줄기며 나무가 제각기 자기 모습으로 살게 해주는 자비로운 자연이지 않는가?

넉넉한 인심으로 부족함이 없는 먹을거리를 만들어주고 맛도 가지가지, 모양도 가지가지, 색도 가지가지, 어쩌면 그렇게도 고운 색을 피워내는지 신비로워라.

아침 이슬을 이고 있는 토란잎에도 싱싱한 삶을 일러주니, 누가 시인이 아니란 말이던가?

사랑스런 꽃망울마다 내 혼이 스며들고 놓치고 싶지 않은 순간순간들이 나를 행복하게 하니 세상 삶이 이처럼 아름다울 수가 있을까.

거칠고 투박한 벗나무에 아기처럼 귀여운 꽃들이 재잘거리며 피었을 때도 나는 나무 밑에 앉아 그 꽃들과 수다를 떨고 싶어진다. 오래지 않아 바람에 휘날릴 때면 울고 싶기도 하다. 가련한 꽃잎들은 바람이 쓸고 가는대로 따라 날아간다. 가벼운 바바리코트를 걸치고 마냥 끝없이 걷고 싶어진다.

겨우 땅을 비집고 나온 작은 들꽃들도 어찌 무심히만 볼 것인가. 겨울 내내 차가운 땅속에서 눈을 부비며 기다려온 봄이기에 잎도 없이 꽃부터 피워내니 애처럽기 조차 하여라.

사람들의 발길에 밟히고 밟히면서도 기어이 흰색 노란색으로 꽃 피우는 민들레도 아름다운 생명의 자연이다.

아~! 나는 사람으로 살면서 너무도 많은 인연을 엮어 살면서 때로는 행복하게, 때로는 불편하게 나 한사람의 드라마로 살아오면서 무슨 모습으로 흘러왔을까?

내 안에도 노랑 파랑 빨강이 있어 생각하면 다 나타나는데 어떤 꽃을 피우고 살았을까?

이제 남은 인생. 사랑을 열게 하는 나무가 되고 꿈을 심어주는 그리움을 남겨야 겠다. 그러기 위해 부처님을 닮은 삶으로 인자하고 따뜻한 마음으로 모두를 사랑하고 큰 나무의 그늘을 만들어 쉬어갈 수 있는 멋진 도량을 가꾸어야 겠다.

오늘도 땅을 보고 나를 배운다. 그대 품 속에 내 살아 있어 감사드리며…

도시의 별은

도시의 별은 모두 땅으로 빌딩으로 내려와 비추인다. 하늘에 있을 때는 별사탕 모양의 별들이 땅으로 내려오니 네온으로도 큰 간판의 별로도 변해버렸다.

어쩌면 하늘을 쉬게 하는 걸까? 아니 하늘이 하는 일을 방해하는 것이 아닐까? 우리 집 22층에서 온천장을 내려 보면서 공연히 이 걱정을 하고 있다.

저 멀리 높은 산의 불빛은 영락없는 하늘의 별빛이다. 마주 보이는 높은 건물마다 작은 불빛, 큰 불빛이 찬란하다. 몇 집 건너마다 높이 세워둔 십자가는 한결같이 빨간 불빛. 화려한 이 불빛아래 온갖 삶들이 숨어있다.

팔리지 않는 과일을 쌓아놓고 지나는 사람마다 불러보는 사람. 술

집 앞에 서성이는 넥타이 아저씨며 분주한 택시의 질주. 누군가의 급한 삐뽀 차는 급한 소리로 길을 비키란다. 온갖 희비 애락의 삶이 우리네 인생살이다.

어릴 적 시골에서 적막한 밤이지만 별을 세고 달을 바라보며 어린 가슴에도 시가 있고 알 수 없는 그리움이 있었는데… 작은 호롱불이 멀리서도 밝게 비쳐 우리 집 인줄 알았는데, 눈 섶 같은 초생달이 점점 커지면서 둥근 보름달이 되는 것도 보면서 자랐는데…

그립구나 그립구나, 그때 그 시절이…

별 보러 달 보러 갈 시간을 만들어야 겠다.

언제 한번 같이 떠날 사람 없나요?

생각이 같은 사람과의 여행은 참 행복할 것 같아서.

인연, 한 송이 연꽃이어라

심산 스님(홍법사 주지)

인연,

숙세의 선근인연이 아니면

이런 금생을 맞이할 수 있었을까?

익을 대로 익어 아름다움으로 남은 보살행

그래서 너무나 소중한 인연입니다.

수행으로 이어진 기도의 삶,

뼈 깎아 얻은 수승한 경지이기에

그 속에 가피를 잉태한 정진이 있었고

그 처절함으로 영글어진 당신은

그대로 곧 대원성입니다.

인욕으로 꽃 피운 사경은

금강 같은 단정함이고

성격 그대로 시현한 금생의 법 사리

한 글자도 흘려 쓰지 않은 단아한 성품은

옹골진 당신 모습 그대로입니다.

언제나 보여준 정견의 마음자리는

툭 터진 가치이자 준엄한 현실 통찰력인지라

막힘도 주저도 없는 소탈한 인격으로

오직 부처님 법에 의한 정토를 꿈꾸는 원력이고

사사로움을 떨친 삶의 여정입니다.

그렇게 얻은 한 생은

앞서간 선배가 부럽지 않을 한 송이 연꽃 같은 삶이니

무엇을 견주어 우위를 희론 하리요

'참 잘 사셨네요' 라는 한마디 표현은

후학들의 동경이 그대로 묻어나는 결실입니다.

그래서 화장이고 장엄이라면

부모님과 반려자, 그리고 자식으로 이어지는 인연의 바다에서

대 원력의 완성이고 이 시대 불자의 상징이어라

이것이 이십여 성상 곁에서 지켜본

진정한 보살 대원성입니다.

아미타불.

깨달음의 춤으로 아름다운 세상 만들어가는 대원성

류진수(인도공화국 명예총영사)

내면에 감흥이 충만하면 자신도 모르게 자연스레 손짓을 하고 몸짓을 합니다. 내면의 진솔한 느낌이 동작으로 표현되는 것이 춤입니다. 춤은 함께 하는 이들에게 파장을 일으켜 물결을 만들어 갑니다. 축제로 승화되어 환희와 감동을 줍니다.

우리네 인생도 한바탕 춤입니다. 고요한 우주에 어디서부터 시작되었는지는 모르지만 우리의 마음에 미혹이 진동하여 한 세상을 살고 있으니 말입니다. 어느 사찰에 걸려 있는 주련의 글귀에서 더욱 진한 향수를 느낍니다.

山堂靜夜坐無言하니
寂寂寥寥本自然이로다
何事西風動林野이니까

一聲寒雁淚長天이로다

절집의 고요한 밤에 말없이 앉아 있으니
주위도 고요하고 내 마음도 고요하니 본래 자연 그대로다.
무슨 까닭에 서쪽에서 바람이 불어와 임야를 진동케 하는고
외로운 기러기 울음소리에 눈물이 온 하늘을 덮는구나.

그러나 불교는 중생들이 추는 업의 춤을 깨달음의 춤으로 만들고
자 합니다. 분별하고 대립하는 마음을 지혜와 깨달음으로 화합하고
아우르는 융합의 춤을 만들고자 합니다.

千思萬思量이
紅爐一點雪이라
泥牛水上行하니
大地虛空裂이로다.

천 번 헤아리고 만 번 헤아려도
불타는 난로 위의 한 점 눈송이와 같네
진흙으로 만든 소가 물 위를 걸으니
대지가 허공에 흩어져 버리는 것과 같음이로다.

우리의 번뇌 망상은 불타는 난로에 녹아버리는 한 점 눈송이와 다를 바 없으니 지혜를 통해 적적요요(寂寂寥寥)한 본래로 돌아가는 깨달음의 춤을 추어야 합니다. 그 깨달음의 춤을 전해주는 분이 대승 보살입니다.

조그마한 체구이지만 비상한 재주와 솜씨로 대중을 통솔하는 대원성 보살님이야말로 대승 보살의 화신입니다. 일찍이 일타 큰스님의 법상좌가 되어 깨달음의 춤의 물결을 만들어가는 연꽃처럼 처염상정(處染常淨)을 실천하는 아름다운 보살님이 있기에 한국불교가 융성해 왔습니다.

대원성 보살님의 아름다운 춤이 이제 활자로 변모하여 법 향기를 전해주는 귀한 인연들을 맺어 가기를 염원합니다.

대원성의 말뚝 신심과 전법(傳法) 투혼

김숙현(희곡작가, 불교신문 논설위원)

대원성을 처음 만난 것은 풋풋했던 불교신문 기자 시절이었다. 대원성은 강화 보문사에서 백일기도를 마치고 성지순례의 일환으로 교계신문사를 방문했다고 했다. 마애불 앞에서 기도하는 장면들을 찍은 사진을 보여주며 부처님의 가피이야기를 경상도 사투리로 줄줄이 얘기하는데 아직 초발심도 하지 못했던 당시 필자에게는 충격이었다. 한창 때의 아가씨가 부산에서 단신으로 올라와 머나먼 강화도의 사찰에서 몇 달씩 머문다는 것도 놀라운데 백일기도라니, 불교에도 이런 광신자(?)가 있구나하는 경탄이 절로 나왔다.

이후 서신으로 안부를 나누다가 이듬해 여름, 휴가차 부산에 내려와서 다시 만나게 되었다. 그런데 대원성은 극성스럽게 해수욕장 근처에는 얼씬도 못하게 한 채 휴가기간 내내 절로만 절로만 안내 했다. 그때 범어사에서 일박하며 성수 스님을 친견했고 해인사에서는 고암 스님과 40대의 일타 스님을 친견했다. 특히 지족암에서 일타 스님과 1박 2일의 템플스테이와 큰절의 장엄했던 저녁예불 동참은 내 불심 개안(開眼)의 큰 계기가 되었다.

그리고 10년이 지난 뒤 우리 가족이 부산으로 이사 오게 되면서 대원성과 이웃에서 살게 되었다. 대원성은 그때 이미 '연꽃모임'이라는 불교단체를 어느 사찰에도 소속되지 않은 여성모임으로서 이끌어가고 있었다. 대원성네 가족과 가까이 살게 되면서 비로소 생활불교의 진면목을 보는 듯 했다. 대원성은 부처님 방을 따로 마련한 뒤 매일 아침 예불로 하루 일과를 시작하는가 하면 무슨 음식이든 식구들이 손을 대기 전에 부처님 앞에 올렸다. 방문하는 손님들이 사가지고 간 다과도 어김없이 부처님 전에 먼저 올려졌다. 아이 이름도 아란(아난존자에서 따옴)과 보현으로 짓고 보살심으로 살도록 밥상머리에서부터 철저히 가르쳤다. 그렇게 지극한 신심으로 교육한 탓인지 자녀 넷과 그 2세들까지도 모태 신심을 지니고 태어나는 듯해 부럽기까지 하다.

대원성과 '연꽃모임'은 요즘처럼 '108 사찰순례' 붐이 일기 훨씬 전인 30여년전부터 1년에 서너 차례씩 전국 방방곡곡 사찰을 찾아 참배했고 불교행사라면 빠지지 않고 동참, 열과 성을 다했다. 그리하여 연꽃모임을 거쳐 갔거나 현 회원인 도반이 수백명에 이른다.

갑장인 대원성과 필자는 이제 둘 다 살아온 날보다 살아갈 날이 많지 않은 연배가 되었다. 돌이켜보면 신심과 수행, 그리고 신행의 삼요소가 불자로서의 참된 삶이라고 할 때 대원성에겐 뚝심과 열정이 더해져서 대원력을 이룰 수 있었다고 믿는다. 아무도 흉내낼 수 없는 대원성의 말뚝 신심과 투혼은 전법과 포교 전략이 미흡한 오늘의 한국불교인들에게 무엇보다 소중하고 자랑스러운 롤모델이 아닐 수 없다. 대원성의 〈바라밀 일기〉가 많이 읽혀져서 모든 이들의 신심 증장과 불교발전에 큰 보탬이 되기를 부처님 전에 기원한다.

대원성! 〈바라밀 일기〉의 출간을 진심으로 축하합니다.

대련화 합장

보살님의 법향이 두루 퍼지기를 바라며

정찬주(소설가)

내가 대원성 보살님을 처음 뵌 것은 2005년도이다. 당시 나는 일타스님 일대기인 장편소설을 모 신문에 연재하기 위해 스님의 제자분들을 취재하고 다녔는데, 그때 대원성 보살님을 뵀던 것이다. 지금 생각해 보니 대원성 보살님과 나의 인연이야말로 선연(善緣)이 아닌가 싶다. 보살님의 첫 인상은 부처님 가르침으로 사시는 신실한 참 불자라는 것이었다. 불교적인 세계관과 인생관이 몸에 밴 '금쪽같은 불자다'라는 느낌이었다. 보살님의 얘기를 듣는 것만으로도 취재의 고단함이 풀렸다.

보살님의 고승 친견담은 끝이 없었다. 평생 절을 순례하고 고승을 친견했으니 그럴 만도 했다. 특히 내가 흠모하는 일타스님과 혜암스님, 법정스님과의 일화를 얘기하실 때는 감동이 배가되었다.

나는 일타스님의 일대기인 장편소설을 집필하기 위해 네 개의 큰

기둥을 세워두고 있었다. 큰스님의 유지를 이어가는 맏상좌 혜인스님, 수좌의 모범이라 할 수 있는 혜국스님, 차의 전문가이신 선혜스님, 그리고 재가불자로서 큰스님이 신뢰했던 대원성 보살님을 등장시켜 형상화시켜 보자는 구상이었다. 1백여 명이 넘는 일타스님의 상좌 분을 다 취재하기는 불가능한 일이었기 때문에 네 분이 소설의 뼈대가 되고 그 밖의 인연 있는 고승과 스님, 재가불자들이 받쳐주는 형식이었다.

장편소설 〈인연〉이 발간된 뒤 일타스님과 보살님의 인연 이야기는 특히 재가불자들에게 호응이 컸다. 내 예상은 빗나가지 않았다. 일타스님의 자비로운 내면을 보살님의 신행일화가 훈훈하게 드러내주었던 것이다. 그중에서도 방생에 얽힌 얘기는 압권이었다. 그때의 장면을 좀 더 정확하게 알고 싶어 내 소설 〈인연〉을 펼쳐보니 다음과 같이 나온다.

방생법회장에는 방생할 물고기를 파는 장사치들로 북적거렸다. 대원성이 어느 고기 장수의 물동이를 가리키며 '가장 큰 것으로 주세요.' 하자, 일타가 '가만 있어봐라.' 하더니 고기 장수 물동이에 든 고기를 모두 사버렸다. 그때 대원성이 '시님, 곧 죽을 것 같은 고기도 있는데 왜 다 사십니꺼' 하고 의아해하자, 일타는 '고기들이 죽고 사는 것은 제 명이지만 살려주는 마음에는 차별이 없어야 한다.'고 말하며 신도들에게 고기를 물에 놓아주게 했다.

내 소설 〈인연〉이 발간된 뒤 출판기념회를 부산에서 갖게 되었는데, 보살님이 실무를 주도했다. 일타스님과 인연 있는 스님들과 재가불자들을 위해 보살님이 동분서주했던 것이다. 나는 지금까지도 진심을 다해 일타스님을 기리는 일이라며 뛰어주었던 보살님의 고마움을 잊지 못하고 있다. 솔직히 고백하자면 보살님에게 빚을 지고 있는 셈이다.

이후, 보살님은 혜국스님, 그리고 부산 소림사 신도 분들과 함께 호남에 있는 내 산방 이불재(耳佛齋)를 찾아오시기도 했고, 또 따로 몇 분과 동행하여 들르시기도 했다. 때로는 선물도 보내주시기도 했는데, 그때마다 나는 답례할 게 없어서 내 소설이나 산문집을 부쳐드리곤 했다.

그런데 이번에는 보살님이 책을 낸다고 하니 너무나 기쁘다. 보살님의 진솔한 신행담이 많은 불자들에게 읽혀져 보살님의 법향(法香)이 두루 퍼지기를 바라는 마음 간절하지 않을 수 없다. 보살님의 책이 기다려진다. 보살님의 책을 보면 부처님 가르침 속으로 깊이 들어가지 못한 내 삶이 부끄러워질 것 같다.

바라밀 일기

1판 1쇄 펴낸 날 2015년 7월 3일

지은이 대원성
발행인 박귀능 · 박개성
기획 김성우
편집 이유경
디자인 김현민
마케팅 권태형
제작 해인프린팅

펴낸곳 여시아문 110-170 서울특별시 종로구 우정국로 45-13 수송빌딩 2층
전화 02-2632-8739
팩스 0505-115-2068
이메일 buddhapia5@daum.net
트위터 @kjk5555
페이스북 ID 김성우
홈페이지 http://blog.daum.net/kudoyukjung
출판등록 1995년 3월 2일 제1-1852호

ⓒ 대원성, 2015
ISBN 978-89-87067-84-1 03220